KB274279

돈에 끌려다니지 말고
따라오게 하라

돈에 끌려다니지 말고
따라오게 하라

돈에 끌려다니지 말고 따라오게 하라

시대를 관통하여 인간의 삶을 변화시킨
9가지 돈의 가르침

비키 로빈, 조 도밍게스 지음 | 성소희 옮김

Your Money
or
Your Life

조 도밍게스(1938~1997)에게 이 책을 바친다.
조는 위대한 모험의 소중한 멘토이자 동반자였다.
조가 사랑했던 모두에게도 이 책이 함께하길.

이 책을 왜 읽어야 할까?

다음 질문에 대한 답을 고민해 보라.

- ▸ 쓸 돈이 충분한가?
- ▸ 가족, 친구들과 시간을 충분히 보내고 있는가?
- ▸ 퇴근하고 활기차게 집으로 돌아오는가?
- ▸ 가치 있다고 생각하는 일에 참여할 시간이 있는가?
- ▸ 직장에서 해고된다면, 기회로 삼겠는가?
- ▸ 세상에 이바지한 것에 만족감을 느끼는가?
- ▸ 돈과 관련해서 마음이 편안한가?
- ▸ 직업이 내 가치관을 반영하는가?
- ▸ 6개월 치 생활비를 충당할 만한 저축액이 있는가?
- ▸ 삶이 온전한가? 직업, 지출, 인간관계, 가치관 등 모든 요소가 서로 잘 맞 아떨어지는가?

이 질문 중 하나라도 '아니오'라는 답이 나온다면, 이 책을 읽어야 한다.

"조 도밍게스(1938~1997)에게 이 책을 바친다"라는 헌정사로 이 책은 시작한다. 조는 영어를 못하는 라틴계 어머니 밑에서, 저소득층 가정을 대상으로 하는 미국 정부의 식량 지원을 받으며 뉴욕 할렘에서 자랐다. 조는 똑똑했지만 왜소했기 때문에 갱단의 두뇌 역할을 맡았다. 위협과 기회를 민감하게 포착하고, 어떻게든 방법을 찾아내는 뉴욕 갱단의 경험이 이 책 《돈에 끌려다니지 말고 따라오게 하라》의 뿌리가 된 것이다. 조는 갱단을 나와서 월가에 진출했고, 돈의 근본 원리를 자기만의 시각으로 이해하고 해석했다. 뉴욕 할렘가에서 월가까지 올라오며 쌓은 돈에 관한 경험과 지식을 아홉 단계 프로그램에 녹여낸 것이 바로 이 책이다.

단순한 투자서가 아니다. 이 책은 돈이라는 시각으로 나를 되돌아보는 인생의 가계부가 될 것이다. 어느 정도 돈이 있어야 행복할까? 일하는 시간과 자유 시간은 이 정도면 괜찮을까? 나는 한정된 삶의 에너지를 얼마나 되는 돈과 맞바꾸고 있을까? 이 책에서 제시하고 있는 아홉 단계 프로그램을 하나하나 밟아나갈수록 이런 질문들에 대한 자신만의 생각을 가지게 될 것이다. 돈을 제대로 알아야, 빠르게 모을 수도 있는 법이다.

_메르, 《1%를 읽는 힘》 저자

우리는 자본주의 사회를 살아가며 끊임없이 돈에 대한 집착을 강요받는다. 더 많이 벌고, 더 잘 불려야 한다는 압박감은 우리를 지치게 만든다. 하지만 이 책은 돈의 궁극적인 목적이 무한한 축적이 아니라, '원하는 만큼 벌고, 행복을 유지할 만큼만 소비하는 것'에 있음을 일깨워준다. 또한 지난 몇 년간 유행처럼 번지던 '경제적 독립'의 개념을 재정립할 수 있게 도와준다. 단순히 지출을 줄이거나 투자 수익률을 좇는 기술을 넘어, 돈을 대하는 태도와 관점 자체를 근본적으로 변화시켜 준다. 그리고 그 변화는 우리에게 확실히 긍정적일 것이다.

_박곰희, 금융 크리에이터, 《박곰희 연금 부자 수업》 저자

프롤로그

우리가 돈에 관한 책을 읽는 이유는 단 하나, 지금보다 더 나은 삶을 살기 위해서다. 하지만 돈은 결코 우리가 원하는 궁극적인 목표가 될 수 없다. 억만장자가 되는 대가로 어둡고 좁은 상자에 평생 갇혀 살아야 한다면, 그렇게 하겠다고 답하는 사람은 없을 테니까.

이렇게 단도직입적으로 말하면 당연한 소리로 들리겠지만, 돈만으로 해결할 수 있는 문제는 별로 없다. 이것이 돈에 관한 진실이다. 사실, 우리에게 돈이라는 존재는 행복하고 건강한 삶의 부산물에 지나지 않을 때가 많다. 그렇다면 우리가 원하는 삶은 무엇일까? 어두운 상자에 갇힌 억만장자가 되는 대신, 다시는 돈을 걱정할 필요 없는 상황이 지속되기를, 생산적이고 자유로운 사람이 되기를 바랄 것이다.

책과 잡지, 웹사이트, 텔레비전 프로그램, 팟캐스트 등등 돈을 다루는 대다수의 매체는 이 중요한 차이를 파악하지 못한다. 이는 미국을 비롯해 부유한 나라에서 살아가는 많은 사람들이 높은 소득에도 불구하고 파산이나 다름없는 재정 상태에 처해 있으며, 빚에 허덕이는 사람이 사상 최고 수준을 기록하고 있는 이유기도 하다. 우리는 무엇을, 왜 사는지를 둘러싼 전체 상황을 의심하는 대신, 더 많은 돈으로 살 수 있는 더 많은 물건을 좇는 데 혈안이 되어 있다.

《돈에 끌려다니지 말고 따라오게 하라》가 출간된 지 30여 년이 넘은 지금에도 여전히 뛰어난 고전으로 남아 있는 이유도 바로 여기에 있다. 이 책의 메시지는 변함없이 우리 사회에 강렬하게 울려 퍼지며, 새로운 세대가 책 속 아이디어를 다시 생각해 보도록 이끈다. 이는 비키 로빈이 평화로운 섬에서의 은퇴 생활을 청산하고 개정판을 집필하게 이끈 원동력이 되었다. 비키의 독특한 접근 방식 덕분에 이 책은 전례 없는 저력을 자랑했다. 이번 개정판도 똑같은 접근 방식으로 과거와 크게 달라진 현재 우리 세상을 바라본다.

돈에 관한 일반적인 조언은 지나치게 온건해서, 우리 모두 가치관이 다르며 자기 마음을 따라야 한다고 주장한다. 내가 100달러짜리 저녁 식사를 좋아하고 누구는 비싼 차를 좋아한다고 치자. 괜찮다! 누구나 좋아하는 것에 돈을 쓸 수 있다. 예산을 신중하게 세우고 열심히 일해서 돈을 벌면 된다.

사실, 이런 말은 대개 헛소리다. 우리는 모두 사람이고, 차이점보다는 공통점이 훨씬 더 많다. 수백 년 동안 이어진 철학과 최근 수십 년 동안 수행된 공식적인 연구를 통해 우리는 보편적인 행복의 열쇠가 몇 가지 존재한다는 사실을 깨달았다. 우정, 건강, 공동체 의식, 스스로 독창성을 발휘해 어려움 극복하기, 자기 삶 통제하기 따위가 그것이다. 이런 요소는 누구에게나 효과가 있다.

동시에 우리 대다수는 편리함, 지위, 사치라는 생각에 유혹당하고, 그 유혹을 달래고자 물건을 산다. 더욱이 이 번드르르한 물건을 '진정한 열정'이라고 정당화하는 데 아주 능숙하다. 사람들 사이에 유일한 차이점이라면 무엇을 (그리고 얼마나 많이) 정당화하는가일 뿐이다. 우리는 값비싼 '진정한 열정' 몇 가지만으로도 평생 소득을 다 잡아먹을 수 있고, 때로는 앞서 말한 더 크고 보편적인 행복을 차지할 기회도 날려버릴 수 있다.

세계적으로 가장 유명하다는 금융 및 비즈니스 전문가조차 '돈을 쓰면 행복해진다'는 신화를 되풀이한다. 이들의 조언을 따른다면, 결국에는 아주 잘 다듬어진 개인적 욕망의 컨베이어 벨트에 갇힐지도 모른다. 능숙한 손길로 한쪽 끝에 목표를 올려놓고 반대편 끝에서 만족스러운 버킷 리스트 항목을 집어 들겠지만, 처음 서 있던 자리에서 끝내 벗어나지 못할 수 있다. 끝없는 욕망은 인간 본성의 함정 가운데 하나다. 남들보다 더 빨리 앞서 나가고 싶다면 이 끝없는 욕망을 가장 먼저 뜯어고쳐야 한다.

그래서 이 책은 돈 이상의 것을 다룬다. 이 지혜롭고 훌륭한 안내서는 우리가 인생에서 진정으로 무엇을 원하는지 알아내도록 도와준다. 또한 그 목표를 달성하는 데 방해가 되는 습관을 고치는 방법을 알려준다. 예를 들어 돈 낭비 같은 것들 말이다. 이 책에서 말하는 프로그램을 '훈련'이라고 생각해 보자. 날마다 작은 실천을 반복해 천천히 익혀 나가면 자연스럽게 더 큰 성취로 나아갈 수 있다. 이 훈련의 결과는 단지 개선된 재정 상황만이 아니다. 더 나아진 나 자신을 마주할 수 있다. 어느새 시간과 에너지를 낭비하고 있었던 과거의 자신이 낯설게 느껴질 것이다. 바로 이런 이유로 이 책은 오늘날에도 큰 사랑을 받고 있다.

이 책은 단순히 돈이 아니라 더 큰 그림, 다시 말해 온 세상, 그리고 이 세상을 공유하는 사람과 생명체도 전부 고려한다. 우리는 돈을 쓰는 일이 그저 개인적 선택의 문제라고 치부한다. 지갑에 돈이 충분하고 채울 공간이 있다면, 물건을 더 사도 좋다고 생각한다.

하지만 실제 세상에서 우리가 사는 물건은 어딘가에서 보이지 않는 파괴를 조금씩 일으킨다. 이 파괴는 지난 수십 년 동안 쌓여온 결과물이다. 우리의 생활 방식이 야기한 끔찍한 결과를 끊임없이 마주해야 하는 상황도 스트레스로 되돌아온다. 이 책을 통해 곧 알게 되겠지만 생활 방식을 단순하게 바꾸면 내 이름으로 이루어지는 파괴의 양을 극적으로 줄일 수 있다. 정말이다. 이 책을 꼼꼼하게 읽고 나면, 남은 인생 내내 재정 상황이 확실하게 개선될 것이다. 하지만 이 책의 특별한 힘은 은행 계좌와 신용 카드 명세서 상태가 아니라 문제의 근원인 개인적 신념과 습관에 집중하는 데서 나온다.

이 책을 읽어본 적 없고 이 여정을 함께한 적도 없다면, 마음의 준비를 하고 시간을 들여 진지하게 시작하자. 당신의 삶 전체가 곧 바뀔 것이다.

개정판을 펴내며

환영한다! 밀레니엄 세대부터 X세대와 MZ세대까지, 새로 바뀐 《돈에 끌려다니지 말고 따라오게 하라》는 바로 당신을 위한 책이다. 이 책의 초판은 수십만 명의 독자들이 돈과 맺은 관계를 바꾸는 데 도움을 주며 불후의 명작으로 자리 잡았다. 도구는 언제나처럼 유효하지만, 세상이 변했다. 나는 이 도구가 오늘날과 앞으로 다가올 미래에도 유용하게 활용될 수 있도록 최고의 팀을 꾸렸다.

물론 당신은 의심을 가질지도 모른다. 이 책이 도움이 될까? 지금 당장? 나 같은 상황에서도? 부채에서 벗어나고, 미뤄놓은 꿈을 실행하고, 잘 맞지 않는 직장을 그만두고, 여유 자금을 마련하고, 소득을 늘리고, 저축한 돈을 더 오래 지키고, 심지어 밥벌이에서 완전히 해방되는 데 과연 이 책이 도움이 될까?

그럴 수 있다. 더 정확하게 말하자면, 당신도 할 수 있다. 이 책에서 알려주는 도구를 적절하게 활용한다면 충분히 가능하다. 나는 지금까지 이 도구를 활용해 수백만 명의 인생을 바꾼 경험을 바탕으로, 당신에게도 다음과 같이 약속하겠다.

- 당신은 돈을 덜 쓰고 삶을 더 즐길 것이다.
- 생각보다 돈을 훨씬 더 많이 저축할 것이다.
- 빚을 줄일 것이다.
- 싫어하는 사람들에게 잘 보이려고 충동적으로 분에 넘치는 돈을 쓰는 일을 자연스럽게 거부할 것이다.
- 가장 중요한 일에 시간을 더 많이 쏟을 것이다.
- 그다지 힘들이지 않고도 자신에 관해 더 많이 배울 것이다.
- 재정 상태에 관해 솔직하게 터놓고 이야기할 수 있을 것이다.
- 지난날에 저지른 돈 관련 잘못을 용서하고 앞으로 실수를 반복하지 않을 것이다.
- 은퇴를 대비해서 저축하고, 지금 상상하는 것보다 훨씬 더 빨리 은퇴 생활을 시작할 것이다.
- 돈에 시간을 쏟는 대신, 가치에 삶을 헌신할 것이다.

경제적 독립이란 무엇일까?

당신은 이 책에서 아홉 단계의 프로그램을 만나게 될 것이다. 각 과정마다 우리는 돈과 맺은 관계를 바꾸고 경제적 독립을 달성하는 데 가까워질 것이다. 우리에게 주어진 가장 소중한 자원인 시간을 자유롭게 활용해서 더 커다란 행복, 더 많은 자유, 더 깊은 의미를 위한 공간을 마련할 수 있다.

여기에서 돈과 맺은 관계를 '변화'시킨다는 말은 무슨 의미일까? 돈을 더 많이 벌거나 더 적게 번다는 뜻이 아니라, 현재와 미래에 원하는 대로 살려면 돈이 얼마나 있어야 충분한지 안다는 뜻이다. 다시 말해, 돈과 경제에 희생당하지 않고 내 의지대로 선택한다는 의미다. 걱정하지 마라. 누구나 할 수 있다.

그렇다면 '경제적 독립'이란 무슨 뜻일까? 가장 기본적인 차원에서 더는 돈 때문에 일할 필요가 없다는 의미다. 이뿐만이 아니다. 이 책은 물건을 사면 행복해진다거나 돈은 많으면 많을수록 더 좋다는 착각에서 어떻게 해방될 수 있는지를 보여준다. 내가 돈을 벌고 쓰는 패턴을 명쾌하게 파악하면, 그 패턴 자체가 사라진다. 경제적 독립 프로그램의 단계를 밟아 나가다 보면, 빚이 줄어들면서 자연스럽게 돈이 쌓인다. 뜻밖의 지출로 당황하는 일도 끝난다. 저축이 습관으로 굳고 저축액이 늘어난다. 그러면 사랑하는 것을 위해 일할지, 돈을 벌기 위해 일할지 마침내 선택할 수 있다. 수많은 사람이 이 과정을 겪었고, 당신도 할 수 있다.

이 책을 읽고 단계별로 차근차근 따라가다 보면, 깨어 있는 내내 돈을 버는 데 시간을 바칠 필요가 없다는 사실을 깨달을 것이다. 어쩌면 우리 사회에서는 오전 9시부터 오후 5시까지 이어지는 고된 노동이 기본 조건일지도 모른다. 하지만 진정한 소명과 더 즐거운 미래를 찾아 다른 길로 나아갈 수도 있다. 잠시 생각해 보자. 돈을 벌기 위해 일해야 할 필요가 사라지면 무엇을 하고 싶은가? 지금은 선뜻 답하기 어렵겠지만, 책에서 제안한 단계를 따라가면 명확한 시각과 집중력, 자신감을 얻을 것이고 당신을 기다리고 있던 꿈이 보이기 시작할 것이다.

어느 파이어족FIRE(Financial Independence Retire Early의 줄임말로 경제적 독립과 조기 은퇴라는 뜻)이 말했듯이, "이 책은 사실 돈에 관한 책이 아니다. 삶에 관한 책이다."

이 책이 탄생한 과정

이 책에서 소개하는 아홉 단계 프로그램의 창시자 조 도밍게스를 소개하겠다. 조는 라틴계 출신으로, 영어를 전혀 배우지 못한 어머니 밑에서 '복지 치즈(미국 정부가 저소득층 가정 식량 지원 프로그램으로 제공한 가공 치즈-옮긴이)'를 먹으며 뉴욕시 스페니시할렘에서 자랐다. 조는 왜소했지만 똑똑했다. 그는 갱단의 두뇌 역할을 맡아서 폭발물 제조법을 익혔고, 경쟁 조직을 공격한 후 무사히 빠져나가는 계획을 세우기도 했다. 이런 환경에서 조의 생존 본능은 날카롭게 다듬어졌다. 위협과 기회를 판단하고 어떤 상황에서든 살 구멍을 찾아내는 조의 약삭빠른 능력이 이 책의 뿌리라고 볼 수 있다.

조가 보기에 금융 시스템은 복지 시스템, 사법 시스템, 빈곤 시스템과 같았다. '어떻게 하면 이 시스템에 얽매이지 않고 내 방식대로 헤쳐 나갈 수 있을까?' 우연히 월가의 금융 기업에서 일자리를 얻게 된 조는 단지 요령을 터득하는 데 만족하지 않고 업계가 돌아가는 판국을 분석했으며, 결국 컴퓨터가 도시 블록 하나만큼 크던 1960년대 초에 최초의 기술 분석 도구 몇 가지를 개발했다. 조는 자기 돈을 투자하는 대신 전문 지식을 유수한 투자 은행에 팔았고, 단 하나의 목표를 위해 돈을 저축했다. '직장이라는 감옥에 갇히지 말고 삶에 몰입하라.' 바로 서른에 은퇴한다는 목표였다.

나는 1970년대에 조와 함께 팀을 이루어서 일했다. 우리는 잘 맞았고, 삶의 목적도 같았다. 이 세상을 우리가 태어났을 때보다 조금 더 나은 곳으로 만들고 싶었다. 서로 다른 면 때문에 가끔은 부딪치기도 했지만, 오히려 냉철한 창조력을 얻을 때가 더 많아서 거의 20년 동안 가르치고, 글을 쓰고, 연설하고, 세상을 바꾸는 여정을 함께 걸을 수 있었다. 조는 내향적이었고, 나는 외향적이었다. 조는 체계적이었고, 나는 즉흥적이었다. 조가 폭넓은 시야로 전략을 세우면 나는 마치 경주마처럼 일을 완벽하게 처리하며 달렸다.

우리 작업의 정점이라고 불리는 이 책은 놀랍게도 즉시 성공을 거뒀다. 1997년 초에 조가 암으로 세상을 떠날 무렵, 우리는 이미 최고의 자리에 올라가 있었다. 이 책은《뉴욕타임스》베스트셀러로 꼽혔을 뿐만 아니라,《블룸버그 비즈니스위크》가 선정한 베스트셀러 목록에서 5년 동안 내려오지 않았다. 우리는 많은 사람이 이 도구를 사용한다면, 이 책이 '세상을 바꿀 만큼 긴 지렛대'가 되리라고 믿었다.

조가 세상을 떠난 후, 나는 사회 운동을 일으키겠다는 강한 의지를 품고 활동을 이어갔다. '번성하는 단순한 삶 운동(절제되고 지혜로운 소비를 통해 삶의 질을 올리고자 하는 사회 운동-옮긴이)'의 지도자들과 공동의 목표를 만들었고, 우리가 공유하는 메시지를 정부기관에, 또 지속 가능성을 위해 노력하는 전 세계 네트워크에 전달했다. 그런데 2004년, 나 역시 전이성 암을 진단받았고 내 경주마는 힘이 바닥나 있었다. 우리에게는 무수히 많은 독자들이 있었지만, '사람들이 생각하고, 돈을 벌고, 쓰고, 저축하는 방식을 바꾸겠다'라며 조와 함께 품었던 원대한 꿈은 이루어지지 않았다. 나는 은퇴하고 태평양 북서쪽 작은 섬마을로 이사했고, 이 곳에서 변화를 일으키는 데로 관심을 돌렸다.

12년 후, 나의 계획은 다른 방향으로 흘러갔다. 성실한 사람들이 모여서 돈에 관해 이야기하는 자리에 어쩌다 낀 적이 있었다. 그들은 다들 자기가 느끼는 혼란과 두려움을 털어놓았다. 80세의 부유한 노인은 죽기 전에 돈이 먼저 바닥나는 건 아닐지 모르겠다고 했고, 중견 전문직 종사자는 경기 침체로 인해 수입이 급격히 줄었지만 달리 방도가 없어 버티고 있을 뿐이라고 했다. 재무 컨설턴트 몇 명은 고객의 돈 문제를 도울 수 없다고 고백했다. 자기 역시 그 문제를 명확하게 알지 못하기 때문이었다. 마지막으로 대학교 2학년인 학생이 벌써 2만 달러나 빚지고 있다고 밝혔다. 그 학생은 자기 분야에서 성공하려면 석사 학위가 필요하고, 어쩌면 박사 학위까지 필요하리라고 생각했지만 과연 이 학위가 빚을 내서 따야 할 만큼 가치 있을지 걱정했다.

그들의 이야기를 들으면서 지난날의 불꽃이 내 안에서 다시 타올랐다. 모두가 생존하고자 그토록 불안정하고 불확실하고 통제할 수 없는 것에 매달려야 하는 사회가 대체 어디에 있단 말인가? 청년을 부채 산업의 수익원으로 몰아가는 사회가 대체 어디에 있단 말인가? 나는 주변을 둘러보며 이 책을 아는지 물어봤다. 안다고 대답한 사람은 대부분 백발이었고, 젊은이들은 대부분 모른다고 했다. 이 책이 한 세대를 얼마나 해방시켰는지 잘 알았기에, 다른 세대도 소비문화의 굴레를 깨고 이 중요한 시기에 재능을 마음껏 펼치도록 도울 수 있겠다고 생각했다. 그래서 젊은이들을 찾아가 각자의 상황과 관점을 알려달라고 부탁했고, 파이어 개념이 널리 퍼져 있다는 사실을 깨달았다. 그리고 많은 친구의 격려에 힘입어 이 고전을 새로운 시대에 맞춰 재해석하는 작업에 뛰어들었다.

그렇게 탄생한 것이 바로 이 개정판이다.

변화하는 시대

당신은 조 도밍게스와 내가 경제적 독립을 이루었던 시절과는 매우 다른 현실에서 살아간다. 부인할 수 없는 사실이다. 베이비붐 세대는 대공항과 제2차 세계대전을 겪고 살아남은 부모가 만들어놓은 안정적 세상에 들어섰다. 누진세와 제대 군인 원호법 같은 정부 제도 덕분에 중산층이 성장했고 사회적 결속력이 강해졌다.

하지만 21세기에 직장 생활을 헤쳐 나가는 이들을 둘러싼 기업 환경은 달라졌다. 연금은 고갈 위기를 맞았고, 은퇴는 청년층에게나 노년층에게나 그림의 떡이다. 65세 이상 미국인 중에 거의 5분의 1이 사회 보장 연금에 전적으로 의존하며, 50% 이상이 소득의 절반을 사회 보장 연금에서 얻는다.[1] 청년이 뛰어든 세상에서는 학사 학위가 빚을 갚을 만큼 충분한 수입을 보장하지 않는다. 직업과 관계없이 누구나 요요YOYO 현상을 직면한다. '너 혼자 힘으로 알아서 해야 한다You're On Your Own'는 뜻이다.

오늘날에는 역사상 그 어느 때보다도 어디에서 시작했든 상관없이 지역, 경력, 개인적인 삶, 삶의 목적 등 모든 면에서 자유롭게 움직일 수 있다. 두렵기도 하고 설레기도 한 상황이다. 각계각층 사람들이 이런 변화의 급류를 헤쳐 나가고 있다.

새로운 세상에 적응하기

새로운 세대는 새로운 시대에서 얼마나 잘 살아가고 있을까? 호기심이 일었던 나는 20대와 30대 초반의 사람들을 만날 때마다 이야기를 나누고 포커스 그룹(시장 조사나 여론 조사를 위해 각 계층을 대표하도록 뽑은 소수로 이루어진 그룹-옮긴이)과 인터뷰했다. 레딧Reddit(미국 소셜 뉴스 웹사이트-옮긴이)과 페이스북도 훑어보았다. 그 결과는 놀랍고도 감명 깊었다. 내가 만난 사람들은 옛 아메리칸드림의 무너져 내린 약속을 이미 삶에 녹여내고 있었다. 직업과 경력 전체를 일종의 시제품으로 빠르게 만들어나가면서 성공의 사다리가 아니라 의미와 창의성, 유연성을 중심으로 삶을 설계하고 있었던 것이다.

많은 사람이 전통적인 학위 과정뿐만 아니라 기술 교육, 기술 개발 워크숍, 유명 대학 졸업장을 받을 수 있는 지역 전문 대학 과정, 대규모 공개 온라인 강좌, 수습 기간 등 다양한 경로를 통해 교육받고 있었다. 갭 이어gap year(흔히 고교 졸업 후 대학 생활을 시작하기 전에 갖는 자발적 공백기)는 더 흔해졌다. 전통적인 직업을 선택하지 않은 사람의 비율이 점점 늘어나고 있는 것이다.

이들은 자기가 '다음 대박'을 향해 나아가고 있는지 아니면 그저 흥미로운 다음 단계를 밟고 있는지는 모르지만, 공유 업무 공간과 메이커스페이스(컴퓨터나 기술에 관심 있는 사람들이 장비나 지식 등을 공유하면서 프로젝트에 참여하는 공간-옮긴이)에서, 카페에서, 침대에서 컴퓨터로 일하며 사업을 시작한다. 네트워크를 만들고, 팀을 이루고, 스타트업 회사를 차리고, 전문성을 쌓는다. 노트북 하나만 있으면 여행지에서도, 자녀를 양육하면서도 언제든지 일을 할 수 있다. 그뿐만이 아니다. X세대와 베이비붐 세대도 젊은 세대에게서 변화하는 업무 환경에 대처하는 방법을 배우고 있다. 혁신적이고 적응력이 뛰어난 한 젊은이의 이야기를 소개하겠다.

브랜던은 여섯 남매 중 막내다. 가족의 도움으로 첫째 형은 대학에 진학할 수 있었지만, 매 학기 수천 달러의 학비가 부족했다. 형은 학비를 벌기 위해 전국에 체인점을 둔 슈퍼마켓에서 판매원으로 일했다. 브랜던이 고등학교를 졸업할 무렵, 첫째 형은 여전히 같은 대형 마트에서 같은 급여를 받으며 일하고 있었다. 브랜던은 형을 보며 대학(졸업장과 빚)이 그만한 가치가 없다는 생각이 들었다. 그래서 곧바로 농장 일꾼으로 일하다가 견인차 기사가 되었다. 지금은 자동차 정비 기술을 배워서 시급 40달러를 벌겠다는 목표를 세운 뒤 직업학교에 진학하려고 돈을 모으고 있다.

크리스는 공학 학위를 따고 항공 우주 분야 대기업에 취직해 1년 만에 학자금 대출을 모두 갚았다. 돈을 더 모아서 1년간 휴직하고 여행을 다니며 봉사 활동에 힘썼다. 그해 말, 그는 직장으로 복귀해서 높은 연봉을 받으며 흥미로운 새 임무를 맡았다.

멜로디는 렌터카 회사 접수처에서 고객 서비스 업무를 맡고 있다. 2년제 대학에 다니며 간호조무사 자격증을 따려고 돈을 모으고 있다. 그런 다음에는 의료 분야에서 승진하거나 이직하려면 어떤 교육을 받아야 하는지, 새로운 급여로 자격증 비용을 모두 청산하려면 얼마나 걸릴지 알아볼 것이다.

나오미는 고등학교 때 러닝 스타트 프로그램Running Start program(미국 워싱턴주에서 고등학교 2, 3학년이 지역 전문 대학이나 기술 전문 대학 과정을 수강하도록 허락하는 제도-옮긴이)에 참여해서 대학교 진학 요건을 1년 단축했다. 이후 지역 전문 대학에서 2학년까지 다니고 대학교로 편입해서 사회 복지학 학위를 땄다. 이 과정을 마치는 동안 삶을 짓누르는 빚은 전혀 지지 않았다.

나이가 더 많고 이미 직장을 다니는 사람들도 이런 유연성과 창의성을 발휘한다. 의사는 목수가 된다. 목수는 건축가가 된다. 사회 복지사는 농부가 된다. 예술 애호가는 사무직을 떠나서 유럽 유명 박물관의 투어 책임자가 된다. 생물학자는 실험실을 떠나 사람들을 이끌고 밀림으로 자연 탐사를 떠난다. 교사는 마사지 치료사가 된다. 군인은 다양한 직업에 군사 훈련을 적용하며, 고도의 기술이 필요한 고임금 일자리를 얻기도 한다.

일찍이 자기 열정과 진로를 찾아서 재무 설계사나 부동산 중개인, 의사, 교수로 평생 일하는 사람도 있다. 하지만 미국 노동 통계국Bureau of Labor Statistics에 따르면,[2] 점점 더 많은 사람이 수많은 직업을 전전하며 위로, 옆으로, 아래로 이동한다.

사회 보장 연금이 소득의 절반을 차지하는 사람들, 좋은 시절이 영원하리라는 기대감에 저축하는 데 실패한 사람들은 어떨까? 어떤 사람은 일하는 기간을 늘려서, 어쩌면 죽을 때까지 일을 해야만 하는 상황에 처한다. 또 어떤 사람은 가사 도우미를 고용하는 데 드는 부담을 줄이려고 더 작은 집으로 이사하거나 자녀와 가까운 곳으로 이사한다. 모두가 팍팍한 삶으로 추락하는 것은 아니다. 많은 사람이 사회 복지 서비스, 무료 활동 프로그램을 활용한다. 지역 사회에 참여하고 자원봉사에서 즐거움을 얻는다. 밀레니엄 세대를 본받아서 사이드잡을 얻거나 블로거, 에어비앤비Airbnb 호스트 등이 되어 임시직 경제에 뛰어들고, 유일한 자산인 집을 수입원으로 삼기도 한다.

당신이 대학교 4학년생이든, 중견 직장인이든, 은퇴를 앞두고 있든, 삶의 어떤 단계에 와 있든 이 책에 나오는 도구를 활용할 수 있다.

누가 읽으면 좋을까?

여기서 안내하는 FI(경제적 독립) 프로그램은 돈을 벌고 쓰는 모두에게 효과적이다. 누구나 부자가 될 수 있어서가 아니라, 누구나 돈이 얼마나 있어야 충분한지 스스로 알아내고, 그만큼 가질 수 있기 때문이다. 이 프로그램은 돈과 맺은 관계를 바꾸는 데 도움이 된다.

사실, '충분함'이라는 개념은 이 책이 제시하는 급진적인 약속이다. 더 많은 소유는 끝나지 않는 지평선이나 다름없다. 아무리 많이 가졌더라도 '더 많이 가질수록 더 좋다'라는 목소리가 소유를 부추긴다. 탐욕은 인간 마음속에 있는 수많은 힘 가운데 하나이며, 생존에 필요하기도 하다. 하지만 공정함과 균형, 사랑으로 탐욕을 억제하지 않으면, 기쁨을 느끼는 능력을 갉아먹기도 한다. '충분함'을 파악하려면 중요한 질문 몇 가지를 스스로에게 던져야 한다.

- 나는 무엇을 할 때 행복한가?
- 나에게 가장 중요한 것은 무엇인가?
- 절대 타협할 수 없는 가치는 무엇인가?
- 지금 당장 100만 달러가 있다면, 시간을 어떻게 쓰겠는가?
- 더 행복해지고자 없앨 수 있는 것을 하나 고른다면 무엇인가?
  (사람은 포함하지 않는다.)
- 은퇴할 만큼 돈을 충분히 모을 수 있을까?
- 오늘 누군가가 내 빚을 전부 없애준다면, 예전과 같은 삶을 되풀이하지 않을 자신이 있는가? 어떻게 하면 그렇게 될까?

노벨경제학상 수상자이자 베스트셀러 작가인 대니얼 카너먼Daniel Kahneman은 지난 2010년 돈과 행복을 연구한 끝에 일정 수준(미국에서

는 연간 7만 5000달러)을 넘어서면 돈이 더 많더라도 반드시 더 행복해
지지는 않는다는 사실을 발견했다. 1980년대 초 세미나에서 우리는
참가자의 데이터를 모으고 그 자리에서 분석해서 청중의 생각을 곧
장 보여주었다(노트북이 탄생하기 훨씬 이전이라 종이와 연필을 사용했다). 소
득과 관련해서 "더 행복해지려면 얼마나 더 필요할지" 물었더니, 소
득 수준과 관계없이 거의 모두가 지금보다 50% 더 많이 벌기를 바란
다고 대답했다. 1점부터 5점까지 행복도를 매겨달라고 요청한 결과,
소득 수준이 최상위인 사람과 최하위인 사람 사이에 유의미한 차이
는 없었다. 앞줄에 앉은 사람이 나를 더 행복하게 해줄 '더 많은 돈'을
가졌다는 사실을 깨닫는 순간 실내가 쥐 죽은 듯 고요해졌다. 하지만
돈이 더 많다고 해서 달라지는 것은 없었다.

이 데이터는 '숫자(무작위로 정해놓고 목표로 삼은 금액)'가 아니라, 돈
과 의식적이고 명확하고 자율적인 관계를 맺는 일이 성공의 진정한
열쇠라고 시사한다.

《돈에 끌려다니지 말고 따라오게 하라》가 출간되었던 1992년에
는 돈과 행복을 실용적으로 다룬 책이 거의 없었다. 요즘 파이어족이
되기를 꿈꾸는 수십만 명은 내가 아는 파이어족과 마찬가지로 강력
한 두 가지 자질을 공유하는 것 같다.

1. 직업을 포함해 현재의 제한적인 상황보다 더 커다란 삶의 목적
2. 변화하고자 하고, 진실을 말하고, 책임감을 지니고, 끈기 있게
   노력하려는 의지

돈에 관한 의식이 확고한 사람들은 하나같이 똑같지는 않아도 특정한 경향을 따르는 듯하다. 여기서 소개하는 방법이 유일한 길은 아니지만, 다른 사람들이 무엇을 하는지 알면 도움이 된다. 나는 이들을 닌자, 미니멀리스트, DIY족이라고 부른다.

닌자 : 숫자를 계산하고, 시스템을 최적화하고, 틈새시장을 공략하고, 재정 문제를 다루는 개인 블로그를 연구하고, 무모한 투자에 뛰어들고, 시스템을 교묘하게 이용해서 무료 항공권과 호텔 숙박권 얻기를 좋아한다. 하위 유형으로는 할인과 쿠폰 적립, 흥정을 통한 비용 절감을 즐기는 자린고비와 지난달 급여 대비 저축률 기록을 깨기 좋아하는 저축왕이 있다.

미니멀리스트 : 이들에게 돈은 중요하지 않다. 삶의 가치를 찾기 위해서는 쌓여 있는 문건들을 치우는 것이 중요하다고 믿는다. 헨리 데이비드 소로Henry David Thoreau의 정신을 따르며, 물질보다 경험을 더 중요하게 여긴다. 물질보다 더 소중한 것, 다시 말해 정신적인 삶이나 영혼 등을 최대로 키우기 위해 물질은 최소로 줄인다. 단순함은 식민 개척자가 도착하기 전부터, 도착한 이후로도 이 땅의 변함없는 가치였다.

DIY족 : 돈은 핵심이 아니다. 모든 재미는 물질세계에서 마음껏 노는 데서 나온다. 이 즐거움은 건축, 농사, 수리, 만들기, 요리, 정원 가꾸기, 디자인, 창작, 그림 그리기, 발명 등과 활동을 통해 얻을 수 있다. 미니멀리스트와 달리 DIY족에게 주변의 쓸모없는 물건은 창작 과정의 일부다. 의식 있는 물질주의자로서 삶의 모든 자투리를 최대한 활용한다.

돈과 맺은 관계를 바꾸고 타성을 극복하고 끊임없이 앞으로 나아가고 싶다고 해서 이 세 유형 가운데 하나로 변해야 할 필요는 없다. 하지만 현 상황보다 더 나은 무언가를 바라야 한다. 성공한 사람들의 공통점은 책임감과 자기 인식, 자율성이다. 이런 자질은 실제로 우리를 앞으로 움직인다.

토끼와 거북이

경제적 독립을 향해 나아가는 속도는 사람마다 다르다. 나는 이 속도의 스펙트럼을 '거북이에서 토끼'까지라고 부른다.

거북이는 이 프로그램을 통해 천천히, 꾸준히, 체계적으로 빚을 갚고, 지출을 조절하고, 장년에 은퇴할 수 있으리라는 확신에 차서 저축을 늘린다. 얼마나 빨리 은퇴할 수 있을지는 중요하지 않다. 그 과정에서 가정을 이루고, 직장에서 성실하게 일하고, 지역 사회에 봉사하고, 국립 공원을 빠짐없이 방문한다는 사실이 중요하다.

빠른 속도를 좋아하는 토끼는 조 도밍게스처럼 30세에 파이어족이 되겠다는 계획을 세울 때도 많다. 구체적인 날짜를 정해놓으면 결승선을 향해 전력 질주할 것처럼 의욕이 솟구친다. 더 많이 저축할수록 더 빨리 자유로워진다는 사실을 알며, 급여에서 저축하는 비율을 늘리는 데 집착한다. 친구들과 배우자에게 참아달라고 애원하고, 목표만 이루면 애정을 엄청나게 쏟겠다고 약속한다.

당신이 어떤 유형에 속하든, 한번 시작하면 계속 나아가는 것이 중요하다. 물론, 모두가 똑같은 출발선에서 시작하지는 않는다. 세상에는 특권을 전혀 누리지 못하는 사람부터 막대한 특권을 누리는 사람까지 다양한 계층이 존재한다. 양육 환경과 성별 같은 요소에 따라 누군가는 남들보다 특권을 누리기가 훨씬 더 어려울 수 있다. 하지만 모험과 여행에 대한 꿈이든, 세상을 바꾸겠다는 꿈이든, 사랑하는 사람과 가족에 관한 꿈이든, 자기 인식과 초월에 관한 꿈이든 당신의 꿈과 투지 어린 헌신이 앞으로 나아가는 원동력이 되어줄 것이다.

우리는 이 책을 통해 삶을 변화시킨 수천 명의 사람들에게 감사 편지를 받았다. 그들은 이 프로그램을 통해 어떻게 삶이 풍요로워졌는지를 다음과 같이 써서 보내주었다.

- 마침내 돈의 근본 원리를 이해했다.
- 실질적으로 빚을 갚고, 저축을 늘리고, 분수를 지키면서 행복하게 살 수 있다.
- 잊고 지냈던 꿈을 실현할 방법을 찾았다. 커다란 자유와 편안함을 느끼며 삶의 모든 영역에서 필수와 사치를 구분하고 마음의 짐을 더는 법을 배웠다.
- 소득 수준과 상관없이 모두 평균적으로 지출을 25% 줄였고, 정신 건강을 위해 수입을 조금 포기하더라도 더 행복해졌다. 배우자와 자녀와의 관계도 더 좋아졌다.
- 새로운 재정 건전성 덕분에 가치관과 생활 방식 사이에 존재했던 많은 내적 갈등을 해소했다.

- 돈보다 더 중요한 문제를 다룰 지적, 정서적 여유를 얻었다.

- 지출과 일하는 시간을 줄여서 자유 시간을 늘렸다.

- 문제를 해결하는 데 돈을 쓰는 대신, 이런 어려움을 새로운 기술을 배우는 기회로 활용했다.

- 전반적으로 돈과 삶의 틈을 메우고, 삶을 하나로 통합했다.

FI의 네 가지 핵심 요소

FI 프로그램은 당신이 소비문화의 덫에서 벗어나 마음과 삶을 해방하도록 돕는다. 당신은 단지 다른 전략을 쓰는 것이 아니라 생각하는 방식을 바꿀 것이다. 이 방식을 '경제적 독립 사고방식(FI 사고방식)'이라고 하는데, 삶에서 돈의 흐름을 늘 의식하며 호기심을 보이는 태도를 말한다. 이 책을 읽기만 해도 FI 사고방식이 자리 잡을 수 있지만, 그뿐만이 아니다. 여기에서 설명한 간단한 단계를 실제로 실천한다면 돈과 맺은 관계가 달라질 것이다. 다시 말해 FI를 이루는 네 가지 핵심 요소, 즉 경제 지능Financial Intelligence, 재정 건전성Financial Integrity, 경제적 독립Financial Independence, 경제적 상호 의존Financial Interdependence이 삶 속 돈과 물질의 흐름에 자연스럽게 스며들 것이다.

FI 1: 경제 지능

경제 지능은 돈에 대한 고정 관념과 감정에서 벗어나 돈을 객관적으로 관찰하는 능력이다. 돈으로 정말 행복을 살 수 있을까? 모두가 정말로 생계를 이으며 '삶을 살아가고' 있을까? 돈은 정말로 두렵거나 탐나는 대상, 사랑하거나 미워하는 대상일까? 돈을 버는 데 시간을 거의 다 써버린다면, 정말 확실하게 성공할 수 있을까?

경제 지능을 높이는 일은 지금까지 얼마나 벌었는지, 그 돈을 벌어서 어떤 결과를 냈는지, 인생에서 돈이 얼마나 들어오고 나가는지 아는 데서 시작한다. 그리고 더 나아가 돈이 진짜 무엇인지, 내가 삶에서 무엇을 돈과 바꾸고 있는지도 알아야 한다. 경제 지능을 키우게 되면 빚을 갚는 일은 물론이고 기본 생활비의 최소 6개월 치를 예금해 둘 수 있을 것이다.

FI 2: 재정 건전성

재정 건전성은 내 수입과 지출이 나의 직계 가족과 지구에 미치는 진정한 영향을 깨달아야 달성할 수 있다. 이는 최고의 만족감을 선사할 만큼 충분한 돈과 재화가 얼마인지, 내 삶을 어수선하게 채울 뿐인 과잉이 무엇인지 아는 것이다. 재정 생활의 모든 측면을 가치관에 맞추는 일이기도 하다.

FI 3: 경제적 독립

경제적 독립은 단순하게 안정적인 수입을 벌어들이는 것을 의미하지 않는다. 경제적 독립이란 해로운 경제 신념과 막대한 부채, 현대의 '편의 시설'을 관리하지 못하는 심각한 무능에서 독립하는 것을 의미한다. 삶을 쥐고 흔드는 돈에서 벗어난다는 의미다.

FI 4: 경제적 상호 의존

이처럼 FI 네 가지를 통달하는 과정에서 우리가 간절하게 바라는 독립은 막다른 길에 다다른 일상과 직업, 인간관계, 사고방식에서 벗어나는 것이지, 다른 사람들에게서 벗어나는 것이 아니라는 사실을 깨달을 것이다. 가장 행복한 순간은 사랑하고 베푸는 데서 비롯하며, 우리는 삶을 진실로 의미 있게 만드는 데 시간을 더 많이 쏟기를 바란다. 서로를 위해서 일하고, 서로에게서 인정받고, 함께 창조하는 상호 의존성은 우리 삶을 풍요롭게 가꾼다. 상호 의존성은 피할 수 없는 삶의 현실이기도 하다. 누구나 자연이 베푸는 선물에 의지해서 살아간다. 아울러 도로부터 공항, 도서관, 수많은 안전망, 돈 자체에 이르기까지 모두가 공유하는 제도에 의지해서 살아간다. 우리는 상호 연결성의 바다에 떠 있다. 사실, 경제적 독립을 달성한 사람들은 대체로 (충분히 쉬고 오랫동안 품어온 꿈에 푹 빠져 있다가 나와서) 세상을 더 나은 곳으로 만드는 데 시간을 투자하려고 한다.

개정판의 새로운 내용

오늘날의 현실을 반영하고자 말 그대로 초판의 내용 수천 가지를 수정했다. 특히 다음 두 장을 대폭 손보았다.

스마트폰과 블로그, 쇼핑과 투자를 위한 수많은 인터넷 도구가 등장했기 때문에 '돈의 가르침 6(가장 단순하게 지출을 줄여라)'을 대거 고쳐야 했다. 가장 힘든 작업은 '돈의 가르침 9(지속적인 경제적 자유를 위한 현금 투자처를 찾아라)'를 새로 쓰는 일이었다. 25년 동안 조와 다른 사람들에게 큰 도움이 되었던 투자 전략은 이제 안정적으로 불로 소득을 창출할 유일한 방법도, 가장 좋은 방법도 아니다. 투자 전략이 서로 다른 훌륭한 동료의 의견을 바탕으로 '돈의 가르침 9'에서는 파이어 운동에 참여하는 이들이 사용하는 전략을 폭넓게 제시한다. 물론, '스스로 생각하라'는 토대는 변하지 않았다.

FI 프로그램의 아홉 단계는 일과 소비의 굴레에서 벗어나기 위해 개인이 할 수 있는 일에 초점을 맞춘다. 돈과 맺은 관계를 바꿀 수 있는 사람은 오직 나 자신뿐이다. 하지만 조와 나, 당신에게 사회적 지지는 정신을 차리고 변화를 만들어내는 중요한 열쇠다. 각 장에서는 일기장에서 나 자신과 이야기를 나누든, 사랑하는 이나 여러 사람과 함께하든 대화할 때 던질 수 있는 강력한 질문도 몇 가지 제시한다. 새롭게 쓴 에필로그에서는 간단한 머니 토크 방법을 소개한다. 돈을 비롯해 중요한 주제에 관해서 친구나 낯선 사람과 이야기하는 데 유용하다고 검증된 방법이다. 변화는 우리가 다른 사람들과 함께 혼란스러움, 두려움, 끈질긴 질문과 꿈을 이야기할 때 일어난다.

변화를 시작하자!

당신이 이 글을 읽고 아홉 단계 프로그램을 향한 흥미가 샘솟았으면 한다. 변화를 위한 열정이 첫걸음을 내딛게 이끌 것이다. 호기심도 일었기를 바란다. 분명히 호기심은 당신이 계속 움직이도록 자극할 것이다. 미래를 바꿀 수 있다는 믿음도 더욱 강해졌기를 바란다. 그렇다면 책을 처음부터 끝까지 읽어보라. 그런 다음, 처음으로 다시 돌아와서 돈과 맺은 관계를 바꾸고 경제적 독립을 이루기 위한 단계별 여정을 시작하라.

이 책을 집어 든 당신, 수백만 명에게 자유를 선사한 이 도구 모음을 만난 것을 환영한다. 당신이 자유를 찾기를 진심으로 바란다. 세상은 당신이 꿈을 향해 나아가기를 원하고 있다.

차례

돈의 가르침 1

돈에 관한 구식 전략을 간파하라

Your Money *or* Your Life

돈을 통제하지 못하면,
돈의 부족함이 평생 당신을 통제하게 된다.

You must gain control over your money

or the lack of it will forever control you.

— 데이브 램지 Dave Ramsey

돈, 빠져나올 수 없는 함정인가

"돈이냐, 인생이냐?"

누군가 갈비뼈에 총을 거칠게 들이대고 이렇게 묻는다면 어떻게 대답하겠는가? 대다수는 지갑을 내줄 것이다. 우리는 돈보다 삶을 더 소중하게 여기므로 당연한 결과라고 생각할 것이다. 그런데 잠깐, 우리가 정말로 삶을 더 소중하게 여길까?

레이철은 성공한 영업 사원으로, 일주일에 70시간 일했다. 하지만 이것만으로는 충분하지 않았다. "폴 워첼Paul Wachte이 쓴《풍요의 빈곤 The Poverty of Affluence》같은 책을 읽고 나서 나만 '뭔가 부족하다'라고 느낀 게 아니라는 사실을 깨달았어요. 다른 사람들하고 대화해 봤는데 그 사람들도 나와 비슷한 실망감을 느낄 때가 많더라고요. 모든 것을 완벽하게 갖춘 안락한 집을 손에 넣고 나자, '이게 다야?' 같은 생각이 들었어요. 힘들게 일하고 또 일하다가 나이가 들면 은퇴해야 하는 걸까요? 그러면 모아놓은 돈을 덜 쓰려고 아등바등하면서 인생이 끝날 때까지 시간을 낭비해야 하는 걸까요?"

던은 음악을 사랑했지만, 데이터 처리 분야에서 일하는 데 삶을 바쳤다. 사랑과 삶을 모두 붙잡을 수 있다는 희망은 거의 포기했다. 어른스럽다는 것이 무슨 의미인지도 잘 모르면서 고급 장신구를 모조리 손에 넣고 어른으로 변신할 날을 기다렸다. 대학 졸업장과 아내, 기술, 직업, 자동차, 집, 담보 대출, 마당을 얻었다. 하지만 어른스러워졌다고 느끼기는커녕 갈수록 옥죄이는 느낌만 받았다.

일레인은 자신의 직업인 컴퓨터 프로그래머 일을 몹시 싫어했다. 해고당하지 않을 정도로만 적당히 일했고 하루 빨리 일에서 벗어나고 싶다고 생각했다. 성공의 상징처럼 여겨지는 스포츠카와 시골 저택을 소유하는 것으로 지루한 직장을 간신히 견딜 뿐이었다. 여행을 떠나고 다양한 워크숍에도 참여했지만, 이 정도로는 주중의 침울한 마음을 극복할 수 없었다. 끝내 남은 평생도 이렇게 살아가리라고, 일이 삶의 중심을 완전히 앗아가리라고 생각했다.

크리스티와 남편은 고소득 IT 업계 종사자로, 전형적인 딩크족이었다. 젊고 부유하고 근사한 외모를 가진 부부는 어느 모로 보나 완벽했다. 어느 날 크리스티는 동료가 스트레스로 책상에서 쓰러져 거의 죽을 뻔한 모습을 지켜봤다. 하지만 그 동료는 일주일 후에 다시 출근해서 아무 일도 없었다는 듯 행동했고, 크리스티는 무언가 심각하게 잘못되었다는 사실을 직감했다. 그러다가 상사가 혈전으로 입원했고, 가장 친한 친구가 해고당했다. 크리스티는 불안증 약을 먹기 시작했고, 새벽 3시에 스트레스로 벌떡 깨어났다. 그리고 결심했다. '더는 이렇게 못 살겠어. 이렇게는 안 돼.'

니콜은 아버지가 시키는 대로 따랐다. 변호사였던 아버지는 딸에게도 전문 자격증을 따야 한다고 권했다. 비용이 얼마나 들든 상관없었다. 전문직이 되면 쉽게 갚을 수 있을 테니까. 니콜은 8년이라는 시간을 들이고 10만 달러가 훌쩍 넘는 빚을 내서 상급 임상 가정 간호사advanced family nurse practitioner 학위를 땄다. 하지만 당시는 아버지가 법학 대학원을 졸업했던 1969년과 달랐다. 그때는 2011년이었고, 직원 급여와 사무실 임대료, 세금, 보험료를 내고 남은 순수익으로는 이자가 불어나기 전에 빠르게 빚을 갚을 수 없었다. 니콜은 인기가 아주 높은 전문직 분야의 학위를 받았지만, 점점 뒤처졌다. 그녀는 친구에게 "정말로 빚을 갚을 수 있을지 모르겠어"라고 털어놓았다.

브라이언의 오랜 친구 케빈은 고등학교 시절 아무도 주목하지 않는 평범한 학생이었지만 요즘은 온라인 교육 상품 사업으로 해마다 10만 달러 넘게 번다. 브라이언도 재택근무를 하며 가족을 부양하고 사람들에게 효율적으로 일하는 법을 가르치고 싶었다. 솔직히 말해서 쉽고 빠르게 돈을 벌고 싶어서 케빈에게 사업의 세부 사항을 꼬치꼬치 캐물었다. 케빈이 가진 것을 자기도 갖고 싶었다. 심지어 온라인 교육 사업은 진입 장벽이 매우 낮다. 누구든 웹 서비스 몇 개만 짜서 맞추면 짜잔 하고 돈을 내는 수강생을 확보할 수 있다. 그렇다고 성공이 보장되지는 않는다. 브라이언은 최고의 전문가에게서 배우는 데 돈을 많이 들였고, 실제로 사업을 시작하고 운영하는 데 예상보다 훨씬 더 많은 시간을 들였다. 이 비싼 거위는 아직도 황금알을 낳지 못하고 있다.

자기 일을 정말로 좋아하는 사람도 있지만, 직업 생활이 완벽하다고 솔직하게 말할 수 있는 사람은 아마 극소수일 것이다. 완벽한 직업 생활은 흥미로울 만큼 도전적이어야 하고 즐거울 만큼 수월해야 한다. 삶에 자양분을 줄 만큼 동료애가 있어야 하며, 생산적일 수 있도록 혼자만의 시공간이 있어야 한다. 일을 끝낼 만큼 충분한 시간이 있어야 함은 물론이고, 재충전할 만큼 충분한 여가가 있어야 한다. 내가 필요한 존재라고 느낄 수 있도록 세상에 이바지하는 바가 있어야 하는 동시에, 재미있을 만큼 유쾌함이 있어야 한다. 마지막으로 생활비를 댈 수 있을 만큼 돈이 되어야 한다. 하지만 최고의 직업에도 단점이 있다. 중년이 되면 우리가 부모님의 의견과 계획대로 살아왔다는 사실을 깨닫는다. 심지어는 노래 부르는 걸 세상에서 가장 행복해하는 열일곱 살짜리가 치과 의사가 최선이라고 결정한 부모 덕분에 20년 동안 치아에 충전재를 채우기도 한다. 우리는 '현실 세계', 그러니까 타협의 세계에 들어선 꼴이다. "황금을 얻고자 전력을 다한다"라는 온갖 과대광고를 보지만, 하루가 끝나면 진이 다 빠져서 소파에 드러눕기만 해도 더 바랄 게 없다.

우리 대다수는 더 의미 있고 더 커다란 성취감을 느낄 수 있는 삶의 방식이 존재한다는 생각에 최대한 오래 매달린다. 하지만 시간이 흘러 직장 생활이 판에 박은 일상이 되어버리고 하루하루가 해야 할 일로 가득 차면서, 더 보람차게 살 수 있다는 생각은 희미해지는 듯하다.

당신이 앞으로 이 책에서 만날 사람들은 다른 생활 방식도 있다는 사실을 발견한 이들이다. 우리에게는 생산적인 동시에 가치 있는 삶을 살아갈 방법이 있다. 아울러 내가 원하거나 필요한 물질적 풍요를 모두 누릴 방법이 있다. 내면과 외면의 균형을 맞추고, 일과 가족 그리고 나 자신과도 좋은 관계를 맺게 할 방법이 있다. 더 활기차게 살아갈 수 있도록 생계를 꾸릴 방법이 있다. "돈이냐, 인생이냐?"라는 질문을 받으면 "난 둘 다 가질 거예요"라고 대답할 삶의 방식이 분명히 존재한다.

우리는 살아가는 것이 아니라 죽어가고 있다

일을 무척 좋아하는 사람부터 일을 간신히 견디는 사람까지, 수많은 노동자에게는 돈과 인생 사이에서 선택할 여지가 없는 듯하다. 돈을 벌려고 하는 일이 깨어 있는 시간을 지배하고, 일하고 남은 잠깐에 삶을 겨우 채워 넣을 수 있을 뿐이다.

평범한 근로자가 어떻게 생활하는지 생각해 보자. 6시 45분에 알람이 울리면 우리는 잠자리에서 일어나야 한다. 그다음 순서는 다음과 같다. 휴대 전화를 확인한다. 샤워한다. 일자리에 맞는 복장을 입는다. 여유가 있으면 아침을 먹는다. 텀블러와 서류 가방(이나 도시락)을 챙긴다. 차에 올라타서 러시아워라는 나날의 형벌을 받거나 발 디딜 틈 없는 버스나 지하철을 탄다. 9시부터 5시까지(혹은 더 늦게까지) 일한다. 악마가 당신을 괴롭히려고 보낸 상사나 동료를 상대한다. 거래업체, 고객, 또는 소비자나 환자를 상대한다. 이메일이 쌓인다. 바쁜 척한다. 소셜 미디어 화면을 훑어본다. 실수를 숨긴다. 도저히 지킬 수 없는 마감일을 받으면 미소를 짓는다. '구조 조정'이나 '인력 감축', '해고'라는 도끼가 다른 사람의 목에 떨어지면 안도의 한숨을 내쉰다. 늘어난 업무량을 감당한다. 시계를 본다. 양심과 싸우면서 상사의 의견에 맞장구친다. 다시 미소를 짓는다. 오후 5시다. 다시 자동차나 버스나 지하철을 타고 집에 온다. 배우자나 자식들, 룸메이트와 인간적인 접촉을 나눈다. 요리한다. 저녁 식사 사진을 온라인에 올린다. 먹는다. 좋아하는 방송 프로그램을 한 편 본다. 마지막 이메일에 답장한다. 침대에 눕는다. 8시간 동안 망각이라는 축복에 빠져든다. 이것도 운이 좋아야 가능한 일이다.

이게 생계유지라고? 생각해 보라. 아침보다 퇴근 후에 더 활기찬 사람이 얼마나 되는가? 당신은 '생계유지' 활동을 마치고 더 힘차게 집으로 돌아오는가? 가족 혹은 친구들과 즐거운 저녁을 보내려고 활력 넘치는 모습으로 사무실에서 달려 나가는가? 우리가 직장에서 꾸린다고 생각한 그 삶은 다 어디로 간 것일까? 우리 중 많은 사람에게 생계유지는 사실 '죽음에 이르는 길'에 더 가깝지 않을까? 우리는 일 때문에 우리 자신을, 건강을, 인간관계를, 즐거움을 죽이고 있는 게 아닐까? 우리는 돈을 버느라 인생을 희생하는 그 과정이 너무나 느리게 진행되어서 거의 눈치채지 못한다. 전망 좋은 고위직 사무실 자리와 회사 제공 차량, 정년 보장 같은 미심쩍은 성공의 징후와 더불어 관자놀이 근처에서 희끗해지는 머리카락과 두툼해지는 뱃살만이 세월의 흐름을 알려주는 유일한 이정표다.

만약 일하지 않는다면 우리는 시간을 어떻게 쓸까? 일에서 의미와 성취감을 찾겠다는 꿈은 사내 정치와 극도의 피로, 지루함, 치열한 경쟁이라는 현실 속으로 사라진다. 어린 시절에 느꼈던 경이감, 대학 시절에 품었던 사명감, 사랑으로 우리 마음을 크고 작은 모든 존재와 잇던 그 시절은 전부 잊혔다. '우리가 너무 어렸을 때의 일'로 치부해 버리는 것이다.

자기 일을 좋아하며 일을 통해 사회에 이바지한다고 생각하는 사람조차 오전 9시부터 오후 5시까지 일하는 세상에서 벗어나 즐길 수 있는 더 넓은 무대가 있다고 느낀다. 그런 무대는 아무런 제약이나 제한 없이, 또 해고당하거나 실업자 대열에 합류할까 봐 두려워할 필요 없이 좋아하는 일을 하면서 성취감을 얻는 곳이다. "할 수만 있다면 이렇게 하고 싶은데 재단 이사회가 자기들 방식을 강요해"라고 생각하거나 말한 횟수는 얼마나 될까? 우리는 지원받은 자금이나 일자리를 지키려고 꿈을 얼마나 많이 희생해야 했을까?

우리는 자신과 직업을 동일시한다

경제적 여유가 있어서 인생의 기쁨을 막고 내 가치를 무시하는 직업을 버리고 떠날 수 있지만, 심리적으로 자유를 찾아 나서지 못하는 경우가 너무나도 많다. 우리는 직업에서 정체성과 자존감을 얻으려고 한다.

직업은 가족과 이웃, 시민 활동, 종교 활동, 심지어 배우자나 연인까지 대체하며 우리가 충성을 바치는 대상이자 사랑의 주요 원천, 자기표현의 장소가 되었다. 당신은 어떤지 곰곰이 생각해 보라. "무슨 일을 하세요?"라는 질문에 "저는 ______입니다"라고 대답할 때 어떤 기분이 드는가? 자랑스러운가, 부끄러운가, 우월감을 느끼는가, 열등감을 느끼는가? 방어적으로 나오는가, 진실을 말하는가? 지위를 높이고 싶어서 평범한 직업에 색다른 이름을 붙인 적은 없는가? 상대의 기대에 부응하지 못한다는 생각에 "저는 그저 ______일 뿐이에요"라고 대답하진 않는가?

우리는 인간 가치를 월급 수준으로 측정하고 있을지도 모른다. 당신은 고등학교 동창회에서 이야기를 주고받을 때 친구들의 성공을 어떻게 평가하는가? 친구들이 자기 가치관에 충실하게 살고 있는지 물어보는가? 아니면 어디에서 일하고, 어떤 직책을 맡고, 어디에서 살고, 어떤 차를 몰고, 아이들을 어느 대학에 보낼지 물어보는가? 우리는 직업과 사는 곳, 자동차 따위를 성공의 상징으로 여긴다.

우리 사회에는 인종과 성차별뿐만 아니라 직업에 따른 은밀한 위계도 존재한다. 직업주의jobism라고 불리는 이 위계는 직장과 사회생활은 물론이고, 심지어 가정에도 널리 스며들어 있다. 이런 위계가 없다면 왜 우리가 전업주부를 2등 시민으로 여기겠는가? 왜 교사가 의사보다 지위가 낮다고 생각하겠는가? 교실에서 어려움을 겪는 학생을 대하는 교사의 태도가 병실에서 죽어가는 환자를 대하는 의사의 태도와 똑같이 가치 있는데도 우리는 교사보다 의사를 더 '훌륭한' 직업이라고 생각한다. 자각하든 아니든, 우리는 일상에서 사람들과 어울리며 각자가 '생계를 유지하는' 방법을 무의식적으로 저울질한다.

죽어가는 데 드는 막대한 비용

심리 치료사 더글러스 라비어Douglas LaBier는《현대인의 광기Modern Madness》에서 이런 '사회적 질병'을 기록했다. 라비어는 몸은 지칠 대로 지치고 영혼은 텅 빈 채 줄지어 자기 사무실로 찾아오는 '성공한' 전문직 종사자들을 보며 물질주의 집착이 몸과 정신 건강에 미치는 위험을 깨달았다. 더불어 개인적 성취와 의미를 희생하는 대가로 돈, 지위, 성공에만 집착한 결과, 자신을 찾아온 수백 명 가운데 60%가 우울증과 불안, 흔하디흔한 '스트레스'를 포함해 직장 관련 질환을 겪고 있다는 사실을 발견했다.[1]

미국의 공식적인 주당 근무 시간은 거의 반세기 동안 40시간으로 고정되어 있었지만, 많은 전문직 종사자는 뒤처지지 않으려면 초과 근무와 주말 근무를 해야 한다고 생각한다. 경제협력개발기구OECD 가 2015년에 연구한 결과, 미국인의 약 12%는 주당 50시간 이상 일 했다.[2] 같은 해 콘퍼런스 보드Conference Board(미국의 경제 조사 기관-옮긴이) 의 연구에 따르면, 자기 직업에 '만족'하는 미국인은 절반도 되지 않 았다.[3] 우리는 더 많이 일하고 삶을 덜 즐긴다. 그 결과는 무엇인가? 돈을 버는 방식 때문에 전 국민이 질병에 걸리고 말았다.

그래서 얻은 게 뭐지?

비록 우리가 조금도 더 행복해지지는 않았지만, 적어도 전통적인 성공의 상징은 거머쥐지 않았을까? 다시 말해 은행에 쌓인 돈 같은 것들 말이다. 애석하게도 딱히 그렇지는 않다. 실제로 저축률은 낮아 졌다.

미국 경제 분석국Bureau of Economic Analysis에 따르면, 미국의 개인 저 축률은 3%에 그치는 것으로 나타났다(2023년 기준). 2% 미만으로 최 저치를 기록한 2007년보다는 높지만, 10% 넘게 저축했던 1980년대 이전보다는 낮아졌다.[4]

설상가상으로 미국인 대다수의 임금은 정체되었다. 상위층과 이 들이 일하는 기업은 계속 주머니를 불리고 있지만, 하위층 개인은 부 를 빼앗기고 있다. 경제 정책 연구소Economic Policy Institute의 2016년 보고서를 보면, 하위 70% 노동자의 임금은 2000년 이후 5.3% 소폭 상승하는 데 그쳤고, 최하위 빈민 10%의 임금은 고작 2.2%만 상승했다. 반면에 상위 10%와 5%의 임금은 각각 15.7%와 19.8% 올랐다.

임금은 상대적으로 낮고 저축은 줄어든 탓에 부채 수준이 엄청나게 높아졌다. 2017년 말에 소비자 부채는 3조 7000억 달러를 돌파했는데, 2000년 말 총액의 두 배가 넘는 숫자다. 전국 남녀노소 한 명당 1만 1000달러 이상 빚을 진 셈이다.[5] 빚은 우리가 찬 거대한 족쇄다. 높은 부채와 적은 저축액 때문에 우리는 오전 9시부터 오후 5시까지 일하는 일상에 얽매여야만 한다. 주택 담보 대출, 자동차 할부금, 학자금 대출, 신용카드 빚 때문에 일을 그만둘 여유가 없다. 자동차에서 살거나 길거리에서 생활하는 사람들이 점점 늘어나고 있다.

세계화가 심화하고 기업 합병이 늘어나는 시대에 제조업부터 첨단 기술 분야까지 모든 업계에서 정리 해고는 새로운 현실이 되었다.

주말에 신나게 살려고 직장에서 죽어가다

이제 평범한 소비자가 힘들게 번 돈을 쓰는 모습을 생각해 보자. 오늘은 토요일이다. 옷을 세탁소에 맡기고, 차를 정비소에 가져가서 타이어를 바꾸고 이상한 소음을 점검받는다. 가족이 일주일 동안 먹을 식료품을 사러 마트에 갔다가 계산대 앞에서 쇼핑백 네 개 치 식료품이 125달러가 아니라 75달러였던 시절을 떠올리며 투덜거린다.

(물론 할인 쿠폰을 모으고 세일 상품을 파는 가게에 가면 비용을 줄일 수 있지만, 우리에게는 그럴 만한 시간이 결코 없다.) 쇼핑몰에 가서 모두가 읽고 있는 책을 산다. 책 두 권, 정장 한 벌(반값 할인), 잘 어울리는 구두, 아이들 새 옷 몇 벌을 사서 나온다. 전부 신용카드로 결제한다. 집으로 돌아온다. 정원을 손질한다. 아차… 가지치기용 가위를 사러 묘목장에 간다. 앵초 두 판, 새 화분 몇 개…, 물론 가지치기용 가위까지 사서 집으로 돌아온다. 불 세기를 가장 약하게 설정했는데도 빵 조각을 전부 태워 버린 토스터를 만지작거린다. 토스터 품질 보증서는 어디에도 안 보인다. 새 토스터를 사러 인테리어용품 가게에 간다. 서재에 달 선반과 받침대, 부엌에 칠할 페인트 색상 샘플…, 아, 물론 토스터까지 사서 나온다. 애들을 베이비시터에게 맡기고 배우자와 외식하러 나간다.

이제 일요일 아침이다. 온 가족이 팬케이크를 먹기로 했다. 이런… 밀가루가 없다. 밀가루를 사러 마트에 간다. 팬케이크에 곁들일 냉동 딸기와 블루베리, 메이플시럽, 수마트라 커피…, 물론 밀가루까지 사서 집에 온다. 가족과 함께 호수에 수영하러 간다. 기름값에 움찔하며 주유한다. 시골의 예쁘장한 식당을 방문해서 신용카드로 저녁 식사를 결제한다. 집에 돌아온다. 텔레비전을 보며 밤을 보낸다. 광고를 보면서 포르셰나 머나먼 이국으로 떠나는 휴가 상품, 새 컴퓨터 따위를 사면 정말로 멋진 삶을 살 수 있다는 환상 속에서 둥둥 떠다닌다.

요점만 정리해 보자. 우리는 청구서 비용을 내기 위해 일한다고 생각한다. 하지만 우리는 필요한 것보다 더 많이 사는 데 수입보다 더 많은 돈을 쓴다. 그러니 다시 돈을 벌러 일터에 나가야 하고, 그렇게 번 돈으로 더 많은 물건을 사고, 그래서 다시 일하러 나가야 한다!

그러면 행복은?

매일의 고된 노동 덕분에 행복해진다면, 짜증과 불편은 치러야 할 작은 대가일 것이다. 우리 직업이 세상을 정말로 더 좋게 만든다고 믿는다면, 박탈감을 느끼지 않고 수면과 사교 활동을 희생할 것이다. 뼈 빠지게 일해서 산 장난감이 한순간의 즐거움을 넘어서 남들보다 한발 앞설 기회 이상을 선사한다면, 업무 시간을 기꺼이 받아들일 것이다. 하지만 최소한의 안락함만 보장된다면, 돈으로는 우리가 바라는 행복을 살 수 없다는 사실이 점점 더 분명해질 것이다.

우리가 초창기에 열었던 세미나의 참가자는 소득 수준과 상관없이 행복해지려면 돈이 '더 많이' 필요하다고 입을 모아 말했다. 우리는 참가자에게 1점(불행하다)부터 5점(무척 행복하다)까지 숫자로 삶의 행복도를 평가해 달라고 했다. 3점은 '불평할 수 없다'였다. 그리고 이 점수와 소득의 상관관계를 분석했다. 미국과 캐나다에서 1000명 이상을 대상으로 시행한 표본 조사에서 평균 행복 점수는 월 소득이 1500달러 미만이든 6000달러 초과이든 항상 2.6에서 2.8 사이였다(심지어 3도 아니었다).

결과는 대단히 충격적이었다. 대다수가 으레 불행할 뿐만 아니라,

지금 당신의 삶에 가장 가까운 표현을 선택하시오.				
1	2	3	4	5
불편하다	불만스럽다	만족스럽다	행복하다	무척 기쁘다
피곤하다	무언가 찾고 있다	괜찮게 지낸다	성장하고 있다	열정적이다
불완전하다	충분하지 않다	평균이다	흡족하다	성취감을 느낀다
낙심하다	인간관계가 완벽하지 않다	그런대로 괜찮다	생산적이다	충만하다
두렵다	대처하고 있다	가끔은 행복하고 가끔은 우울하다	느긋하다	황홀하다
자주 외롭다	좋아지고 있다	안정적이다	긴장할 일이 없다	힘이 넘친다
화가 난다	별로 생산적이지 않다	평범하다	효율적이다	변화를 만들고 있다
사랑이 필요하다	자신감이 필요하다	위험이 거의 없다	시간에 여유가 있다	
불안정하다		사람들과 잘 어울린다	재미있다	
			안심된다	

월 소득	0~ 1500달러	1501~ 3000달러	3001~ 4500달러	4501~ 6000달러	6000달러 초과
해당 소득 범위 내 모든 참가자의 삶의 질 평가 평균	2.81	2.77	2.84	2.86	2.63

돈을 아무리 많이 벌어도 불행하다고 답했다. 경제적으로 넉넉한 사람조차 늘 만족하지는 않는다. 설문지에는 "행복해지려면 돈이 얼마나 필요한가?"라는 질문도 있었다. 어떤 답변이 나왔을까? 매번 "지금보다 더 많이(50%에서 100% 더)"라는 답이 나왔다.

그러니까 지금 우리는 세상에서 가장 부유한 사회에서 살고 있는

데도 죽어라 일하고, 집과 직장 사이를 끝없이 왔다 갔다 하고, 지평선 너머의 무언가, 혹은 아예 손에 닿을 수 없는 것을 갈망한다.

더 많을수록 더 좋을까?

우리는 대개 더 많이 가질수록 더 좋다는 만연한 소비 신화에 사로잡혀 있다. 더 많이 가져야 한다는 신화 위에 직업 생활을 지어 올린다. 시간이 흐를수록 돈을 더 많이 벌 것이라고 기대한다. 승진할수록 더 큰 책임과 특혜를 얻을 것이라고 믿는다. 더 많이 소유하고, 위신이 더 높아지고, 지역 사회에서 더 크게 존경받기를 희망한다. 우리 자신에게 더 많이 기대하고 세상에 더 많이 기대하는 데 익숙해진다. 하지만 만족은 쉽사리 찾아오지 않고, 더 많이 가질수록 현재 상태에 점점 불만스러워진다.

물질적 팽창을 추구하는 개척자 사고방식은 북아메리카 정신의 핵심으로, 더 많이 가지고 싶어 하는 집착의 원천이라고 할 수 있다. 미국 TV 시리즈 〈스타트렉〉에서는 우주조차 '최후의 개척지'라고 불렀다. 서양은 명백한 운명Manifest Destiny(서부 개척 시대 미국의 팽창주의를 대표하는 표어-옮긴이)이라는 정치적 판매 전략을 통해 '승리'했다(다른 관점에서 보자면 패배했다).

'더 많을수록 더 좋다'는 신조에 따라 사람들은 3년마다 차를 바꾸고, 계절이 변하고 새로운 구실이 생기면 새 옷을 사고, 여유가 될 때마다 더 크고 좋은 집을 사고, 새 버전이 출시되었다는 이유만으로 텔레비전부터 스마트폰까지 전부 최신 제품으로 산다. 전국 여론 조사 센터National Opinion Research Center의 결과에 따르면, 자기가 '매우 행복하다'라고 묘사하는 미국인 비율은 1950년대 후반부터 꾸준히 줄어들었다.

'더 많을수록 더 좋다'는 말은 불만족을 낳는 공식으로 드러났다. 모조리 가지기 위해서 산다면, 지금 가진 것은 절대 충분하지 않다. 더 많을수록 좋다고 생각하는 환경에서 '충분함'은 번번이 멀어지는 지평선과 같다. 우리는 충분하다고 느끼고, 멈춰도 좋은 지점을 파악하는 능력을 잃는다. 그러면 심리적 막다른 골목에 부닥치고, 더 많이 추구하는 소비 신화의 보이지 않는 덫에 빠진다. 더 많을수록 더 좋다면, 내가 가진 것으로는 부족하다. 더 많이 가진다면 삶이 더 나아지리라고 확신하고서 정말로 더 많이 가지더라도, 여전히 더 많을수록 더 좋다는 믿음에 따라 행동한다. 그렇게 더 많이 가지기를 바라고 더욱더 많이 가지기를 바란다. 빚에 깊이 빠지는 만큼 절망에 더 깊이 빠진다. 삶을 더 낫게 바꿔줄 더 많은 것은 절대로 충분히 가질 수 없다.

소비자 탄생

우리는 돈과 맺은 관계의 본질 때문에 풍요로움에 집착하는 것일지도 모른다. 앞으로 살펴볼 테지만, 돈은 우리 삶이 펼쳐지는 영화

속 스크린이 되었다. 우리는 돈에 환상을 실현하고, 두려움을 가라앉히고, 괴로움을 달래고, 새로운 단계로 도약하는 능력을 투사한다. 사실, 이제 우리는 필요와 욕구, 욕망을 대부분 돈으로 충족한다. 희망부터 행복까지 무엇이든 돈으로 산다. 더는 삶을 살지 않는다. 대신 삶을 소비한다.

예전에는 산업화한 국가 사람들을 '시민'이라고 불렀다. 이제 우리는 '소비자'다. (사전에 나오는 '소비하다'의 정의에 따라) 다 써버리고, 낭비하고, 바닥내고, 탕진하는 사람이다. 그러나 소비 지상주의consumerism는 경제가 꾸준히 성장하려면 사람들이 상품을 더 많이 사도록 장려해야 한다고 여겼던 20세기 산업 사회가 만들어낸 산물일 뿐이다.

1920년대 초, 산업 혁명의 승리가 눈앞에 다가오자 기이한 문제가 생겨났다. 기계가 인간의 욕구를 충족하는 능력이 너무나도 탁월했던 탓에 경제 활동이 오히려 둔화되기 시작했다. 미국 노동자는 이만하면 힘들게 일했다는 사실을 본능적으로 깨닫고 노동의 결실을 즐길 수 있도록 더 짧은 노동 시간과 더 많은 여가를 요구했다. 이런 추세에 미국 사회의 두 영역이 경각심을 느꼈다. 프로테스탄티즘 노동 윤리를 마음속 깊이 받아들인 도덕주의자는 '게으른 손은 악한 일을 일으킨다'라고 믿었다. 여가는 사람을 타락시키며, 일곱 가지 대죄(크리스트교에서 규정하는 죄의 근원이자 죄 그 자체로, 교만과 인색, 질투, 분노, 색욕, 탐욕, 나태다-옮긴이) 전부는 아니더라도 최소한 나태로 이어진다고 주장한 것이다. 기업들도 경종을 울렸다. 공장 생산품에 대한 수요가 감소하면 경제 성장이 멈출 터였다. 노동자는 전통적인 상품(음식, 옷,

집 등)을 살 때와 달리 새로운 상품과 서비스(자동차, 가전제품, 오락거리 등)에 본능적인 열의를 보이지 않는 듯했다.

이때 성장의 대안, 즉 현 상태를 유지하려는 것은 성숙이 아니라 문명의 침체와 생산성 쇠퇴를 예고하는 전조로 여겨졌다. 기계가 엄청나게 빠르고 정밀하게 생산해서 끝없이 늘어나는 갖가지 상품을 팔려면, 기업들이 꾸준히 이윤을 내려면 새로운 시장이 필요했다. 이때 천재적인 아이디어가 번뜩였다. 새로운 시장을 구성하는 대중은 변함없겠지만, 이들은 필요한 것뿐만 아니라 필요하지 않은 새것도 욕망해야 한다고 교육받을 터였다. 여기서 '생활수준'이라는 개념이 등장한다. '마케팅'이라는 새로운 기술이자 과학, 산업이 탄생해서 사람들에게 일하는 목적은 기본적인 경제적 욕구를 충족하는 것이 아니라 생활수준을 높이는 것이라는 믿음을 심어줬다. 1929년, 허버트 후버Herbert Hoover 정부가 주도해 설립한 '최근 경제 변화 위원회Committee on Recent Economic Changes'는 새로운 전략에 관한 경과 보고서를 발표했다.

이 조사를 통해 오랫동안 이론상으로만 옳다고 여겼던 명제, 즉 욕망은 거의 충족할 수 없으며 하나가 충족되면 또 하나가 생겨난다는 명제를 확실하게 증명했다. 결론을 말하자면, 우리 앞에는 무한한 경제적 가능성이 펼쳐져 있다.

"새로운 욕구가 생겨나고, 그 욕구가 충족되자마자 새로운 욕구가 끊임없이 생겨날 것이다. (…) 우리 상황은 운이 좋고, 우리 추진력은 놀랍다."[6]

이제 여가는 단순히 '느긋하게 즐기는 활동'이 아니라 소비를 늘릴 기회로 변모했다. 심지어 사람들은 여가 자체를 소비하게 되었다(여행이나 휴가를 떠날 때처럼). 헨리 포드Henry Ford도 동의했다.

"사람들은 덜 일할 때 더 많이 산다. 사업은 재화의 교환이다. 사람들은 재화가 필요를 충족할 때만 구매한다. 그리고 필요가 느껴져야 충족하려고 나선다. 필요는 주로 여가에 나타난다."[7]

후버 위원회도 의견이 같았다. 사실, 여가는 편히 쉬려는 구실이 아니었다. 여가는 더 많은 욕망으로 채워 넣을 빈자리였다(더 많은 욕망을 채우는 데 드는 돈을 벌려면 더 많이 일해야 했다). 물질적 낙원을 이룩하기로 작정한 산업 쾌락주의자와 빈둥거리는 여가가 죄악으로 이어지리라고 우려했던 청교도 모두 소비 중심 해결책에 만족했다. 하지만 새로운 소비 지상주의는 분노와 나태를 제외하고 나머지 모든 대죄(교만과 인색, 질투, 색욕, 탐욕)를 조장했다.

대공황으로 잠시 침체했던 소비 지상주의는 제2차 세계대전 이후 부활해서 더욱 활기를 띠었다. 1955년에 미국 소매업 분석가 빅터 르보Victor Lebow는 이렇게 말했다.

"엄청나게 생산적인 우리 경제는 (…) 소비를 생활 방식으로 삼고, 상품 구매와 사용을 의례로 바꾸고, 소비를 통해 정신과 자아 만족을 추구하라고 요구한다. (…) 우리는 끝없이 빨라지는 속도로 소비되고, 소모되고, 닳아 없어지고, 대체되고, 버려지는 것들이 필요하다."[8]

이렇게 극심한 무한 경쟁이 시작되었고, 우리는 사치품을 사고자 더 많이 일하는 것과 사들인 사치품을 즐길 여가를 충분히 누리는 것

사이에서 균형을 맞추느라 몹시 고통스러워졌다. 오늘날, 균형을 잡으려는 분투는 한 차원 더 어려워졌다. 인터넷과 스마트폰이 우리가 깨어 있는 모든 순간에 침범한 탓에 우리는 언제 어디서든 소비자가 될 수 있다. 욕망을 느끼고 물건을 배송받기까지 모든 과정이 화면을 몇 번 밀어 올리고 탭하고 클릭하는 일만으로도 가능해졌다. 한때 소수의 특권이었던 것이 이제는 대중의 권리로 보인다. 처음에 우리는 소비자라는 새로운 지위에 열광하며 부도덕한 기업에 맞서서 우리 권리를 주장하는 법을 배웠다. 하지만 그 이후로 '권리'의 의미가 달라졌다.

구매할 권리

이제 사람들은 자신에게 소비할 권리가 있다고 깊이 믿게 되었다. 돈만 있다면 원하는 것은 무엇이든 살 수 있다. 그 물건이 필요하든 아니든, 사용하든 아니든, 심지어 즐기든 아니든 상관없다. 어쨌든 이곳은 자유 국가이니까. 혹시나 돈이 없다면…, 젠장, 신용 카드는 뒀다가 어디에 쓰려고? 우리는 쇼핑하려고 태어났다. 누구든 죽을 때까지 장난감을 가장 많이 모은 자가 승리한다. 생명, 자유, 그리고 물질 소유 추구(독립 선언문 "생명, 자유 그리고 행복 추구"에 나오는 문장을 패러디한 것).

우리는 물건을 사는 일이 옳다는 개념을 받아들였을 뿐만 아니라 소비가 국가를 강하게 하는 원동력이라고 믿는다. 우리가 소비하지 않으면 수많은 사람이 일자리를 잃을 것이라고들 한다. 그렇게 되면 수많은 가정이 집을 잃고 실업률이 올라갈 것이다. 공장이 문을 닫으면서 마을 전체가 경제적 기반을 잃을 것이다. 따라서 국가의 힘을 유지하려면 물건을 사야 한다. 그렇지 않다면 왜 소비자 신뢰 지수Consumer Confidence Index 가 미국의 지속적인 우위를 알려주는 기준으로 쓰이겠는가?

소비자가 쓸 돈이 줄어든 이유 가운데 하나는 저축이 명백하게 미국적이지 않은 일로 변했다는 데 있다. 현대 경제학 언어조차 소비를 장려한다. '가처분' 소득이라는 말을 생각해 보자. 우리가 처분하는 것 외에 뭘 더 할 수 있겠는가? 썩어 없어질 곳에 내 소득을 그냥 둘 수는 없는 것이다.

소비가 경제를 튼튼하게 유지하는 방법이고 저축이 동료 시민을 일자리에서 내쫓는 방법이라면, 온라인 쇼핑은 그야말로 애국 행위 이리라. 여기에 단점이 딱 하나 있으니, 우리 기대치가 높아지면서 소득을 앞지르는 바람에 일반 소비자는 갈수록 빚더미에 앉게 된다. 우리는 곤란한 상황에 놓여 있다. 경제적 애국심을 발휘할 유일한 길 은 빚의 수렁에 더 깊이 빠지는 것이다. 이런 상황에는 승산이 없다. 물건을 사도 잘못되고, 사지 않아도 잘못된다.

광고는 상황을 더욱 악화한다. 2~11세 사이 미국 아동은 광고를 해마다 평균 2만 5000개 이상 접한다.[9] 전 세계 광고 지출액은 5000억 달러가 훌쩍 넘는다.[10] 우리 욕구와 욕망에 영향을 미치는 광고는 한 때 텔레비전과 인쇄 매체, 옥외 광고판에만 등장했으나, 디지털 시대 에는 어디에서나 우리를 따라다닌다. 사람들이 모바일 기기를 사용하는 시간이 점점 늘어나면서 팝업 광고, 깜빡이는 배너 광고, 사이드바 광고가 우리를 반기고, 지난 검색 목록과 온라인 구매 내역을 일깨운다.

마케팅 이론에 따르면 두려움, 유일하고 남들과 다르다는 약속, 죄책감과 탐욕, 인정받고 싶은 욕구가 우리를 움직인다. 시장 조사와 정교한 심리학으로 무장한 광고 기술은 우리의 감정 균형을 무너뜨리겠다는 목표를 세우고, 우리가 느끼는 불편함을 해소해 주겠다고 약속한다.

동시에 텔레비전과 전화, 라디오, 인터넷, 신문 광고는 환경에 관해 나쁜 소식을 알린다. 상품 포장재가 매립지를 막고 있다. 상품 제조는 기후 변화를 일으키고, 지하수를 오염시키고, 아마존 삼림을 없애고, 강을 더럽히고, 지하수위를 낮춘다. 재래식으로 목화를 재배해서 옷을 만들려면 살충제를 엄청나게 많이 사용해야 한다. 합성 섬유로 옷을 만든다면 화석 연료를 사용해야 한다. 아무 옷도 입지 않는다면 사람들이 일자리에서 쫓겨난다. 우리는 물건을 사도 망하고, 안 사도 망한다.

소비자가 올바르게 행동할 길은 없는 듯하다. 우리는 무슨 일을 하든 환경에 대가를 치러야 한다. 새로운 '친환경' 또는 '지속 가능한' 상품조차 지구에 부담을 덜 줄 뿐, 결코 이롭지 않다.

아침에 출근하면서 이런 문제를 생각하는 사람은 분명히 없을 것이다. '소비할 것인가 말 것인가, 그것이 문제로다'라고 고민하는 사람도 없다. 날마다 소비하는 것이 옳다는 개념은 우리 개개인이 커다란 빚을 지고 있는 데다 자연환경과 러시안룰렛을 하는 중이라는 경고와 충돌한다.

그렇다면 어떻게 바쁜 일상에서 맞닥뜨린 심각한 문제를 인식하고, 더 나아가 해결책을 찾을 수 있을까? 시늉에 지나지 않는 작은 변화에만 계속 의존한다면 쇠퇴하고 빈곤한 미래를 향한 무모한 질주를 잠깐 늦출 뿐이다. 우리에게 필요한 것은 변화가 아니라 '변혁'이다. 변화는 난제를 해결할 다른 방법을 모색한다. 변혁은 문제를 새롭게 바라보도록 새로운 질문을 던진다.

우리는 과거에서 배우고, 현재를 직시하고, 돈과 새롭고 현실적인 관계를 맺어야 한다. 쓸모없는 추정과 근거 없는 믿음은 버려야 한다. 이제 이 시대에 진정으로 알맞은, 돈과 물질주의를 다룰 새로운 전략이 필요하다.

돈에 관한 새로운 전략 탄생

소비는 왜 그토록 소모적일까? 광고 업계가 물질주의를 팔아먹으려고 음모를 꾸몄을 수도 있지만, 어쨌거나 우리는 물질주의를 샀다. 왜 그럴까?

심리학자는 돈을 '최후의 터부'라고 부른다. 회계사에게 재정 상황을 말하는 것보다 심리 상담사에게 성생활을 이야기하는 편이 더 나을 정도다. 또 돈이 얼마나 많은가가 아니라 돈을 어떻게 생각하느냐가 그 어떤 요소 못지않게, 아니 더 크게 우리 삶을 좌우한다. 불평을 늘어놓거나 험담할 때를 제외하면 친구 사이는 물론이고, 심지어 연인과 부부 사이에서도 돈은 적절하고 흥미로운 대화 주제가 되지 못한다. 대체 왜 그럴까? 돈에 관해 솔직하게 이야기하면 무엇을 잃기라도 하는 것일까?

믿음이라는 패턴

이런 현상을 이해하려면 우리 마음을 어느 정도 알아야 한다. 현대 뇌과학부터 고대 동양 철학까지, 대체로 우리 마음은 패턴을 만들고 반복하는 장치라는 기본 개념에 동의하는 듯하다. 일부 동물은 어떤 자극을 받든 고정된 행동 반응을 보이지만, 인간은 반응 패턴을 만드는 경향이 있다. 반응 패턴 일부는 생후 첫 5년 동안 겪은 일에서 비롯한다. 일부는 유전적이고, 일부는 문화적이다. 이런 반응 패턴이 저장된 후 생존에 유용하다고 검증되고 나면, 바꾸기가 매우 어려워진다. 볶은 양파 냄새에 군침이 돌고, 빨간불에 브레이크를 밟고, "불이야!" 외치는 소리에 아드레날린이 솟구치는 것이다.

그런데 문제가 있다. 객관적 현실과 어떤 식으로도 관련 없는 반응 패턴까지 우리 행동을 끈질기게 지배한다. 사실, 이런 패턴이 너무나 집요한 탓에 우리는 해석과 어긋나는 현실을 무시하거나 부정한다. 사다리 아래를 지나가거나 거울을 깨면 정말로 불행한 일이 생길까? 이런 구닥다리 미신을 믿는 사람은 별로 없다. 하지만 덜 미심쩍은 다른 믿음을 떠올려보자. 예를 들어서 감기는 어떻게 걸릴까?

머리가 젖은 채로 밖에 나가서? 세균에 노출되어서? 머리가 젖은 채로 돌아다니면 감기에 걸린다는 말은 다들 미신이라고 잘 알지만, 세균이 원인이라는 말은 어떨까? 회사에서 감기가 유행하는데도 멀쩡한 사람들이 있다. 세균이 그 사람들을 피해 갔을까? 그렇다면 세균 이론은 오늘날의 미신에 지나지 않는 것일까? 우리의 믿음 중 어떤 내용이 미래에는 엉뚱해 보일까?

우리 행동이 알려주는 것

돈에 관한 믿음 중 일부는 마치 지구 평면설처럼 현실에 근거하지 않은 게 아닐까? 정말 그렇지 않을까? 돈을 둘러싼 행동은 우리의 미신에 관해 무엇을 알려줄까? 침대 밑에 괴물이 있다는 어린 시절의 확신을 극복했듯이, 이런 믿음도 기꺼이 극복할 수 있을까?

예를 들어서 우리는 돈으로 행복을 살 수 없으며 인생에서 가장 좋은 것은 공짜라고 굳게 믿는다. 하지만 솔직하게 우리 마음을 더 깊이 들여다보자. 우리 행동은 다르게 말한다.

우울할 때, 외로울 때, 사랑받지 못한다고 느낄 때 우리는 무엇을 할까? 우리는 기분을 전환하려고 물건을 살 때가 많다. 새 옷, 술 한 잔, 새 차, 아이스크림콘, 하와이 여행 상품, 영화표, 오레오 한 봉지. 축하할 일이 생겼을 때도 우리는 뭔가를 사곤 한다. 술 몇 잔, 케이터링 업체를 부른 결혼식, 장미 꽃다발, 다이아몬드 반지, 우리는 심심

할 때도 뭔가를 산다. 잡지, 크루즈 여행, 모바일 앱, 경마 베팅. 인생에 무언가 더 많이 필요하다고 생각할 때도 뭔가를 산다. 워크숍, 자기 계발서, 시골 별장, 도시 아파트.

이런 일은 잘못되지 않았다. 그저 우리가 하는 일일 뿐이다. 우리는 마음이나 영혼에서 무언가 균형이 어긋났다는 신호를 받으면 외부에서 해결책을 찾도록 배웠다. 본디 우리는 물질 소비를 통해 심리와 영혼의 욕구를 충족하려고 한다. 어쩌다 이렇게 되었을까?

다음 도표를 통해 설명해 보겠다.

도표 1-2 충족 곡선

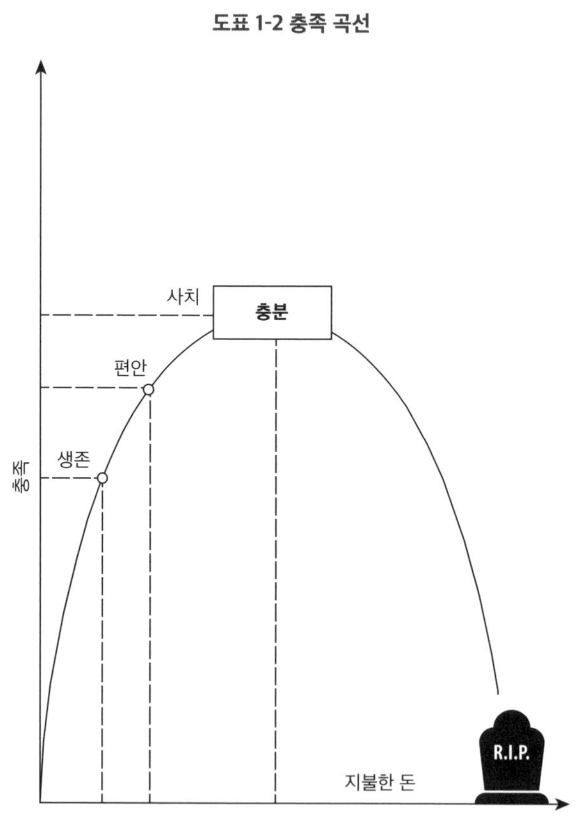

충족 곡선

충족 곡선(도표 1-2 참조)은 충족 경험과 지출하는 돈(보통 소유물을 더 많이 얻고자 쓰는 돈) 사이의 관계를 보여준다. 삶을 시작할 때는 소유물이 많을수록 만족감도 더 크다. 우리는 기본적인 욕구를 채웠다. 배불리 먹었고, 따뜻하고 안전하게 지냈다. 포대기와 어머니 가슴만 있으면 사라지는 추위와 배고픔의 공포를 기억하는 사람은 거의 없다. 하지만 우리 모두 이런 일을 겪었다. 불편해서 울음을 터뜨리면 바깥에서 무언가가 나타나 우리를 보살폈다. 꼭 마법 같았다. 우리 욕구는 채워졌다. 우리는 살아남았다. 우리 마음은 각 사건을 기록하고 기억했다.

울어. 더 크게 울어. 와락 움켜잡아. 손을 흔들어. 말할 수 있다면 달라고 말해. 뭐든 좋아. 그러면 필요한 걸 가져다줄 거야. 너는 다시 행복해질 테고.

그런 다음 우리는 기본적인 필수품(음식, 옷, 집)에서 필요하지는 않지만 좋은 물건(장난감, 옷장, 자전거)으로 관심을 돌렸다. 새로운 물건과 충족감 사이의 긍정적 관계는 더욱 깊이 뿌리내렸다. 어릴 적에 간절히 바랐던 장난감을 받았을 때 얼마나 신났는지 기억하는가? 책임감 있는 부모라면 곧 이렇게 가르쳤을 것이다. "애, 이런 물건을 사려면 돈이 들어. 우리가 세상에 나가서 돈을 벌어온 거야. 너를 사랑하니까." 아, 새 규칙이 생겼다. 무언가 필요하다. 바깥을 바라보라. 돈을 벌어라. 필요한 것을 얻어라. 욕구를 충족하라. 우리는 돈의 가치를 배울 수 있도록 용돈을 받았다. 우리는 스스로 행복을 선택하고 살 수 있었다! 이런 일이 몇 년 동안 되풀이되었다.

마침내 우리는 그럭저럭 괜찮은 물건을 넘어서서 노골적인 사치품에 빠져들었다. 그런데 이 변화를 제대로 인식하지 못했다. 예를 들어, 자동차는 전 세계 인구 대다수가 결코 누리지 못하는 사치품이다. 하지만 우리에게 첫 자동차는 평생 이어질 사랑의 출발점이다. 처음으로 집을 떠나 여행하거나 대학에 들어가는 사치도 있다. 첫 아파트도 마찬가지다. 각 사치품을 살 때마다 여전히 짜릿하지만, 그 짜릿함을 한 번 느끼는 데 비용이 더 많이 들고 '황홀감'은 더 빠르게 사라진다는 사실을 잊지 말자.

하지만 그때까지도 우리는 돈이 곧 충족이라고 믿었기에 만족감이 줄어들기 시작했다는 사실을 거의 알아차리지 못했다. 회사에서 승진하며 돈을 더 많이 벌수록 걱정도 커지고, 일에 쏟아야 하는 시간과 에너지도 늘었다. 가족과 떨어져서 지내는 시간이 늘었다. 도둑이라도 맞는다면 잃을 게 더 많아지니, 걱정도 더 커졌다. 세금도 더 많이 내야 하고, 세무사 수수료도 더 많이 내야 했다. 지역 자선 단체의 기부 요구도 더 많아졌다.

우리는 숲이 우거진 넓은 땅에 차고 세 개와 비싼 운동 기구를 들인 지하실까지 갖춘 큰 집에 앉아 있으면서도 불만스러워하며 공원 산책만으로 기뻐할 수 있었던 가난한 대학생 시절을 그리워하는 데 이르렀다. 우리는 만족의 한계에 부딪혔다. 하지만 돈이 곧 충족이라는 공식이 더는 통하지 않을 뿐만 아니라, 오히려 우리에게 불리하게 작용하기 시작했다는 사실을 전혀 깨닫지 못한다. 당연히 물건을 아무리 많이 사들여도 충족 곡선은 줄곧 아래로 기운다.

충분: 충족 곡선의 정점

충족 곡선에는 무척 흥미로운 지점이 있다. 바로 정점이다. 인생의 비결은 만족감을 가장 크게 느끼는 지점을 스스로 찾아내는 데 있는 게 아닐까 싶다. 돈과 맺은 관계를 바꿀 토대인 이 정점에는 이름이 있다. 우리는 날마다 이 단어를 사용하지만, 눈앞에 닥쳤을 때 제대로 알아보지 못한다. 그 말은 '충분'이다. 충족 곡선의 정점에서 우리는 충분히 소유한 상태다.

생존에 필요한 필수품이 충분할 때, 편안함과 즐거움을 선물하는 물건도 충분할 때, 심지어 작은 '사치품'도 충분할 때 우리는 만족감을 느낀다. 필요한 물건은 빠짐없이 손에 넣었다. 필요 이상으로 많아서 우리를 무겁게 짓누르거나 주의를 흐트러뜨리거나 마음을 괴롭히는 물건은 전혀 없다. 외상으로 사서 한 번도 사용하지 않았는데 빚을 갚으려고 노예처럼 일해야 하는 물건도 전혀 없다.

충분한 상태는 두려움이 없는 상태다. 신뢰가 있고 정직하고 자제할 수 있는 상태다. 돈이 삶에 가져다준 것을 감사하며 온전히 즐기는 상태, 필요 없고 원하지 않는 것은 절대 사지 않는 상태다. 나에게 충분한 지점이 어디인지 찾으면 아래로 떨어지는 충족 곡선을 뒤집어서 위로 올릴 수 있다.

어수선함: 결핍보다 더 나쁜 운명

충분을 넘어서고 정점을 지나 충족 곡선이 아래로 내려가기 시작하면 어떻게 될까? 바로 어수선해진다. 어수선함은 과잉 그 자체를 말한다. 지나치게 많은 것, 쓸모없는데 내 세상에서 자리를 차지하는 모든 것 말이다.

어수선함을 없애는 방법은 결핍(부족)에 빠지는 일이 아니라, 새로운 무언가가 일어나도록 공간을 밝히고 비우는 일이다. 자명한 말처럼 보이겠지만, 이런 생각을 받아들이는 데 미묘한(또는 뚜렷한) 반감을 느끼는 사람이 많다. 그래서 축소, 검소함, 절약을 박탈, 결핍, 어려움이라고 생각한다. 하지만 사실은 정반대다. 충분은 넓고 안정적인 고원이다. 각성과 창의성, 자유가 깃든 곳이다. 그런 곳에서 보관하고 청소하고 옮기고 버리고 제때 대금을 치러야 할 온갖 물건의 산더미에 갇힌다면, 결핍보다 더 끔찍한 운명에 처하고 만다.

어리석음 판매 코너

어수선함은 왜 생길까? 충족 곡선은 어수선함이 대체로 '더 많을수록 더 좋다' 문을 지나서 우리 삶으로 들어온다고 강하게 시사한다. 어수선함은 물질주의라는 질병에서, 외적 소유를 통해 내적 만족을 추구하는 데서 비롯한다. 젖병, 포대기, 자전거, 대학 학위, BMW, 결국에는 또 다른 젖병 등 외부의 무언가로 불편을 해소할 수 있다는 생각이 어려서부터 머릿속에 자리 잡고, 이 생각에서 어수선함이 생겨난다.

어수선함은 무의식적 습관에서도 비롯한다. 가징거스 핀gazingus pin(직역하자면 우리를 빤히 바라보는 핀이라는 뜻-옮긴이)을 생각해 보자. 가징거스 핀은 안 사고는 못 지나치는 물건을 가리킨다. 누구에게나 이런 물건이 있다. 이어폰부터 작은 스크루드라이버, 신발, 펜, 키세스 초콜릿까지 무엇이든 가징거스 핀이 될 수 있다. 쇼핑몰이든 온라인 몰이든, 주말마다 쇼핑 로봇이 되어서 어리석음 코너를 돌아다녀 보라. 가징거스 핀 코너에 가면 머릿속에서 가징거스 핀에 관한 생각이 쉴 새 없이 쏟아져 나온다. 아, 이거 분홍색이 있네, 나한테는 분홍색이 없는데. 어, 저건 무선이네, 편리하겠다. 이런, 방수가 되네, 안 쓰면 언제든 남한테 주면 되겠지. 음, 이건 헤이즐넛이 들어 있고, 코코넛도 있고, 아마레토(아몬드 맛이 나는 이탈리아 리큐어-옮긴이)도 들었고, 이건 안 먹어봤는데. 미처 정신을 차리기도 전에 (몸에 붙어 있는) 낯선 팔이 뻗어 나와 가징거스 핀을 집어 올린다(또는 클릭한다).

그러면 태엽이 감긴 좀비처럼 움직이며 계산대로 향한다. 산 물건을 가지고 집에 도착하면(그 물건이 집 앞에 배송되면) 가징거스 핀 서랍에 넣고(다른 물건이 이미 대여섯 개쯤 더 들어 있다) 다음번에 쇼핑하러 갈 때까지 가징거스 핀을 잊어버린다. 그러다가 다시 가징거스 핀을 파는 코너에 다다르면…. 더 이상 설명하지 않겠다.

어수선함의 모습과 기능

눈에 보이지 않는다고 해서 어수선하지 않다는 뜻이 아니다. 가징거스 핀 서랍(다락방과 지하실, 차고, 옷장, 창고 등)은 잡동사니의 안식처다. 이곳에는 우리가 절대로 끝내지 않을 프로젝트와 아마 절대로 사용하지 않을 물건이 빼곡하다. 이런 물건을 무시하려니 부끄러울 것이다. 그렇다고 자세히 살펴보며 정리하자면 죄책감에 시달릴 것 같다. 몇 번 입고 나서 중고품 가게에 가져가려고 쇼핑백에 넣어둔 옷은 어쩐지 불만스럽고 내가 너무 얄팍하다는 막연한 느낌만 남긴다. 쓰레기 매립지로 가는 물건이 늘어난다는 사실은 말할 것도 없다.

어수선함이 무엇인지 깨닫기만 한다면, 어디에서나 어수선함이 눈에 들어올 것이다. 의미 없는 활동도 어떻게 보면 어수선함이 아닐까? 회의를 겸한 점심 식사, 칵테일파티, 사교 모임, 텔레비전이나 스마트폰 화면에 눈길을 붙들린 긴 저녁 시간 중에 어수선하다고 할 만한 활동이 얼마나 많은가? 성취감은 전혀 느끼지 못한 채 어지럽고 바쁘게 보내는 하루하루는 어떤가? 해야 할 일 목록에 올라 있지만 결코 끝내지 못하는 일은? 매주 이런 일 사이에서 휘청거리다 보면, 오래된 잡지와 아이들 장난감이 어지럽게 널린 거실을 헤치고 다닐 때만큼 좌절감이 든다.

공공 정책부터 개인적 결정까지 무슨 일이든 우리는 집중하지 못하고 어수선한 동기에서 시작한다. 자질구레한 집안일도 계획 없이 하면 시간을 무질서하게 낭비한다. 매주 장을 볼 때 뭔가 깜빡 잊는 바람에 하루에 두 번이나 가게에 가는 경우를 생각해 보라. 사용하는 것에 비해 가진 것의 비율이 늘어나면 취미 생활도 시간을 흐트러뜨린다. 렌즈와 필터로 여행 가방을 꽉꽉 채워놓고도 스마트폰으로 가장 멋진 사진을 찍는 사진광이 딱 그렇다. 이 모든 것이 어수선함이다. 아직 쓸모가 없는데 공간만 차지하는 요소는 모두 어수선함이다.

어수선함에 대한 의식이 깊어질수록 삶 전체를 대청소하고 싶어질 것이다. 사실, 깨끗이 정리하려는 충동은 우리의 정신에 깊이 뿌리내리고 있다. 요즘은 미니멀리즘이나 정리정돈이라고 부르지만 우리는 '충분'이라고 부르기로 하자. 충분함에는 구체적이거나 특정한 기준이 없기 때문이다. 충분함은 전부 나 자신에게 달렸다. '적을수록 더 좋다'는 말이 아니다. 창문으로 쏟아져 내리는 햇살 속에서 티끌 하나 없는 화장대 위 꽃병에 꽂힌 완벽한 데이지 한 송이를 가리키는 것도 아니다. 찢어진 청바지나 리틀 블랙 드레스를 말하는 것도 아니다. 부엌 서랍 안에 홀로 놓인 완벽한 식칼 한 자루를 일컫는 것도 아니다. 충분함이란 바라는 것과 필요한 것 모두 알맞게 갖췄으면서 과하지 않고 딱 적당하다는 느낌이다. 충분함은 저마다 다르다. 어떤 사람에게는 보물이지만, 다른 사람에게는 쓰레기일 수 있다.

이 책에서 제시하는 경제적 독립을 위한 아홉 단계를 따라가다 보면, 어수선함에 대한 자신만의 정의를 내리고 천천히, 힘들이지 않고, 심지어는 기분 좋게 어수선함을 없앨 수 있을 것이다. 첫 단계에서는 스스로 질문해야 한다. "이 모든 게 어쩌다 여기까지 왔을까? 지금 나한테 어떤 가치가 있을까? 정말 가치 있을까?" 어떤 학생들이 일주일 동안 쓰레기를 봉지에 넣어서 가지고 다니며 평소 얼마나 많이 버리는지 깨달았듯이, 당신은 스스로 모아서 쌓은 것, 벌어들인 것, 소비한 것, 낭비한 삶의 에너지를 살펴보면서 물질과 맺은 관계를 되돌아볼 것이다.

1단계: 과거와 화해하기

돈과 맺은 관계, 돈으로 살 수 있는 것과 맺은 관계를 되돌아볼 준비가 되었는가? 이 연습의 목적은 오만한 마음이나 부끄러운 마음이 아니라 의식을 키우는 것이다. 이 단계를 통해 시간과 공간 속에서 내 위치를 파악하고, 지난날의 수입과 지출에 대해 자신을 비난하지 않고 검토할 수 있다.

주의 사항이 하나 있다. 잠깐 멈추라. 먼저 읽어야 할 내용이 있다. 중요한 사항이다. 이 글은 FI 프로그램의 1단계이지만, 반드시 가장 먼저 해야 할 필요는 없다. 1단계를 행동으로 옮길 때까지 책을 덮어놓을 필요도 없다. 2단계부터 시작하고 나중에 돌아와도 괜찮다. 가장 효과적인 방법은 각 단계를 차근차근 따라 하기보다 먼저 책을 끝까지 읽고 처음으로 돌아와서 시작하는 것이다.

1단계는 두 부분으로 나뉜다.

A. 이제까지 살면서 얼마나 벌었는지 알아본다. 태어나서 처음 번 푼돈부터 가장 최근 급여까지 총소득 합계를 내본다.

B. 자산과 부채를 정리한 나만의 대차 대조표를 만들어서 순자산이 얼마인지 확인한다.

A. 이제까지 살면서 돈을 얼마나 벌었을까?

처음에는 이 작업이 불가능해 보일 것이다. "어떻게 그걸 일일이 기록합니까?"라고 항의하는 사람도 있을 테다. 하지만 과거를 조금만 파헤치면 해낼 수 있다. 먼저 오래된 소득세 신고서를 찾아보자. 그런 다음 신고서에 적지 않은 소득을 전부 보태서 수치를 조정하라. 남몰래 받은 보수, 비공식 컨설팅, 도박으로 딴 돈, 친척이 준 용돈, 혹시 있다면 훔친 돈, 현금으로 받은 당첨금, 집의 남는 방이나 사용하지 않는 집을 세놓고 받은 임대료, 기타 보고하지 않은 소득 전부 반영해야 한다. 고등학교와 대학교 시절 아르바이트를 했던 기억, 성인이 된 후부터 지금까지 이어진 재정 기록을 전부 찾아서 며칠 동안 살펴보라. 지난날의 은행 명세서, 오래된 급여 명세서, 방치해 놓은 통장 등이 모두 여기에 속한다. 너무 젊어서 그런 서류가 없다면? 은행에서 온라인으로 기록을 받으면 된다. 이력서가 있다면 연도별 소득을 확인할 개요로 활용해 보자. 이력서에서 '추가 직업 훈련'이라고 속였던 3년을 솔직하게 되돌아봐야 한다. 어떤 아르바이트를 했었나? 사과 따기나 편의점 아르바이트, 해수욕장 안전 요원으로 얼마를 벌었나?

구체적인 금액을 파악하기가 너무나 어렵다면 최대한 정확하게 추정해 보라. 이 작업의 목표는 내 삶에 들어온 돈의 전체 액수를 최대한 정확하고 정직하게 계산하는 것이다.

1단계의 가치

1단계는 여러모로 유용하다.

1. 과거에 돈과 맺은 관계에 드리운 안개를 걷어낸다. 대부분 자기 인생에 돈이 얼마나 많이 들어왔는지, 얼마나 많이 들어올 수 있었는지 전혀 모른다.

2. '나는 돈을 많이 벌 수 없어'나 '나는 걱정할 필요 없어. 언제든 돈을 많이 벌 수 있으니까' 등 근거 없는 믿음과 자기 자신에 관한 잘못된 생각을 뿌리 뽑을 수 있다. 살면서 번 돈을 심각하게 과소평가했다면, 이 작업이 깜짝 놀랄 만한 힘을 발휘할 것이다. 당신은 돈에 관한 면에서든 다른 면에서든 생각보다 훨씬 더 가치 있는 존재다.

3. 돈을 벌 수 있다는 자신감과 냉철한 사고로 무장한 채 출발점

으로 돌아가서 재정 프로그램을 시작할 수 있다.

4. 꼭꼭 숨겨둔 과거의 비밀이나 거짓말이 있다면 확인하고 버릴
   수 있다. 이런 비밀이나 거짓말은 현재 돈과 맺은 관계를 왜곡
   할 가능성이 있다.

우리 세미나에 참석했던 30대 중반의 이혼 여성은 1단계의 힘을
톡톡히 증언했다. 그 사람은 성인이 된 이후로 거의 내내 교외에서
주부로 살았고, 전업 주부 생활에 자주 따라오는 나쁜 사고방식에 젖
어 있었다. 다시 말해, 스스로를 의존적이며 세상 물정을 잘 모르고
아무 가치가 없다고 생각했다. 결혼 생활에서 아무런 재정적 기여가
없었고, 그날까지도 이혼 위자료를 받는다는 사실이 부끄러웠다. 그
위자료는 자기가 직접 벌지 않은 돈이라고 생각했기 때문이다. 하지
만 과거를 되짚어보다가 이바지한 바가 '전혀 없던' 결혼 생활 중에
갖가지 아르바이트로 5만 달러 넘게 벌었다는 사실을 깨달았다. 그러
면서 처음으로 자기를 유능한 근로 소득자로 바라보았다. 1단계를 밟
는 것만으로도 자신감을 얻게 된 것이다. 그리고 이전에 받을 수 있
으리라고 생각했던 수준보다 급여가 두 배나 되는 일자리에 지원할
수 있었다.

당신 역시 처음으로 정규직을 구했다면, 더 어렸을 때 다양하게
일하면서 돈을 얼마나 벌었는지 알아보는 과정에서 자신감을 찾을
수 있다.

바람직한 태도

부끄러워하지도 말고, 비난하지도 말자. 이 단계에서는 자기 비난, 심지어는 수치심까지 떠오를 수 있다. 이런 감정을 원만하게 헤쳐 나가는 방법을 알려주겠다. 이 귀중한 훈련을 거친다면 완전히 마음을 바꾸고 새롭게 생각하는 법을 배울 수 있다. 산스크리트어에서 유래한 말인 '만트라mantra'라고도 하는데, 초점을 맞추고 싶은 특정 태도나 자질을 구체적이고 간단하게 표현한 단어나 문구를 되뇌면 된다. 만트라는 방향타와 같아서 마음이 위험에서 멀리 떨어져 맑고 탁 트인 수평선으로 나아가게 한다. 우리의 재정 프로그램을 따를 때 유용한 만트라는 "부끄러워하지도 말고, 비난하지도 말자"이다.

원하지 않는 행동을 바꾸려면 비난과 분별이 다르다는 사실을 알아야 한다. 비난은 부끄러움과 꾸지람, 선과 악과 관련되지만, 분별은 진실과 거짓을 밝히는 일이다. 비난과 수치심에 빠지면 경제적 자유를 향한 진전이 더뎌진다. 비난에 잠기면 무력해지고, 사기가 떨어지고, 주의가 산만해진다. 하지만 분별은 잠재적 함정을 밝게 비춰서 피할 수 있게 돕는다.

FI 프로그램을 따르고 배우는 동안 자기 자신을, 또는 다른 사람을 탓하고 싶은 충동에 거듭 시달릴 수 있다. 그럴 때는 분별을 기억하고 만트라를 기억하라. 부끄러워하지도 말고, 비난하지도 말자. 평생 벌어들인 소득은 숫자일 뿐, 당신의 가치가 아니다. 너무 많은 숫자도, 너무 적은 숫자도 없다. 액수는 당신이 가치 있다거나 가치 없다고 증명하지 않는다. 돈이 하나도 없다고 절망하거나 친구보다 훨썬 더 많이 벌었다고 으스댈 이유도 되지 못한다. 당신이 저지른 재정 실수 모두 "부끄러워하지도 말고, 비난하지도 말자"라는 따뜻한 말 속에 녹아서 사라질 것이다.

프로그램의 각 단계에서 정확함과 책임감이 필요하므로 이 두 가지 태도로 시작하는 편이 좋다. 프로그램을 수행할 때는 완벽함에 초점을 맞춰야 한다. 모든 소득을 찾으려고 서류 파일과 각종 기억 장치를 정말로 꼼꼼하게 살펴보았는가? 철저히 솔직하게 대답하길 바란다. 이 프로그램의 힘은 정직함과 성실함을 투자할수록 더욱 강력해진다. 액수를 한 치의 오차도 없이 파악하려면 월급 명세서를 뒤지며 엄청난 노력을 들여야 한다. 그렇다고 해서 이 작업에 너무 스트레스받지 않기를 바란다. 그저 최선을 다하면 된다. 시간을 들일 가치가 있는 작업이다.

확인해야 할 사항은 다음과 같다.

1. 소득세 신고서

2. 수표 장부 기록

3. 과거와 현재의 급여 명세서

4. 증여

5. 당첨금

6. 대출금

7. 양도 소득

8. 불법 소득

9. 국세청에 신고하지 않은 계약직 보수(팁, 베이비시팅, 심부름)

B. 그래서 얼마나 남았을까?

당신이 그동안 임금을 받으면서 일한 덕분에 일정 액수의 돈(방금 계산한 그 돈)이 당신의 삶으로 들어왔다. 그 돈 중에서 당신에게 지금 남아 있는 액수가 바로 순자산이다.

이제 순자산(총자산에서 총부채를 뺀 값)을 계산할 차례다. 아마 태어나서 처음으로 마주하는 현실에 놀랄지도 모른다. 마음의 준비를 해야 할 것이다. 어마어마한 빚을 지고 있는데 여태까지 그 심각성을 몰랐다는 사실을 깨달을 수도 있다. 지금이 그 진실을 마주할 때다. 반대로 마침내 경제적 독립을 이룰 때가 되었다는 기쁜 소식을 만날 수도 있다. 수많은 사람이 이 단계만 밟고도 그런 사실을 깨달았다.

이 단계를 표현한 문구에는 도전적인 뉘앙스가 담겨 있다. "그래서 얼마나 남았지?" 큰소리로 이 말을 따라 해보라. 어조도 바꿔가며 여러 번 말해보라. 보통은 약간 비판적이고, 심지어는 거만하게 들린다. 하지만 재정 건전성에 대한 당신의 의지는 소심한 마음을 이길 만큼 강할 것이다. 자, 시작해 보자. 당신의 삶에 들어온 그 돈으로 어떤 결과를 냈을까? 함께 알아보자.

순자산을 간략하게 정리하는 작업은 쉽게 말해서 자신의 물질세계를 살펴보고 소유한 전부(자산)와 빚진 전부(부채)를 나열하는 작업이다.

유동 자산

유동 자산은 현금이나 쉽게 현금으로 바꿀 수 있는 자산이다. 다음 항목이 유동 자산에 포함된다.

- 보유한 현금: 돼지 저금통과 서랍 속 잔돈, 자동차 글로브박스 안에 숨긴 비상금도 포함한다.
- 저축: 잊고 있던 오래된 통장과 최소 예금액으로 개설한 계좌까지 찾아서 보너스 현금을 발견해 보라.
- 당좌 예금
- 저축 증서나 양도성 예금 증서
- 정부 저축 채권
- 주식: 현재 시장 가치로 계산
- 채권: 현재 시장 가치로 계산
- 뮤추얼 펀드(여러 투자자가 돈을 모아서 주식회사 형태의 법인을 만들고, 이 법인이 전문가에게 자산을 맡겨서 투자한 수익을 투자자에게 배당금으로 돌려주는 투자 방식-옮긴이): 현재 시장 가치로 계산
- 머니 마켓 펀드(단기 금융 상품에 투자해서 안정성과 유동성을 추구하는 실적 배당 펀드-옮긴이): 현재 시장 가치로 계산
- 증권 계좌 신용 잔액
- 생명 보험의 현금 가치

고정 자산

고정 자산을 나열할 때는 가장 중요한 항목부터 시작하라. 예를 들어서 집이나 차(한 대든 여러 대든) 같은 주요 소유물의 시장 가치를 파악해야 한다. 부동산 중개인에게 문의하거나 온라인으로 검색해서 집의 현재 시장 가치를 알아보자. 자동차의 제조사, 모델, 연식을 고려한 시세는 중고차 가격표를 참고하면 된다.

다락방, 지하실, 차고, 창고를 꼼꼼하게 살펴보라. 1달러 이상 값어치가 나가는 물건은 항목별로 전부 정리해야 한다. "이건 쓸모없어" 같은 주관적 평가는 접어두자. 용기를 내어라. 이 과정만으로도 구제 불능 수집광과 맥시멀리스트, 호더 몇몇이 구원을 받았다. 지금 당신이 하지 않으면 당신이 세상을 떠난 후 사랑하는 사람이 해야 할 일이라는 사실을 명심하자. 만약 평생 모은 물건이 창고 바닥부터 천장까지 빼곡하게 차 있다면, 창고 정리는 마지막으로 미뤄둬도 좋다.

방도 하나씩 샅샅이 뒤져서 전부 목록으로 작성해야 한다. 고개를 들면 화려한 조명 기구가 보인다. 바닥을 내려보면 카펫이 있다. 몇 년 전에 설치한 멋진 호두나무 선반이나 아메리카 원주민 공예품도 잊지 말자. 주문 조립한 컴퓨터도. 어수선함을 정면으로 마주하라. 꼼꼼해야 하지만, 분별없이 물건을 열거해서는 안 된다. 나이프와 숟가락, 포크를 죄다 하나씩 나열할 필요는 없지만, 마호가니 상자에 보관하는 값비싼 로즈우드 손잡이 양식기 세트는 따로 목록에 올려야 한다. 아직 상자에서 꺼내지 않은 접시 두 세트도 목록에 따로 적어두자.

소유한 물건의 현금 가치를 대략 계산해 보라. 현재의 현금 가치, 다시 말해서 중고품 위탁 판매점이나 차고 세일, 온라인 경매 사이트, 항목별 판매 광고 사이트에서 각 물건을 팔고 받을 값을 계산해야 한다. 가격을 책정하는 데 도움이 필요하다면, 온라인 경매 사이트나 항목별 광고 사이트의 매물 목록, 온라인 중고 매매 앱을 살펴보면 된다. 더 값나가는 물건이나 가정용품은 감정 평가를 받아보자.

그 무엇도 무시해서는 안 된다. 누군가에게 쓸모없는 쓰레기가 다른 사람에게는 소중한 골동품일 수 있다. 당신이 어떤 물건을 가치 없게 여긴다고 해서 그 물건이 정말로 가치 없지는 않다. 당신이 받아야 하는 빚, 적어도 타당하게 받아낼 수 있는 돈도 놓쳐서는 안 된다. 각종 설비나 전화, 주택, 아파트의 보증금도 빼놓지 말자.

현금으로 바꿀 수 있는 물건은 빠짐없이 목록에 올려야 한다. 지금 당신은 본인 재산을 평가하는 감정인이다. 따라서 즐겁게 임했으면 한다. 물건을 반드시 처분해야 하는 것은 아니니 감상적인 마음에 휩쓸려서 정리를 포기하지 마라. 사실, 그 어떤 감정에도 붙들려서는 안 된다. 슬픔에 젖어서 남편이 남긴 전동 공구에 현금 가치를 매기지 못하고 포기하지 말자. 룸메이트가 이사 가면서 남긴 평면 텔레비전도 마찬가지다. 충동구매한 사실이 부끄럽다고 해서 신지도 않고 신발장에 넣어둔 신발 스무 켤레의 가격을 계산하지 않고 넘어가면 안 된다. 죄책감이 든다고 해서 사놓고 한 번도 쓰지 않은 운동 용품을 목록에서 빼도 안 된다. 오히려 기뻐해야 한다. 실내 자전거와 프리웨이트 기구 세트의 진정한 가치를 드디어 발견할 테니까.

하루나 이틀 만에 이 과정을 마치는 사람도 있지만, 어느 여성은 목록을 만드는 데 석 달이나 걸렸다. 상자를 전부 꺼내보고 사진을 전부 살펴보고 서랍과 찬장을 전부 열어보며 물건 목록을 작성했을 뿐만 아니라, 각 물건이 어떻게, 그리고 왜 삶에 들어왔는지 되짚었다. 그러면서 가진 것에 깊이 감사하는 마음을 느꼈다. 가지지 못한 것에만 집중하다 보면 지나치게 불만스러워지지만, 가진 것을 인정하고 소중하게 여기는 간단한 훈련만으로도 관점을 바꿀 수 있다. 실제로 어떤 이들은 생존 수준을 넘어서면 번영과 빈곤의 차이는 그저 감사한 마음의 정도에 달려 있다고 말한다.

부채

이 항목에는 대출금부터 아직 처리하지 않은 청구서까지, 현금이나 상품, 서비스 등 어떤 형태로든 갚아야 할 부채가 전부 포함된다. 주택의 현재 시장 가치를 자산으로 계산했다면, 대출금 잔액은 부채로 기록하라. 자동차 할부금 잔액도 마찬가지다. 은행 대출, 친구에게서 빌린 돈, 신용카드 빚, 학자금 대출, 미납 의료비도 잊지 말자.

순자산

유동 자산 액수와 고정 자산 액수를 더하고, 거기서 부채 액수를 빼라. 당신이 평생 벌어들인 소득에서 지금 당신에게 남아 있는 액수가 현재 순자산이다. 순자산을 제외한 나머지는 대차 대조표라는 현실에서 볼 때 추억과 환상일 뿐이다.

물질이 아닌 자산은 여기에 포함하지 않았다. 당신이 받은 교육, 익힌 기술, 술집에서 한턱내고 얻은 호감, 자선 단체에서 받은 소득 공제 영수증, '알맞은' 클럽에 소속된 덕분에 얻은 사업 확장 기회는 셈하지 않았다. 아무리 귀중하더라도 무형 자산은 지금 우리가 개인 재정 관리에 적용하는 법을 배우는 방식, 즉 숫자로 나타낼 수 있고 객관적인 방식으로 평가할 수 없다.

순자산을 파악하고 나면 겸손해질 수도 있고, 우쭐해질 수도 있다. 냉혹한 진실을 마주하고 나면 고통스러울 수도 있고, 해방감을 느낄 수도 있다. 무엇을 발견하든, 순자산이 나 자신의 가치와 동일하지 않다는 사실을 유념하자.

대차 대조표는 왜 만들까?

처음에는 그렇게 보이지 않았겠지만, 이 프로그램에서 여기까지 오면 용기가 샘솟는다. 지금까지 당신의 재정 생활에는 정해진 방향이나 의식이 거의 없었다. 재정 관점에서 볼 때 당신은 아무런 목적지 없이 휘발유만 태우고 공회전하면서 아무 데도 가지 못하는 자동차처럼 살았다. 행복한 추억과 무형의 자산이 많을지 몰라도, 현금으로 바꿀 수 있는 진짜 기념품은 얼마 되지 않을 것이다. 재정을 관리하는 데 필요한 힘과 명확한 방향성을 갖추면 훨씬 더 유능하게 살 수 있다.

이제 당신의 재정 상태를 전반적으로 파악했으니, 고정 자산 일부를 현금으로 바꿔서 저축액을 늘리거나 빚을 조금 갚을 수 있다. 이 단계를 마친 어느 여성은 필요 없는 물건을 팔고 수익을 투자해 이자 수입을 얻어서 당장 편안하고 세련된 경제적 독립을 이룰 수 있다는 사실을 깨달았다. 당장 그렇게 하기로 결정하지는 않았지만, 이 깨달음 덕분에 진정으로 원하는 것을 위해 더 많은 위험을 무릅쓸 수 있었다.

또 어떤 사람은 더는 사용하지 않고 원하지도 않지만 '언젠가 필요할지 몰라서' 붙잡고 있는 물건이 많다는 사실을 알아챘다. 그리고 이 물건을 팔아서 나중에 필요할 물건을 살 돈을 마련한다는 창의적 해결책을 떠올렸다. 그러는 사이, 물건을 팔아서 번 돈이 이자를 벌어왔고 삶이 더 단순해졌다. 아울러 그 물건은 정말로 필요한 다른 사람에게 갔다.

"부끄러워하지도 말고, 비난하지도 말자." 이 말을 꼭 기억해야 한다. 대차 대조표를 만들다 보면 나 자신의 물질세계와 관련해서 갖가지 감정이 생겨난다. 슬픔, 비탄, 향수, 희망, 죄책감, 수치심, 당혹감, 분노라는 감정에 휘둘리지 않으면서도 연민을 보이는 태도는 이 단계에서 진정한 깨달음을 얻는 데 커다란 도움이 된다. 즉, 오랜 세월 짊어졌던 몸과 마음의 짐을 덜 수 있다.

머니 토크를 위한 질문

돈과 맺은 관계가 신념과 근거 없는 가정, 경험, 훈계, 어쩌면 부모님이나 문화에 대한 반응으로 이루어졌다는 사실을 깨달으면 놀랍고, 신나고, 심지어는 조금 충격적일 수도 있다. 머니 토크는 다른 사람들이 과거에 어떤 영향을 받았는지, 어떻게 무의식적 규칙과 이야기가 오늘날까지 우리를 이끌었는지 배우기에 완벽한 방법이다. '부끄러워하지도 말고, 비난하지도 말자' 정신을 받아들인다면 돈의 장막 너머를 들여다보고 무슨 일이 벌어지고 있는지 확인할 수 있다.

에필로그에 머니 토크 방법을 실어두었다. 여기서 제안한 방식을 활용해서 일상을 성찰하거나 배우자와 대화를 나누거나 사교 모임에 나갔을 때 다음 질문을 꺼내보라. 질문 끝에 '왜?'를 덧붙이면 질문이 더욱 심오해진다. '사회가 내 대답에 어떤 영향을 미쳤는가?'를 덧붙이면 질문이 더욱 폭넓어진다. 정답은 없다.

- ◆ 돈에 관해 처음으로 가르쳐준 사람은 누구인가? 무엇을 배웠는가?
- ◆ 자라면서 돈에 관해 어떤 메시지를 들었나? 그런 메시지를 주로 어디에서 들었나? 부모님이나 선생님인가, 아니면 광고와 같은 매체인가?
- ◆ 돈에 얽힌 어린 시절의 기억과 그 일이 지금 본인에게 미치는 영향을 이야기해 보라.

- 돈 관련 실수담을 주고받아 보라. 만약 내 일이었다면 어떤 식으로 다르게 행동했을까?

- 당신에게 '충분'은 어떤 의미인가?

- 창고나 옷장에 없어도 괜찮을 듯한 물건이 있는가? 왜 그 물건을 계속 가지고 있는가?

돈의 가르침 2

돈은 언제나 예전과 달랐음을 기억하라

Your Money $_{or}$ Your Life

돈을 위해 일하지 말고, 돈이 당신을 위해 일하게 하라.

Don't work for money; make it work for you.

_로버트 기요사키 | Robert Kiyosaki

돈은 항상 같지 않다고?

온드레아와 카일은 1단계가 그다지 힘들지 않았다. 22세의 이상주의자 카일은 오랫동안 돈에 '알레르기'가 있었다. 머리카락을 길게 길렀고, 시골집의 작은 방 하나를 빌려서 살았고, 깊은 대화가 돈으로 살 수 있는 최고의 오락거리라고 여겼다. 돈을 '회피'했는데도 (어쩌면 그랬기 때문에?) 1만 5000달러를 빚졌고, '언젠가' 갚겠다고 계획했다. 사려 깊고 헌신적인 모습의 온드레아를 만나 사랑에 빠졌지만, 그녀 역시 4만 달러가 훌쩍 넘는 빚을 졌다는 사실을 알게 되었다. 수많은 청년과 마찬가지로 온드레아는 자기 힘으로 살아가는 일이 물건을 사고 아파트를 꾸미고 빚을 지는 일과 같다고 생각했다. 온드레아에게 빚은 살아가는 방식이었기에 서둘러 빚을 갚을 마음은 없었다. 일단 즐기고 나중에 갚겠다고 생각한 것이다. 그녀는 당장 필요한 비용을 충당하고 개인적 성장을 추구하고자 시간제 행정 보조로 일했다. 두 사람은 동거를 시작하면서 우리의 재정 세미나에 참석했다. 온드레아는 영적으로 더 깨어 있고 싶다는 욕망과 점점 불어나는 빚을 무시하고 싶다는 욕망의 차이를 깨달았다. 더불어 좋은 물건을 가지는 데 집착하는 태도를 되돌아보고 고민하겠다고 결심했다. 카일은 여자 친구에게 본인의 가치관을 따르라며 강요하고 재촉하기보다는 자기에게 맞는 것이 무엇인지 스스로 발견하도록 기다려주기로 했다. 얼마 뒤 둘은 결혼하기로 했다. 카일은 자기보다 거의 네 배나 많은 액수를 빚진 사람과 결혼하겠다고 마음먹은 것이다. 카일과 온드레아는 1단계를 밟으면서 순자산이 마이너스 5만 5000달러라는 사실을 직시해야 했다. 그러면서 두 사람 모두에게 새로운 생활 방식이 탄생했다.

당신 역시 1단계를 밟고 나면, 당신의 가치와 경제적 상황, 능력을 정확히 파악할 것이다. 잠깐, 정말로 그럴까? 당신도 온드레아와 카일처럼 눈앞에 적힌 숫자를 확인할 테다(긍정적인 숫자가 나오기를 바란다). 하지만 그 숫자는 대체 무엇을 의미할까? 이제 돈의 수수께끼를 풀어야 할 차례다. 중요한 과제다. 어떤 대상이 무엇인지(혹은 누구인지) 모른다면, 심지어 그 대상을 잘못 이해한다면, 그 대상과(혹은 그 사람과) 효과적인 업무 관계를 맺을 수 없다. 돈에 대해 보편적이고 일관되게 정확한 정의를 내리지 못한다면, 무능하거나 비이성적으로 돈을 다루게 되므로 언제든 원하는 것을 얻을 수 없다.

돈이란 무엇일까?

금융 거래는 날마다 넘쳐흐른다. 급여와 투자 수익으로 돈이 들어오고, 현금 구매와 신용카드 구매, 정기 결제, 부채 이자, 세금 등으로 돈이 나간다. 휴대 전화 요금, 인터넷 요금, 자동차 할부금, 보험료, 자동차 기름값, 주택 에너지 요금, 월세나 아파트 관리비, 재산세, 자동차를 수리하거나 집을 청소하거나 마음을 달래기 위한 서비스 비용, 콘서트와 콘퍼런스와 휴가를 위해 티켓을 사고 치른 비용, 노점과 식당을 돌아다니며 허기진 배를 채운 비용, 옷과 식료품, 반려동물 사료를 사는 비용 등등. 매 순간 돈이 조금씩 들어오고 나가지만, 대개는 깜박이는 전자 신호처럼 눈에 보이지도 않고 머릿속에 들어오지도 않는다. 살면서 돈이 무엇인지 알아보기는 쉽다. 하지만 돈은 진짜로 무엇일까? 돈은 무엇을 의미할까?

이 책의 도구를 만든 실질적 창안자 조 도밍게스는 1980년대에 세미나를 열고 참석자 수천 명에게 이 질문을 던졌다. 조는 월스트리트 금융인다운 옷을 멋지게 차려입고 무대에 올라가서 아무 말 없이 서성이며 청중을 날카롭게 바라보았다. 그러더니 가장 몸집이 크고 강해 보이는 남자에게 (조는 키가 170센티미터도 안 되었다) 시선을 고정하고는 소리를 빽 내질렀다.

"당신의 것은 얼마나 큽니까?"

침묵. 낄낄거림.

"못 들었어요?" 조의 목소리가 쿵쿵 울렸다. "당신의 것은 얼마나 크냐니까?"

낄낄거림. 침묵.

"다들 뭘 생각한 거죠? 그냥 월급이 얼마나 되냐고 물은 겁니다. 그게 남자한테 할 수 있는 가장 개인적인 질문 아닐까요?"

누구든 새로운 것을 배우기 전에 확실성의 틀을 흔들어야 한다. 조는 세미나 첫머리를 이렇게 열면서 확실히 사람들 마음을 흔들었고, 핵심 질문을 던질 자리를 마련했다. "돈이란 무엇일까요?" 우리는 돈을 잘 안다고 생각하기에 절대로 이렇게 묻지 않는다. 하지만 정말로 잘 알까?

"당신은 그걸 매일 씁니다. 그것 때문에 죽기도 하고요. 그것 때문에 죽이기도 하죠. 그게 뭔지 틀림없이 알 겁니다!"

그러고는 100달러 지폐를 꺼냈다.

"흠, 종이네요."

조는 지폐를 잡아당기고 비틀었다.

"종이가 꽤 질기군요."

그러더니 라이터를 꺼냈다.

"한번 시험해 보죠. 불에 타는지 볼게요."

헉, 숨을 들이마시는 소리. 모두의 몸이 앞으로 기울어졌다. 조는 종이에 불이 붙기 직전에 라이터를 껐다.

"그 반응은 뭐죠? 왜 이 종이를 태우려니까 어쩔 줄 몰라 하는 겁니까? 돈은 분명히 종이나 금속 조각 이상이죠. 그러면 이건 뭘까요?"

경제학 개론을 듣는 용감한 학생이라면 이렇게 대답할 테다. "돈은 교환 수단입니다."

"좋아요. 그렇다면 이 100달러를 주면, 당신의 아내를 살 수 있겠네요. 그렇죠?"

그럴 리가! 이쯤 되면 조는 조지 버나드 쇼George Bernard Shaw의 일화를 들려주곤 했다. 쇼는 저녁 식사를 함께하던 사람에게 몸을 기울이고는 말했다. "부인, 100달러면 저와 잠자리에 드시겠습니까?" 그 여자는 당연히 모욕감을 느꼈다. 그러자 쇼가 재차 말했다. "1000달러면 어떻습니까?" 상대가 머뭇거리자, 그 틈을 타서 쇼는 "확실히 문제는 행동이 아니라 가격이군요"라고 덧붙였다. 조는 이 일화를 통해 돈은 거래 당사자가 가치 있다고 동의할 때만 교환 수단이 된다고 지적했다.

"배가 고장 나서 피라냐가 들끓는 아마존강 한가운데를 헤엄쳐 가야 한다고 상상해 보세요. 이제 다 끝났다고 생각했는데 지갑에 빼곡하게 들어찬 돈을 발견합니다. 살았다! 그러다 두 사람이 (덧붙이자면 식인종이에요) 카누를 노 저어 지나가는 모습이 보여서 달러 한 줌을 치켜들고 소리칩니다. "사람 살려! 사람 살려!" 하지만 그들은 그 돈을 알아보지 못합니다. 당신을 저녁 식삿거리로 여길 뿐이죠."

돈은 거래 당사자가 가치 있다고 동의할 때만 교환 수단이 된다. 그 달러 지폐는 명목 화폐fiat currency(물건의 실질적 가치와 상관없이 표시된 화폐 단위로 통용되는 화폐-옮긴이)다. 실제 가치는 달러 기호를 인쇄한 종이 한 장 값도 안 된다.

"이것에 관해 항상 진실이라고 할 수 있는 말은 뭐가 있죠?"

조가 100달러 지폐를 흔들면서 큰소리로 따져 물었다.

경제학 개론 수강생이 다시 용감하게 다른 답을 내놓을 것이다. "돈은 가치 저장 수단이에요." 다시 말해 돈을 모아뒀다가 다른 날에 쓸 수 있다는 뜻이다.

이것이 돈의 주요 기능이다. 돈이라는 추상적 개념 덕분에 우리는 날마다 수확을 나누는 수렵 채집 부족에서 직장에 나가 시간과 재능을 팔아서 '돈을 버는' 산업의 톱니바퀴로 변신할 수 있었다.

"맞습니다. 돈은 '가치 저장 수단'이죠. 하지만 버블이 터지고 정부가 무너지고 초인플레이션이 시작되어서 어제는 소 한 마리를 살 수 있었던 돈으로 오늘은 우유 한 팩도 살 수 없어진다면 어떻게 될지 생각해 보세요. 돈의 가치는 하룻밤 사이에 사라질 수도 있습니다."

조가 더 오래 살았더라면 2001년에 파산한 엔론Enron 직원의 연금이나 2008년 대불황, 2009년에 터진 버나드 메이도프Bernard Madoff의 폰지 사기Ponzi scheme(실제 이윤 창출 없이 후발 투자자의 돈으로 기존 투자자에게 수익금을 나눠주는 다단계 사기-옮긴이)를 언급했을 것이다.

조는 코미디언 스티븐 콜베어Stephen Colbert가 만들어낸 용어인 '믿고 싶은 진실truthiness(객관적 사실이나 논리와 상관없이 옳다고 직감하는 주장을 진실로 받아들이는 심리나 현상-옮긴이)'을 말했을지도 모른다. 돈이 '가치 저장 수단'이라는 말은 믿고 싶은 진실로 들리지만, 진실이 아니다. 아, 청중의 머릿속 생각이 들리는 것만 같다. 핵심은 돈이라는 것이 아니야. 그것이 의미하는 내용이지.

"돈은 지위죠." 이런 대답도 나오곤 했다. 조는 맞는 말이기는 하지만 항상 그렇지는 않다고 대꾸했다. 신흥 부자가 겨울에 자주 가는

라운지에서 과시하는 재산보다 외모나 지능, 가문의 명성 같은 자질이 더 높은 지위를 부여할 수도 있다.

그러면 누군가는 돈이 권력이라고 말할 테다. 돈으로 다른 사람들이 뭔가 하게 시킬 수 있다. 돈으로 호의를 살 수 있다. 돈으로 영향력을 행사할 수 있다. 로비스트와 정치판의 검은돈과 무기 거래를 보라. 맞는 말이다. 하지만 조는 돈을 이길 수 있는 다른 힘도 존재한다고 말할 것이다. 간디와 인도를 떠난 영국군, 마틴 루서 킹 주니어를 떠올려 보라. 진실한 약자가 사악한 거인을 물리친다는 온갖 신화와 이야기, 영화도. 돈은 권력을 휘두르는 데 자주 사용되지만 권력을 보장하지는 않는다.

좋아요, 이제 알겠어요. 청중이 울부짖을 것이다. 돈은 악惡이다. 돈은 만악의 근원이다. 하지만 성경을 공부한 조는 반박할 것이다. "아니죠. 돈 자체가 아니라 돈을 향한 사랑이 만악의 근원이에요."

돈은 억압의 도구다.

돈은 불공정하다.

돈은 수수께끼다.

돈은 중요하지 않다.

돈은 넘치게 많다.

돈은 우리가 점수를 매기는 방식이다.

하나씩 답을 추측할 때마다 조금 더 가벼운 대답이 나오곤 했다. 보이지 않는 어딘가에 속임수가 있다는 사실을 청중이 알아차렸기 때문이다. 돈을 어떻게 정의하더라도 인정받지 못할 것이다. 사람들이 말한 정의 모두 진실이다. 하지만 항상 진실이지는 않다. 이쯤 되면 조가 답변을 하나씩 무너뜨려서 마침내 요점을 말하도록 알고 있는 정의를 모조리 쏟아내겠다는 청중 전체의 결의가 들려오는 듯하다. 사람들의 추측이 성가신 파리라도 되는 양 때려잡는 조가 아무리 인정사정없어 보여도 청중은 그 아래 숨겨진 애정을 느낄 수 있었다. 무엇보다도 조가 팔짱을 낀 채 우리의 두려움과 반쪽짜리 진실을 이야기하며 무대에 서 있는 목적이 명예나 부가 아니라는 사실을 잘 알기 때문이었다. 우리는 뉴 로드맵 재단New Road Map Foundation이라는 자선 재단을 설립했고 수익금을 전부 기부했다. 세미나에서 번 돈 한 푼도 남기지 않고 몽땅.

드디어 조가 비밀을 털어놓을 때가 왔다.

"언제나, 항상 진실인 말은 이것뿐입니다. 돈은 여러분이 삶의 에너지와 맞바꾸는 대상이에요. 여러분은 시간을 팔아서 돈을 얻죠. 저기 네드는 자기 시간을 100달러에 파는데 여러분은 20달러에 판다고 해도 상관없어요. 네드의 돈은 여러분 각자에게 아무 의미가 없어요. 여러분이 가진 단 하나의 진정한 자산은 시간입니다. 삶의 시간이요."

"여러분이 태어나면 한 해에 대략 8800시간이 있어요. 죽기 전까지 65만 시간이 있을지도 모르고요. 그 시간 가운데 족히 절반은 잠자고 밥 먹고 옷 입고 꽤 편안히 지내는 데 쓸 겁니다. 여러분은 이미 인생의 절반을 지나 보냈을지도 모릅니다. 쓸 수 있는 시간이 15만 시간밖에 없는 거죠. 그 시간이 여러분의 보물이에요. 여러분에게 중요한 것을 얻기 위해 쓸 수 있는 전부죠. 가족을 향한 사랑, 사회에 대한 이바지, 대자연의 즐거움, 도전에 맞선 노력, 의미 탐구, 유산, 황홀경, 그리고 삶을 위해서요. 여러분은 이걸 얻으려고 (100달러 지폐를 흔든다) 그 소중한 시간 일부를 팔아치웁니다. 이건 아무 의미가 없어요. 모든 의미와 가치가 깃든 대상은 시간이에요."

"돈이 곧 삶의 에너지라는 사실을 알면 돈과 관련해서 주도권을 쥘 수 있죠. 주머니에 돈을 넣으려고 내 삶에서 얼마만큼 팔아치울 수 있을까요? 자신이 쌓아놓은 물건을 둘러보면서 스스로에게 물어보세요. '이 의자, 차 주방 도구 세트…, 벽에 건 졸업장을 얻으려고 내 인생에서 얼마나 많은 시간을 들였을까?' 이 질문이 다음번 물건을 살 때 어떤 영향을 미칠지 생각해 보세요."

FI 프로그램은 당신이 돈과 맺은 관계를 바꾸어놓겠다고 약속한다.

"자기가 돈과 관계를 맺었다고 한 번이라도 생각해 본 적 있습니까?" 그러면서 조는 무릎을 꿇고 돈에 자기를 사랑해 달라고 애원하곤 했다. 사악한 100달러 지폐 앞에서 움츠러들며 겁먹은 척하곤 했다. 지폐가 미끼라도 되는 양 달려들어서 손을 뻗지만, 절대로 잡지 못했다.

"이것이 여러분과 돈의 관계입니다! 생각해 보세요. 여러분이 돈이라면, 여러분과 어울리겠어요?"

조의 터무니없는 행동을 보고 청중은 돈의 본질에 관한 개념 네 가지를 순식간에 이해했다.

첫째, 물질적 관점에서 보면 종잇조각, 금속 조각, 그리고 플라스틱 조각이며 날마다 벌고 쓰고 은행에 모아두고 투자하는 거래다. 대다수가 흔히 이 일상적 개념을 돈이라고 생각한다.

둘째, 심리적 관점에서 보면, 당신의 두려움과 갈망, 성격(얌전한가, 아니면 대담한가? 돈을 펑펑 쓰는가, 아니면 지나치게 아끼는가?)을 포함한다. 돈에 관한 당신의 감정과 생각에 영향을 준 이는 누구인가?

셋째, 문화적 관점에서 보면, 법과 관습에 깊이 뿌리내린 신념이다. 더 많을수록 좋다. 성장해야 좋다. 승자와 패자, 사유 재산, 보상과 처벌이라는 믿음과 개념이 당신의 재정 생활과 엮이는 실타래라는 사실을 알고 있는가?

넷째, 돈은 삶의 에너지라는 관점에서 보면, 돈은 당신이 삶의 시간과 맞바꾸는 대상이다.

처음 세 가지 개념은 실제로 옳고 중요하지만, 항상 그렇지는 않다. 사실, 돈의 물질적 측면에 관한 최신 정보를 알기만 해도 마음에 엄청난 평화가 찾아온다. 아울러 돈의 심리적 측면이 돈과 관련된 일상의 선택에 미치는 영향을 이해하면 훨씬 더 커다란 자유를 얻을 수 있다. 또 나도 모르게 우리 문화의 일부 신념에 따라서 살아간다는 사실을 알면 무의식적 습관에서 훨씬 더 자유로워질 것이다. 정말로 더 많을수록 좋을까? 정말로 성장이 좋을까? 마지막 개념이 가장 중요하다. 돈이 삶의 에너지라는 사실을 파악하면, 모든 잘못된 관념에서 벗어나 돈과 맺은 관계를 바꿀 수 있다.

FI 프로그램은 돈과 맺은 관계를 둘러싼 혼란, 근거 없는 믿음, 잘못된 생각을 걷어 내겠다고 약속한다. 돈과 맺은 관계를 바꾸는 열쇠는 돈이란 우리가 돈에 투영하는 의미도, 금융 시스템의 어두운 현실도 아니라고 명확하게 인지하는 데 있다. 돈은 우리가 삶의 에너지와 맞바꾸기로 선택한 것이다.

'돈은 삶의 에너지'라는 통찰은 한순간에 머릿속으로 들어오지만, 이 진실을 실천하는 일은 평생토록 깨달아나가는 여정이다. 이 통찰은 과거에 돈 관련 실수 때문에 생긴 결과를 홀연히 증발시키는 요술 지팡이가 아니다. 부모님이 돈 때문에 다투었거나 돈 문제를 숨겼거나, 돈을 당근이나 채찍처럼 사용하던 가정에서 당신이 자랐다는 사실은 변하지 않는다. 돈이 어렵게 혹은 쉽게 들어와서 가혹한 시련 혹은 황금 같은 기회가 인생을 좌우한 환경에서 성장했다는 사실도 변함없다. 당신이 아직도 빚을 지고 있고, 여전히 배우자와 다툰다는 사실도 그대로다.

돈과 맺은 관계가 달라지더라도, 돈은 당신에게 구체적인 무언가를 요구할 것이다. 돈의 요구는 예리하고 다면적인 다이아몬드와 같고, 당신이 지는 의무는 현실이다. 수표가 부도난다. 연봉을 협상한다. 병원비 청구서가 날아온다. 주택 담보 대출을 갚느냐 못 갚느냐에 따라 운명이 달라진다. 돈이 삶의 에너지라는 사실을 안다고 해서 당신이 진 의무를 최대한 성실하게 수행해야 한다는 요구 사항이 달라지지는 않는다.

돈은 물과 같다. 물처럼 흐르고, 흐르면서 삶에 영양분을 준다. 돈이 우리에게 흘러 들어오면 행복하고, 그렇지 않으면 괴롭다. 우리는 다른 이들의 하루를 빛나게 해주고자 애정을 담은 선물을 산다. 보너스를 하와이 가족 여행으로 바꾸고 추억을 만든다. 돈이 삶의 에너지라는 사실을 안다고 해서 돈의 흐름에 대한 우리의 감정적 반응이 무뎌지지는 않는다. 그러나 삶에서 돈이 맡은 역할을 잘 살펴보면 실제로 우리 경험이 더 풍요로워질 수 있다. 새 차를 사면 행복해지리라고 생각하는 대신, 우리가 무엇에 행복해하는지 고민해 볼 수 있다. 3년 동안 매달 자동차 할부금을 내는 대신, 바닷가에서 하루를 보내기만 해도 행복해질지 생각해 볼 수 있다. 돈은 우리 자신을 비추는 거울과 같다. 우편으로 수표를 받으면 어떤 일이 일어나는지 생각해 보라. 청구서를 받으면 어떨지, 배우자가 "여보, 재정 상황 좀 얘기하자"라고 말하면 어떨지, 당신이 팁을 후하게 줄 때 어떤 기분이 드는지 생각해 보라. 부모님에게 용돈을 넉넉히 드리지 못할 때는 어떤지, 당신이 찬 비싼 시계를 누군가가 알아볼 때는 어떤지도 말이다.

돈에 대한 흐릿했던 감정을 명확하게 이해할수록 일상의 힘겨운 거래를 더 잘 처리할 수 있다. 마이너스 통장 대출액이 줄어들고, 연체료가 줄어든다. 지출을 더 잘 관리한다. 세금과 공과금 납부 기한을 넘기지 않는다. 우리 감정이 분명해질수록 거래도 더 명쾌해진다.

돈은 게임이고, 우리는 게임의 규칙을 따라야 한다. 좋든 싫든, 우리 모두 돈이라는 게임판 안에 들어가 있다. 우리는 규칙에 따라서 서비스와 상품을 각 지역과 전 세계에 팔 수 있다. 아프리카와 베네수엘라에서 원료가 채굴되고 중국에서 조립되고 로스앤젤레스에서 브랜드화되고 필리핀에서 포장되고 전 세계 월마트에서 판매되는 상품을 살 수 있다. 날마다 거대한 컴퓨터가 윙윙 돌아가며 신용카드 구매 내역을 정산하고, 식료품을 집으로 가져가고 콘서트 표를 받는다. 우리는 돈이라는 게임 속에서 살고 움직이고 존재한다. 거래라는 언어로 서로를 이해한다.

누구나 돈이 필요하다. 누구나 돈을 얻으려고 있는 힘을 다한다. 돈에 손대지 않고 단 하루라도 살 수 있는 사람은 거의 없다. 그래서 우리 마음은 우리가 게임판에 깊숙이 파묻힌 채 얼마나 의존적으로 살아가는지 직시하기를 꺼린다. 돈이 삶의 에너지일지라도, 돈이 없으면 일상이 서서히 멈춘다.

돈이 모두가 얽힌 게임이라는 사실을 이해하면, 게임판에서 언제 돈을 사용할지, 또 언제 다른 화폐를 사용할지 의식적으로 선택할 수 있다. 돈이라는 게임이 우리를 가지고 놀기도 한다는 사실, 쇼핑몰과 백화점과 웹사이트가 인간의 불안과 갈망을 이용해서 돈을 훔치도록 설계되었다는 사실을 알아챌 수 있다. 이렇게 되면 소비 지상주의에 저항하기도 쉬워진다. 저 수영복이나 차가 삶의 에너지와 맞바꿀 가치가 있을까?

돈에 관한 우리의 가정에서 상당 부분은 사실 게임 설계의 일부다. '누구든 죽을 때까지 장난감을 가장 많이 모은 자가 승리한다'는 말은 우리를 게임판에 붙잡아 두고 게임을 계속하게 만든다. 최신 기기를 사는 일도 게임 설계의 일부다. 기업들은 사람들이 새 상품을 사도록 얼마 지나지 않아서 기기가 구식이 되게 계획하거나 제조한다. 패션도 게임의 일부다. '생애 첫' 주택도 마찬가지다. 광고는 당신이 사야만 하는 상품들로 꾸며진 아름다운 여성과 근육질의 남성을 보여준다.

이 게임은 우리가 규칙을 지키며 게임을 계속하도록 몰아가는 개인 재정 분야의 악당까지 완벽하게 갖췄다. 인플레이션, 생활비, 경기 침체, 불황. 우리는 경제 지표를 우리 자신의 문제로 받아들이도록 요구받는다. 경제학자인 신이 지금은 불경기라고 선언하면, 우리는 올해 휴가를 가지 않겠다고 결정할 것이다. 돈이 충분하고 직업도 안정적이더라도 혹시나 만약을 위해서 말이다. 경제학자 신이 생활비가 올랐다고 선언하면, 우리는 자동으로 가난해졌다고 느낀다. 휴대 전화나 다른 하찮은 기계 장치처럼 오늘날 소비자 물가 지수에 포함되는 상품이 고작 수십 년 전만 해도 사치품이었고, 우리 모두 그런 상품 없이도 잘 살았음에도 말이다.

어떤 이들은 돈이라는 게임판을 매트릭스Matrix라고 부를 것이다. 매트릭스는 지각이 있는 기계가 인간을 정복하고 사육해서 인간의 에너지를 수확하고자 만든 가상 현실이다. 영화 〈매트릭스〉에서 해방된 인류의 지도자 모피어스는 영웅 네오에게 말한다. "매트릭스는 어디에나 있어. 우리를 둘러싸고 있지. 지금 이 방 안에도 있어. 창밖을 내다보거나 텔레비전을 켤 때도 볼 수 있고. 직장에 갈 때, 교회에 갈 때, 세금을 낼 때 느낄 수 있지. 매트릭스는 진실을 보지 못하게 네 눈을 가려버린 세상이야." 이어서 모피어스는 대중문화에서 유명해진 그 선택지를 제시한다. "파란 약을 먹으면 여기서 이야기가 끝나. 잠에서 깨어나 믿고 싶은 걸 믿으면서 살아가면 돼. 빨간 약을 먹으면 이상한 나라에 남는 거지."

돈이 삶의 에너지라는 사실을 깨닫는 일은 빨간 약을 먹는 일과 같다. 당신은 선택지를 보고, 고르고, 그 결과를 보고, 배운다. 승리란 장난감을 가장 많이 가지는 것이 아니다. 승리는 정확하게 필요한 만큼 가지고, 내 마음대로 게임을 멈출 수 있는 상태다.

돈이 삶의 에너지라는 사실을 알면 가장 귀중한 자원인 시간을, 인생을 최대한 활용하고 최대한 좋게 만들 수 있다.

내 삶의 에너지

'돈 = 삶의 에너지'라는 말이 당신에게는 어떤 의미인가? 돈은 당신이 태어나면서 받은 시간의 족히 4분의 1을 바쳐서 얻고 쓰고 걱정하고 공상하고 또 다른 방식으로 반응할 가치가 있다고 생각하는 대상이다. 그렇다. 돈에 관한 사회적 관습은 많으며, 이런 관습은 배우고 지킬 가치가 있다. 하지만 궁극적으로 돈의 가치를 결정하는 사람은 바로 당신이다. 돈은 당신이 지닌 삶의 에너지다. 당신은 시간을 대가로 내고 돈을 '산다'. 그리고 그 돈을 어떻게 쓸지 선택한다.

돈이 곧 삶의 에너지라는 정의는 중요한 정보를 알려준다. 실제 경험이라는 면에서 삶의 에너지는 돈보다 더 실질적이다. 돈에는 고유한 실체가 없지만, 삶의 에너지에는 실체가 있다. 적어도 우리에게는 그렇다. 삶의 에너지는 분명히 존재하는 형태가 있고 유한하다. 삶의 에너지는 우리가 가진 전부다. 시간은 귀중하다. 한정되고 되돌릴 수 없기 때문이다. 시간을 쓰는 방식에 관한 선택이 우리가 지구에서 보내는 시간의 의미와 목적을 표현하기 때문이다.

당신이 40세라고 하면 세상을 뜨기 전까지 삶의 에너지가 35만 6500시간(40.7년) 정도 남았을 것이다. 이 시간의 대략 절반을 필수적인 건강 유지로 수면, 식사, 배변, 세수, 운동에 쓴다고 가정하면, 나머지 17만 8000시간은 다음과 같은 목적에 마음대로 쓸 수 있다.

- ◆ 자기 자신과 맺은 관계
- ◆ 다른 사람과 맺은 관계
- ◆ 창조적인 자기표현
- ◆ 지역 사회에 이바지
- ◆ 세상에 이바지
- ◆ 내면의 평화 이루기
- ◆ 직장 생활 유지

이제는 돈이 삶의 에너지와 맞바꾸는 대상이라는 사실을 알았으니, 이 귀중한 자원을 어떻게 사용할지 새롭게 우선순위를 정할 수 있다. 어쨌든 우리에게 삶의 에너지보다 더 필수 불가결한 '것'이 있을까?

도표 2-1 연령별 평균적인 기대 여명[1]

나이	평균적인 기대 여명	
	년	시간
20	59.6	522,096
25	54.8	480,048
30	50.1	438,876
35	45.4	397,704
40	40.7	356,532
45	36.1	316,236
50	31.6	276,816
55	27.3	239,148
60	23.3	204,108
65	19.3	169,068
70	15.6	136,656
75	12.2	106,872
80	9.1	79,716

출처: 미국 국립 보건 통계 센터US National Center for Health Statistics

경제적 독립 첫 검토

프롤로그에서 말했듯이, 이 책은 당신의 경제적 독립을 돕고자 한다. 여기서 소개하는 단계를 따라가다 보면, 경제 지능과 재정 건전성을 향해 거침없이 나아가다가 언젠가 경제적 독립을 이룰 것이다. 하지만 경제적 독립을 이루는 방법을 알려면, 먼저 경제적 독립에 관한 오해를 풀어야 한다.

'경제적 독립'이라는 말을 들으면 떠오르는 이미지를 먼저 살펴보

자. 크게 한몫 잡기? 막대한 재산 상속? 복권 당첨? 크루즈 타며 즐기는 세계 여행? 보석과 포르쉐, 명품 의류? 우리는 대개 경제적 독립을 도달할 수 없는 무궁무진한 부에 관한 환상이라고 생각한다.

이런 이미지가 말하는 경제적 독립은 물질적 차원의 경제적 독립이다. 물론 부자가 되기만 해도 경제적 독립을 이룰 수 있겠지만, 주의할 점이 한 가지 있다. '부자'란 무엇일까? 부富는 다른 무언가 또는 누군가와 비교해서만 존재할 수 있다. 부자는 지금 나보다, 또 다른 사람들 대다수보다 훨씬 더 많이 가졌다. 하지만 우리는 더 많이 가질수록 좋다는 신화의 오류를 잘 안다. '더 많이'는 신기루다. 우리는 절대로 '더 많이'에 도달할 수 없다. 그런 것은 실재하지 않는다. 존 스튜어트 밀은 "사람들은 부유해지기를 바라는 것이 아니라, 다른 사람들보다 더 부유해지기를 바란다"라고 지적했다. 다시 말해, 우리 같은 사람들이 부를 거머쥐는 순간, 그 부는 이제 부가 아니다.

우리 개인이 돈과 맺은 관계에서 책임을 질 때야 비로소 경제적 독립의 진정한 의미를 알 수 있다. 이 진정한 정의는 부가 무엇인지 알 수 없다는 '고르디우스의 매듭'을 잘라버린다. 경제적 독립은 부유함과 아무런 상관이 없다. 경제적 독립은 충분히 가지는 경험, 그리고도 조금 더 누리는 경험이다. 충분함이 충족 곡선의 정점에 있다는 사실을 다들 기억할 것이다. 충분함은 수량으로 나타낼 수 있으므로, 당신이 FI 프로그램을 따라가면서 스스로 충분함을 정의해 보라. 영원히 부자로 산다는 경제적 독립의 옛 개념은 실현할 수 없다. 하지만 충분히 가지고 누린다는 개념은 실현할 수 있다. 나 자신에게 충분한 정도와 이웃에게 충분한 정도는 서로 다를 수 있다. 충분함이란 나에게 현실적이며 내가 도달할 수 있는 범위 안의 수치인 것이다.

경제적 자유와 심리적 자유

충분히 가지고 누리는 경험을 향해 첫발을 떼려면 돈에 관한 기존 태도에서 벗어나야 한다. 그전까지는 아무리 돈이 많아도 자유로워질 수 없다. 기존 태도를 떨쳐야만 돈에 관한 무의식적 고정관념에서 벗어나고, 돈 문제로 느꼈을 죄책감과 분노, 질투, 좌절, 절망에서 자유로워진다. 돈을 생각하지 않고도, 삶의 도전과 기회를 다루려고 머릿속 지갑을 열지 않고도 며칠, 심지어 몇 주 동안 지낼 수 있다.

경제적 독립을 성취하면, 인생에서 돈이 맡는 역할을 상황이 아니라 나 자신이 결정한다. 이런 관점에서 볼 때 돈은 내게 우연히 생기는 것이 아니라, 내가 목적의식을 품고 삶으로 들여오는 것이다. 정년이 될 때까지 오전 9시부터 오후 5시까지 일하면서 남들을 앞지르고 부유해지고 유명해진다는 평범한 드라마를 비롯해 우리가 무의식적으로 추구하는 모든 성공 기회는 수많은 선택지 가운데 하나일 뿐이다. 경제적 독립은 수많은 이가 돈 때문에 느끼는 혼란과 두려움, 광신적 열광에서 벗어난 자유를 뜻한다.

이런 말이 마음의 평화 같은 개념으로 들린다면, 제대로 맞혔다. 경제적 독립이란 재정 측면에서 더없이 행복한 상태다. 이 책에서 설명하는 돈 관리 방법을 따르고, 권장하는 각 단계를 실제로 밟은 수많은 사람이 경제적 독립을 이뤘다.

2단계: 삶의 에너지 기록하기

'돈 = 삶의 에너지'라는 이 위대한 진실은 당신의 삶에서 어떻게 드러날까? 돈이 그저 처리해야 할 대상이나 안정, 권력, 악마의 도구, 인생 최고의 보상이라고 생각할 때는 직분과 의무라는 말로 행동을 합리화할 수 있었다. 하지만 이제 당신은 돈이 곧 삶의 에너지라는 사실을 안다. 얼마나 많은 물질이 내 손을 거치는지 알고 싶은 마음도 갈수록 커진다. 경제적 자유를 향한 길의 두 번째 단계에서 이런 호기심을 채울 수 있다.

2단계는 두 부분으로 나뉜다.

A. 일자리를 유지하는 데 필요한 시간과 돈의 실제 비용을 파악하고, 실제 시급을 계산한다.
B. 인생에 들어오고 나가는 돈은 한 푼도 빠짐없이 추적한다.

A. 나는 삶의 에너지를 얼마의 돈과 맞바꾸고 있을까?

돈은 그저 삶의 에너지와 맞바꾸는 대상이라는 사실을 앞서 확인했다. 이제는 당신이 얼마나 많은 삶의 에너지(시간 단위)를 얼마나 많은 돈(달러 단위)과 바꾸고 있는지 살펴보겠다. 즉, 일하는 시간 대비 버는 돈을 알아볼 차례다.

대부분 삶의 에너지 대 수입 비율을 비현실적이고 부적절하게 생각한다. "나는 일주일에 40시간 일해서 1000달러를 번다. 그러니까 삶의 에너지 1시간을 25달러와 맞바꾼다"처럼 간단하지 않다는 말이다. 당신이 돈벌이와 직업을 유지하기 위해 쓰는 삶의 에너지와 금전적 비용을 빠짐없이 생각해 보라. 다시 말해서 밥벌이가 필요 없다면 당신의 인생에서 시간과 금전 지출이 얼마나 사라질까?

사람들은 자기 일에 불만이 많다. 고된 시간, 지루함, 사내 정치, 정말로 원하는 일을 하지 못하는 시간, 성격 차이로 상사나 동료와 빚은 마찰 등. 이런 이들은 무력감을 느끼고 쇼핑으로 스트레스를 해소한다. 당신 역시 '일이 너무 싫어'라는 근본적 이유로, 또 일하느라 요리, 청소, 수리 따위를 스스로 하지 못해서 값비싼 대안에 돈을 얼마나 많이 쓰는지도 곧 알게 될 것이다. 심지어 야망을 이루는 데, 끝없이 신분 상승하려면 '반드시' 가져야 할 전부를 사는 데 돈을 얼마나 많이 쓰는지도 알아차릴 것이다. 그럴듯한 차, 그럴듯한 옷, 그럴듯한 도시의 그럴듯한 동네에 있는 그럴듯한 집, 아이를 보내기에 그럴듯한 사립학교 등등.

다음 글을 자극제 삼아 오전 9시부터 오후 5시까지 매달리는 일자리를 유지하느라 시간과 에너지를 실제로 얼마나 썼는지 직접 확인해 보자. 당신에게는 여기에 나오는 범주 모두에 적용되지는 않으며, 언급하지 않은 다른 범주가 필요할 수도 있다.

프리랜서라면 이 과정이 더 복잡해지겠지만, 그 가치는 훨씬 더 클 것이다. 무슨 일이든 전부 똑같이 분석해 보라. 당신이 어떤 일은 과소평가하고 다른 어떤 일은 과대평가한다는 사실에 놀랄지도 모른다.

당신에게 삶의 에너지와 돈의 관계를 구체적으로 설명하기 위해 돈을 버느라 들인 시간과 비용에 임의로 수치를 대입해서 가상의 목록을 만들었다. 각 항목을 모두 살펴보고 나면, 수치를 표로 정리해서 삶의 에너지와 돈의 실제 교환 비율을 확인할 것이다. 당신이 직접 계산할 때는 실제 수치를 쓰고, 이를 바탕으로 시급을 계산하면 된다.

통근

출퇴근하려면 시간이나 돈 둘 중 하나, 혹은 둘 다 써야 한다. 직접 자동차를 운전하든, 택시를 타든, 자전거를 타든, 걷든, 지하철이나 버스를 이용하든 상관없다. 여기서는 자동차로 통근한다고 가정하겠다. 주차 요금, 유료 도로 이용료, 자동차 유지비를 빼먹으면 안 된다. 출퇴근에 하루 1시간 30분 또는 주당 7시간 30분이 들고, 연료비와 유지비로 주당 100달러가 든다고 치자. (대중교통을 이용한다면 수치는 다소 달라질 것이다.)

주당 7.5시간, 주당 100달러

복장

당신은 출근할 때든 쉬는 날이든 휴가 때든 같은 옷을 입는가? 아니면 업무에 맞는 옷차림이 따로 있는가? 업무를 위한 복장에는 간호사복, 건설 노동자의 안전화, 요리사 앞치마처럼 명백한 작업복뿐만 아니라 사무실에서 흔히 보는 맞춤 정장과 구두, 넥타이, 스타킹도 포함된다. 직장에 나갈 필요가 없다면 날마다 목에 올가미를 걸거나 굽 높은 구두를 신고 돌아다닐까? 복장이 비교적 자유로운 직장에 다닌다고 해도 수치는 크게 달라지지 않는다. 집에서 입던 잠옷 차림으로 출근하는 사람은 없을 테니까. 여기에 애프터셰이브부터 갖가지 화장품까지, 외모를 가꾸는 데 쓰는 시간과 돈도 생각해 보자.

쇼핑부터 마스카라 바르기, 면도하기, 넥타이 매기까지 차림새와 관련된 활동 모두 숫자로 계산해야 한다. 일주일에 1시간 30분씩 투자하고, 평균 25달러(한 해에 쓴 의류와 화장품 비용을 52주로 나눈 값)를 지출한다고 가정해 보자.

주당 1.5시간, 주당 25달러

식사

직장 생활 때문에 식사하는 데 드는 시간과 금전 비용은 여러 형태로 발생한다. 예를 들어서 오전과 오후에 커피를 사 마시는 비용,

직원 식당에서 줄 서서 기다리는 시간, 너무 피곤하거나 바쁜 탓에 직접 저녁을 준비할 수 없어서 배달시키거나 외식하는 비용 등이 있다.

일주일에 총 5시간을 점심 외식이나 모닝커피에 쓴다고 치자. 근처 식당에서 점심을 먹으면 집에서 직접 요리할 때보다 일주일에 약 30달러가 더 들고, 일한 보람을 느끼려고 카페라테를 마시며 잠깐 휴식을 즐기면 일주일에 20달러를 써야 한다. 그러면 총지출액은 50달러다.

주당 5시간, 주당 50달러

일상의 업무 스트레스 해소

당신은 열정과 활기 넘치는 모습으로 퇴근해서 당신 자신이나 이 세상을 위한 프로젝트에 즐겁게 몰입하거나, 가족이나 사랑하는 사람들과 친밀하게 시간을 보내는가? 아니면 피곤에 찌들어서 맥주를 든 채 텔레비전이나 컴퓨터 화면 앞 푹신한 의자에 말없이 앉아 '오늘 하루가 너무 힘들었어'라고 푸념하는가? 직장에서 받는 압박감을 '해소'하는 데 시간을 들여야 한다면, 그 '시간' 역시 업무 관련 비용이다. 누구든 귀 기울여 주는 사람에게 회사나 동료에 관해 불평하는 시간도 포함해서 계산해야 한다. 대략 셈해서 일주일에 5시간을 쓰고, 오락거리 비용으로 일주일에 30달러 정도 들인다고 하자.

주당 5시간, 주당 30달러

도피를 위한 오락

'도피를 위한 오락escape entertainment'이라는 흔한 표현에 주목하라. 무엇에서 도망친다는 것일까? 당신이 벗어나야 할 감옥이나 제약은 무엇일까? 삶이 꾸준히 만족스럽고 짜릿하다면, 과연 무언가에서 벗어나고 싶다는 마음이 들까? 텔레비전이나 휴대 전화 화면을 보는 데 그토록 많은 시간을 들일까? '이번 주는 직장에서 너무 힘들었으니까, 밤에 놀러 나가서 스트레스를 전부 날려버리자!' 아니면 '이번 주말에는 전부 잊고 라스베이거스에 가자!' 같은 계획을 생각해 보라. 이런 계획이 필요할까? 이때 삶의 에너지와 돈은 얼마나 들까? 주말의 오락 가운데 얼마 정도가 지루한 직장에 매달려서 일하고 받는 정당한 보상이라고 생각하는가? 물론, 예술을 즐기면 기분 좋은 자극을 맛보고, 숭고한 영감과 커다란 자양분을 얻는다. 예술에 들이는 에너지는 삶을 가치 있게 만들고, 매 순간을 소중하게 바꾼다. 예술에 몰입하는 경험은 도피가 아니다. 고양을 위한 경험이기에 직업 관련 지출로 계산하면 안 된다. 도피를 위한 오락에는 일주일에 5시간과 40달러를 쓴다고 셈하자.

주당 5시간, 주당 40달러

휴가

자연에서 보내는 시간, 다른 문화와 장소로 떠나는 여행은 예술처럼 인생 최고의 경험이 될 수 있다. 하지만 '휴가'가 다시 싸움에 뛰어들고자 링 구석에서 잠시 휴식하는 타임아웃과 같다면, 업무 관련 지출이다. 예를 들어 기진맥진한 탓에 특별한 여행을 계획하지도 못하고 온 가족과 함께 바하마의 리조트에 가서 집에 있는 리클라이너 의자에 눕는 것처럼 라운지 의자에 푹 쓰러진다면, 업무 관련 지출이라고 봐야 한다. 반대로 창고에 있는 물건을 모조리 팔아치운 후 바하마의 산호초 생태 연구팀과 함께 일주일을 자원봉사 활동으로 보낸다면 그야말로 삶에 뛰어드는 셈이다. 무엇이 진정한 휴식이고 아닌지는 당신만이 알 것이다.

또 뭐가 있을까? 해마다 몇 주 정도만 '잠깐 쉬러' 가는 휴가용 별장이나 보트, 레저 차량은 어떤가? 이런 데 드는 비용을 전부 더한 다음 52로 나누면 고된 노동에서 벗어나 휴가에 쓰는 액수를 알 수 있다. 일주일에 5시간, 30달러를 쓴다고 치자.

주당 5시간, 주당 30달러

업무 관련 질병

우리가 앓는 질병 중 몇 퍼센트가 밥벌이와 관련 있을까? 업무 스트레스나 물리적인 작업 환경 때문에 생긴 질병, 고용주나 동료와 마찰을 빚어서 생긴 질병이 얼마나 될까? 의미 있는 삶을 위한 과학적 실천을 장려하는 그레이터 굿 과학센터The Greater Good Science Center는 건강과 행복에 관한 연구 결과를 모았다. 센터에서는 행복이 심장 건강을 증진하고, 면역 체계를 강화하고, 스트레스를 해소하고, 통증을 완화하고, 만성 질환을 줄이고, 수명을 늘린다는 증거를 확인했다.[2] 우리 역시 수년간 경험해본 바로는, 자원봉사자는 유급 직원보다 병치레도 적고 질병으로 인한 결근도 적었다. 간단히 말해서 행복하고 만족스럽게 지내는 사람이 더 건강하다.

이 항목에서 의료비(시간과 돈) 중 직장과 관련된 비율을 평가하는 유일한 방법은 다소 주관적인 '내면의 감각'이다. 질병을 치료하는 비용(본인 부담금과 약값)으로 일주일에 25달러를 쓴다고 계산하고, 여기에 해마다 병원을 찾고 약국에 들르고 이불을 둘러쓰고 훌쩍이는 데 드는 50시간을 더하겠다.

주당 1시간, 주당 25달러

기타 업무 관련 비용

이제 자산과 부채를 나열한 대차 대조표를 확인해 보라(1단계에서 만들었다). 직업과 직접 관련되지 않았다면 사지 않았을 물건이나 서비스가 보이는가? '도우미' 관련 항목을 살펴보라. 직장에 다니지 않았다면 가사 도우미나 정원사, 잡일꾼, 베이비시터가 필요했을까? 한부모 가정이나 맞벌이 가정에서 어린이집 비용은 월급에서 커다란 비중을 차지한다. 직업이 없다면 나가지 않을 돈이다. 평범한 일주일을 어떻게 보내는지 시간 기록도 작성해 보라. 일과 관련된 시간은 얼마나 되는가? 온라인 구인 공고를 살펴보거나 사업 인맥을 쌓고자 사교 모임에 참석하는 시간도 포함해야 한다. 업무 스트레스 때문에 배우자에게 하소연하는 시간도 포함해야 하지 않을까? 이 프로그램의 다른 단계를 밟아나가면서 숨어 있던 업무 관련 비용을 따로 기록해 두자.

교육 프로그램, 도서, 각종 도구, 콘퍼런스 등 업무 성과 향상을 위한 지출도 놓쳐서는 안 된다. 당신의 상황은 저마다 다르더라도 기본 개념은 똑같다는 사실을 기억하라. 직업 생활과 관련된 시간과 금전 지출 유형을 스스로 파악해 보라.

나의 진짜 시급

이제 계산한 값을 정리하고 표를 만들 차례다. 평소의 주당 근무 시간에 직업과 관련해서 추가로 쓴 시간을 더하고, 급여에서 직업과 관련된 비용을 빼면 된다. 휴가나 병가처럼 긴 시간을 들이는 항목이라면 50주에 비례해서 계산하자(직장에서 휴가를 제공한다는 가정하에 1년 52주에서 휴가 2주를 뺐다). 직장 생활이 만족스러웠다면 가지 않았을 휴가에 1500달러를 쓴 경우, 이 금액을 50으로 나눠서 주당 30달러로 정하면 된다.

물론 구체적 항목에는 대략적인 수치를 입력하겠지만, 주의 깊게 살펴보면 상당히 정확한 수치를 파악할 수 있다.

도표 2-2는 진짜 시급을 계산하는 과정과 결괏값을 보여준다. 즉, 당신이 지출하는 1달러를 시간이나 분 단위로 알려준다. 여기에 나오는 수치는 내가 임의로 정했다는 사실을 기억하라. 당신이 계산한 값은 상당히 다를 수 있고, 적용할 항목 역시 다를 수 있다.

	시간/주	달러/주	달러/시간
기본 업무 (조정 이전)	40	1000	25
조정			
통근	+ 7.5	100	
복장	+ 1.5	25	
식사	+ 5	50	
스트레스 해소	+ 5	30	
도피성 오락	+ 5	40	
휴가	+ 5	30	
업무 관련 질병	+ 1	25	
일자리 유지를 위해 쓰는 시간과 돈(전체 조정)	+ 30	300	
조정한 업무 (실제 총시간과 액수)	70	700	10

주의할 점은 만약 직장에서 혜택(건강 보험, 퇴직 연금 투자 등)을 받는다면, 당연히 명목 시급에 더해야 한다는 것이다. 모두가 이런 혜택을 누리지는 않으므로 여기에서는 계산하지 않았다.

도표 2-2는 삶의 에너지 1시간을 25달러가 아니라 10달러에 팔고 있다는 사실을 분명하게 보여준다. 그러므로 실제 시급은 10달러다. 심지어 여기서 세금도 떼야 한다. 이 시점에서 고민해 볼 중요한 질문이 있다. 당신은 시급 10달러짜리 일자리를 기꺼이 받아들이겠는가? (이직하거나 업무 관련 습관을 바꿀 때마다 다시 이렇게 계산해야 한다.)

결괏값도 흥미롭다. 이 표를 보면, 1달러를 소비할 때마다 삶의 에너지를 6분 쓰는 것과 같음을 알 수 있다. 다음번에 또 20달러짜리 가징거스 핀을 사러 갈 때 이 숫자를 기억하라. 그리고 질문해 보라. 그 가징거스 핀이 삶의 에너지 120분만큼 가치 있을까? 교통 체증 속에 갇혀 있거나 차를 몰아서 출퇴근하거나 미래의 고객을 찾아 헤매느라 쓴 2시간만큼의 가치가 정말로 있을까?

회사에서 승진 전략을 세우는 데 든 시간, 업무 때문에 망가진 가족생활을 관리하는 데 든 시간, 업무에 맞는 생활 방식을 유지하는 데 든 시간과 비용 등 무형 요소는 계산하지 않았다는 사실에 유의하자. 직업 생활에 드는 비용은 수없이 많은 방식으로 삶 전반에 영향을 미친다.

마크는 2단계의 첫 과정을 밟고 나서 생활이 완전히 뒤바뀌었다. 마크는 건설업계에서 10년 동안 프로젝트 매니저로 일했다. "제 일이 마음에 들지 않았어요. 하지만 수입과 지출이 같아서 '뭐, 대도시 생활이 다 그렇지' 같은 마음가짐으로 살았죠." 마크는 2단계를 시작하며 실제 시급을 계산해 봤다. "지출 패턴을 분석했더니, 제가 번 돈에서 거의 절반을 업무와 관련해 썼더군요. 주유비, 수리비, 점심값 등 여기저기에 조금씩 돈을 썼고, 대부분 되찾을 수 없는 돈이었어요. 간단히 말해 집에서 머물며 동네에서 파트타임으로 일하고 이전 수입의 절반만 벌더라도 돈을 모을 수 있었던 겁니다." 그때 마크는 직장을 그만두고 진정한 소망과 목표를 추구할 수 있다는 사실을 깨달았고, 삶을 변화시키기 시작했다.

우선, 신용카드 대금 갚기부터 점심 외식 끊기 등 오랫동안 미뤘던 돈 문제 이야기를 예전처럼 다투지 않고 아내와 대화하기까지 전부 해결했다. 재정 상황을 정비하면서 아내가 좋아하는 일(특수 아동 교육)을 하고 받는 월급만으로도 부부가 충분히 살 수 있다는 사실을 알게 되었다. 더불어 마크는 늘 꿈꿨던 직업을 위해 학교로 돌아가서 상담사 겸 심리 치료사 교육을 받았다. "요즘 우리 부부는 사실 스트레스를 덜 받아요. 돈이 아니라 돈과 맺은 정신 나간 관계를 치유하는 데 집중하고 있거든요."

왜 이 단계가 필요할까?

이 과정은 왜 돈과 맺은 관계를 바꾸는 데 필수일까?

1. 보수를 받는 일자리의 실질적 측면을 살펴보고, 실제 급여 수준을 알려준다. 이 실제 시급이야말로 핵심이다.

2. 실제 수입을 기준으로 현재와 미래의 일자리를 현실적으로 평가할 수 있다. 이 단계에서 얻은 정보는 장래의 일자리에 적용하기에도 유용하다. 통근 시간이 길거나 복장 규정이 엄격한 직업은 급여가 낮은 직업보다 실제 수입이 더 적을 수 있다. 당신 삶의 에너지를 얼마에 팔고 싶은지 객관적인 관점에서 고용 제안을 비교해 보라.

3. 직업의 실제 최종 보수를 안다면 일하는 동기와 특정 직업을 선택하는 동기를 더욱 명확하게 이해하는 데 도움이 된다. 마크의 이야기는 특별한 사례가 아니다. 직장 생활을 유지하는 데 필요한 비용

을 포함해 각종 지출에 번 돈을 전부 써버리는 사람이 많다. 그러면서도 자기가 운이 좋다고 생각한다. 어느 파이어족은 이 단계를 거치면서 불필요한 업무 관련 지출을 예민하게 의식하게 되었고, 시간당 순수익이 두 배로 늘었다고 밝혔다. 지출 가운데 상당 부분이 직장 생활과 관련 있다는 사실을 깨닫자, 그런 지출을 줄이거나 아예 없앨 수 있었다. 예를 들어서 점심시간에 외식하는 대신 도시락을 싸 가고, 차를 직접 모는 대신 대중교통을 이용하고(퇴근길을 스트레스 해소에 활용하면서 이점을 두 배로 늘렸다), 세련된 옷을 많이 입어야 한다는 생각을 바꿨고, 심지어 아내와 날마다 산책하며 운동까지 시작했다(두 사람의 관계도 건강도 개선되었다). 채용 제안을 받아들이거나 거절할 때 실제 시급을 기준으로 결정하는 사람도 있었다. 실제로 받는 보수가 얼마인지 정확하게 파악할 수 있으므로, 그 일이 자기에게 가치 있는지 아닌지 아주 명확하게 알 수 있다. 그는 예전이었다면 지원했을 일자리 몇 군데를 이제 쳐다보지도 않는다.

부끄러워하지도 말고, 비난하지도 말자

이 단계에서는 당신의 일, 직업, 정체성에 관한 감정이 가장 강렬하게 수면 위로 떠오른다. 그러므로 너그러운 자기 인식이 필요하다. 비판하지 말고 각 감정이 드러나는 대로 그저 바라보라. 당신의 직업, 당신의 상사, 당신 자신, 심지어 이 책도 비판하지 말고 그저 바라보라. 만약 일 때문에 오히려 돈이 나가고 있다면 어떨까? 한 주를 버티고 받는 '보상'에 월급을 전부 쏟아부었다면? 시급 10달러에 쫓기며 정신없이 살아가고 있다면? 다 극복할 수 있다. 그런 생활은 돈이 곧 삶의 에너지라는 사실을 몰라서 꼭 해야 한다고 생각했던 시절의 일일 뿐이다.

도표 2-3 체크리스트: 삶의 에너지 vs. 급여

	시간 주당 시간, 더하기	돈 주당 액수, 빼기
통근		
출퇴근으로 인한 피로		
주유비		
대중교통		
주차료		
통행료		
유지비		
걷기 또는 자전거 타기		
택시/승차 공유		
보험료		
복장		
출근을 위한 옷 구매		
출근을 위한 화장품 구매		
멋진 서류 가방		
출근을 위한 면도		
식사		
휴식 시간의 커피		
점심		
업무 중 간식거리		
업무 스트레스에 대한 음식 보상		
간편식		
일상의 업무 스트레스 해소		
자녀에게 다시 시끄럽게 놀라고 허락할 때까지 걸리는 시간		
(직장에서 돌아와) 차분해질 때까지 걸리는 시간		

(직장에서 돌아와) 다른 것을 할 수 있을 때까지 걸리는 시간		
오락거리		
도피를 위한 오락		
영화		
술집		
OTT		
온라인 구독		
게임		
휴가, 레저 활동		
헬스장 이용료		
스포츠 장비		
보트		
여름 별장		
업무 관련 질병		
감기, 독감 등		
요통 마사지		
스트레스 관련 질병으로 인한 입원		
기타 업무 관련 비용		
도우미 고용		
집 청소		
잔디 깎기		
베이비시팅		
어린이집		
업무 관련 교육 프로그램		
업계 전문 잡지 구독		
콘퍼런스		
인생 상담 코치		

지금까지 우리는 돈이 곧 삶의 에너지라는 사실을 확인했고, 삶의 에너지 중 얼마를 들여서 1달러를 얻는지 계산하는 법을 배웠다. 이제는 돈이라는 삶의 에너지가 매 순간 어떻게 움직이는지 의식해야 한다. 즉, 날마다 수입과 지출을 파악하고 기록해야 한다. 이 부분은 간단하지만, 그렇다고 수월하지만은 않다. 이제부터 당신의 삶에서 들어오고 나가는 돈은 한 푼도 빠짐없이 추적해 보라.

많은 사람이 일부러 돈에 무심한 태도를 보인다. 이런 사람들의 신념 체계에서 '돈'과 '사랑, 진실, 아름다움, 영성'은 별개의 범주에 들어간다. 연인에게 무엇이든 숨김없이 보여주면서도 월급 액수는 절대 알려주지 않는다. 무의식적인 지출을 지적하면 무정해 보이는 탓에 많은 가족이 빚의 수렁에 점점 더 깊이 빠진다.

남들에게 빌려준 돈이나 물건을 돌려받지 못하는 사람도 많다. 빌려준 돈을 잊지 않고 의식한다는 것 자체가 어딘가 고약해 보이며, 갚으라고 독촉하는 일은 훨씬 더 지독해 보이기 때문이다. 부모와 자녀 사이에서도 이런 일이 자주 벌어진다. 돈의 흐름을 주시하면 오로지 사랑에 기반해야 할 거래가 어쩐지 저속해지는 것 같다. 이 모든 상황은 같은 생각에서 비롯한다. 돈은 돈이고 사랑은 사랑이며, 둘은 결코 만날 수 없다. 당신도 스스로 되돌아보라. 돈에 무지한 태도를 변명하려고 고상한 철학적, 영적 이상을 떠들어대는가?

영적 훈련

고대와 현대의 모든 종교에는 마음이 '지금, 이 순간'에 머물도록 수행하는 훈련이 있다. 수행 방식은 여러 가지다. 들숨과 날숨에 집중하거나, 혼란스러운 마음을 다잡고자 특정 문구를 되뇌거나, 지난 기억이나 앞날의 환상에 얽매이지 않고 어느 대상에 정신을 쏟으며 바로 지금 그 대상과 함께하거나, 합기도와 같이 여러 무술을 수련하거나, 지금 하는 일을 단순히 관찰하는 내면의 '목격자'를 키울 수도 있다.

돈 관련 의식을 날카롭게 다듬고자 고안한 훈련법을 한 가지 더 추가하자. 재정 계획에 없어서는 안 될 훈련법으로, 간단하다. 삶에 들어오고 나가는 돈은 한 푼도 빠짐없이 기록하는 것이다. 호흡을 지켜보는 대신 돈을 지켜보라.

삶에 들어오고 나가는 돈을 한 푼도 빠짐없이 추적하고 기록하는 방법에 관한 구체적 지침은 없다. 대체로 주머니에 쏙 들어가는 작은 수첩 정도면 삶에 들어오고 나가는 돈을, 그 돈이 들어오고 나가는 상황을 낱낱이 기록할 수 있다. 돈보다 시간을 더 소중하게 여긴다면, 다이어리의 특정 칸에 수입과 지출을 기록하면 된다. 수입과 지출 내역을 휴대 전화와 컴퓨터로 관리하는 사람도 있다. 은행 계좌를 온라인 프로그램이나 앱에 연결하고, 직불 카드(또는 매달 대금을 납부하는 신용카드)만 사용한다면 당장 손에 쥔 기계로 최신 기록을 바로 확인할 수 있다. 휴대 전화와 컴퓨터 덕분에 추적과 기록이 어느 때보다 쉬워졌지만, 정해진 방법은 없다. 자기에게 가장 잘 맞는 것이 가장 좋은 방법이다.

여기서 난관에 부딪히는 사람들이 있다. 수입과 지출을 살피며 기록하기 번거롭고 어렵다는 이유다. 너무 까다롭다. 너무 오래 걸린다. 너무 부담스럽다. 1센트 단위까지 다 쓰라고? 1달러 단위는 안 되나? 10달러면? 아니면 대충 그 정도로….

캐럴린은 돈의 흐름을 추적하는 능력을 타고났다. 하지만 남편은 달랐다. 남편은 '한 푼 한 푼'에 집중해 봤자 도움이 되지 않는다고 말했다. "몇 해 전에 남편도 지출 내역을 기록할 수 있게 그이한테 잘 맞는 간단한 방식으로 바꿨거든요. 성공했어요." 캐럴린이 설명했다. "우리는 어림수를 써요. 최대한 정확하게 현금 흐름을 추적하지만, 집착하지는 않아요. 어디에 썼는지 알 수 없어도 괜찮은 현금 지출액을 최소한으로 정하고, 해당 항목을 만들었어요. 그런 현금이 아예 없을 때도 있고, 한 달 동안 정신없이 지내고 나서 200달러나 될 때도 있어요. 예전에는 사용처를 모르는 현금을 발견하면 미칠 지경이었는데 이제는 괜찮아요. 신기하게 남편이 그 숫자를 주의 깊게 살펴보기 시작하더니 최소한으로, 적어도 합리적인 액수로 줄이려고 정말 노력하더라고요. 어디에 썼는지 모르는 현금이 많다는 사실을 확인하는 게 갖가지 말과 논쟁과 금융 관련 자료 읽기 등등보다 지출 관리에 훨씬 더 효과적이었어요. 정말 기뻐요."

마이크는 단순한 삶 운동 모임을 이끌면서 누구에게나 "FI 단계를 밟아야 한다"라고 독려했다. 마이크와 아내는 이 책에서 안내한 프로그램을 실천하고 놀랄 만한 성과를 얻었다. 원래 마이크는 '한 푼도 빠짐없이' 기록해야 한다고 고집스럽게 우겼다. 하지만 손을 많이 봐야 하는 낡은 집으로 이사하면서 모임 회원들이 2단계를 마주치고 느꼈던 부담감을 몸소 깨달았다. 그가 집을 직접 수리하기로 나선 바람에 일일 금융 거래가 급증했고, 날마다 영수증을 정리하고 지출 내역을 기록하는 시간도 갑자기 늘었다. 결국 마이크는 직불 카드만 쓰고, 은행에서 온라인 금융 프로그램으로 데이터를 전송받는 데 만족하기로 했다. 더불어 지출이 줄어들 때까지 삶을 단순하게 바꿨다.

이 책의 서두에서 말한 금융 닌자 유형에게는 수입과 지출 기록이 마치 숨쉬기처럼 자연스러워서 설득할 필요가 없다고 언급했다. 반대로 우뇌형 사람들(창의성과 직관적 사고로 유명하다)에게는 잘 쓰지 않는 손으로 글을 쓰는 것과 같다고 한다. 캐럴린은 이렇게 후기를 알려왔다. "기록하는 일이 아주 마음에 들어요. 지금까지 14년 동안이나 하고 있죠. 기록을 빼먹는 건 상상도 못 할 일이에요. 그 덕분에 우리는 한 해의 절반은 유럽에서 (프랑스의 주거용 보트에서) 살고 나머지 절반은 미국에서 살죠. 원하는 대로 자원봉사도 하고 여행도 할 수 있어요." 이런 사람은 타고난 경우다.

미니멀리스트와 창의적인 유형은 마이크와 같은 전략, 항상 직불 카드로 결제하는 방식을 받아들였고, 이전에는 완전한 수수께끼였던 대상을 통제하면서 마음의 평화를 얻었다. 특히 지출 기록을 창작이나 명상, 여행에 들이는 시간과 연결하면서 기록하는 습관을 키우려고 한다.

던은 개인 재정 문제와 이른 은퇴를 다루는 미스터 머니 머스태치의 블로그를 즐겨 보다가 수입이 어디로 흘러 나가는지 더 명확하게 파악하려고 지출 내역을 기록하기 시작했다. 점심시간에 외식하는 대신 직접 싼 도시락을 먹고 집에서 요리하는 시간도 늘렸다. "수입과 지출을 기록하는 일은 '책임감'을 더 많이 느끼고자 고압적인 방식으로 지출을 제한하는 일이 아니었어요. 지금 내가 돈을 어떻게 쓰고 있는지 죄책감 없이 이해하는 일이었죠. 저는 식비 지출 항목을 거의 50%나 줄여서 매달 수백 달러나 아꼈어요. 돈을 어떻게 쓰는지 정확하게 파악한 덕분에 무의식적으로 낭비하는 것을 막을 수 있었고, 그 돈을 더 중요한 일이나 저의 행복을 위해 쓸 수 있었어요. 매달 수백 달러를 모았더니 3주 동안 유럽을 여행할 경비가 금세 쌓였죠! 돈을 더 효율적으로 관리하니까 더 행복해졌고, 미래를 위해 더 많이 저축할 수 있었고, 기쁨을 주는 일에 돈을 쓰면서 스트레스도 덜 받았어요."

어떤 방식을 고르든, 꼭 실천해야 한다(이 프로그램은 당신이 실천해야만 효과가 있다). 그리고 정확하게 기록해야 한다. 돈의 모든 흐름, 정확한 금액, 수입과 지출 사유를 기록하는 습관을 들이자. 돈을 쓰거나 받을 때마다 곧바로 기록하는 습관을 익혀야 한다.

토머스 J. 스탠리Thomas J. Stanley와 윌리엄 D. 댄코William D. Danko는《이웃집 백만장자The Millionaire Next Door》에서 소득 대비 순자산이 높은 사람은 옷이나 여행, 주택, 교통 등에 얼마나 지출하는지 정확하게 알지만, 소득 대비 순자산이 낮은 사람들은 자기가 얼마나 지출하는지 전혀 모른다고 지적한다. 이렇게 알고 모르는 상황이 극명한 차이를 만든다.

도표 2-4는 이틀 동안의 수입과 지출 내역을 정리한 가상의 예시다. 각 지출 항목에 얼마나 자세하게 적었는지 살펴보라. 직장에서 지출한 내용도 구체적으로 기록했다는 사실도 유의하길 바란다. 편의점에서 산 물건을 간식(감자칩, 소스, 탄산음료)과 건전지로 구분한 것도 눈여겨봐야 한다. 마트와 백화점에서 지출한 항목도 비슷하게 구분했다. 총계 내의 하위 범주나 '명세'에는 근사치를 적었다(가장 가까운 근삿값을 계산하는 편이 좋지만, 세면용품이나 와인의 정확한 가격을 알아보려면 시간이 꽤 걸릴 것이다). 하지만 총액은 가장 작은 단위까지 정확해야 한다.

도표 2-4 일일 기록 예시

8월 24일 금요일	수입	지출
출근길 다리 통행료		1.50
직장에서 커피와 빵		5.50
[화장실에서 주운 동전]	0.25	
점심 외식		7.84
점심값 팁		1.50
[잭이 갚은 월요일 점심값]	7.00	
휴식 시간 커피		3.25
축의금 (디의 베이비 샤워)		10.00
사무실 자판기 탄산음료		1.25
사무실 자판기 초코바		0.75
휘발유 10갤런, 갤런당 3.5달러		35.00
편의점: 감자칩, 소스, 탄산음료		5.39
편의점: AA 건전지 8개 세트		7.59
[급여, 순 주급]	760.31	
(공제액은 명세서 참조)		

8월 25일 토요일		수입	지출
마트 쇼핑			121.55
	명세: 근사치		
엔진 오일	6.00		
축하 카드	3.50		
잡지	4.50		
가정용품	17.75		
세면용품	15.50		
와인	10.00		
식료품	64.30		
총계	121.55		
백화점 쇼핑			75.92
	명세: 근사치		
가정용품	12.00		
출근용 셔츠	27.00		
사탕	4.50		
사진 관련 용품	16.00		
공구	6.00		
자동차 액세서리	10.42		
총계	75.92		
점심, 샌드위치 가게			7.99
친구와 저녁, 차이나스타			23.94
저녁값 팁			4.50
친구와 콘서트			24.00

한 푼도 빠짐없이? 대체 왜?

잊지 말자. 이 단계의 목적은 당신의 삶에 들어오고 나가는 돈을 모조리 추적하는 것이다.

"대체 왜 그렇게까지 애써야 하나요?" 당신은 이렇게 질문할 것이다. 이제까지 우리는 대체로 일상의 소액 금전 거래에 다소 무신경했다. 사실, "푼돈 아끼려다 큰돈 잃는다"라는 옛말과는 반대로 푼돈을 아끼려는 생각조차 하지 않을 때가 많다. 75달러짜리 왼손잡이용 4색 장난감 신제품을 사도 좋을지 배우자와 곰곰이 생각하기도 하지만, 한 달 동안 우리 지갑에서는 그보다 훨씬 더 많은 돈이 사소하고 별것 아닌 물건 때문에 빠져나간다.

"그래도 진짜 한 푼도 빠트리지 말고 다 써야 하나요?" 당신은 또 되물을 것이다.

그렇다. 한 푼도 빠뜨리면 안 된다. 꼼꼼한 기록은 당신의 막연한 생각이 아니라 돈의 실제 흐름을 의식하기에 가장 좋은 방법이기 때문이다.

왜 조금 더 큰 단위로 반올림하거나 근삿값을 쓰면 안 될까? 가장 작은 단위까지 정확하게 기록해야 이 중요한 습관을 들여서 평생 실천하는 데 도움이 되기 때문이다. '오차'가 작다고 해도 대체 얼마나 작겠는가? '충분히 가까운 값'이라고 해도 대체 얼마나 가깝겠는가?

실제로는 많은 파이어족이 약간 더 큰 단위로 반올림하는 방식을 선택한다. 하지만 딱 거기까지다. 인간 본성이 그렇듯이 '아주 조금이라도' 요령을 부리면 그 작은 요령이 점점 커진다. 그러다 곧 '음, 전부 적을 필요는 없지. 주요 지출만 적으면 돼'라고 생각한다. 어느새 '흠, 한 달 동안 이렇게 했으니까, 이제는 천 단위로 반올림해야겠어' 같은 마음이 생긴다. (다이어트와 비슷하다. 화요일 아침에 아무것도 바르지 않은 토스트 대신 버터 바른 잉글리시 머핀을 먹어서 다이어트를 망치면, 규칙을 깨고 싶은 유혹이 훨씬 더 커지고 저녁에는 아이스크림 한 통과 파운드케이크 한 조각을 게걸스럽게 먹어 치운다.)

이 작업이 가치 있기를 바란다면 제대로 해야 한다. 최소 단위까지 기록하기 싫다면, 10센트나 1달러(엔이든 유로든 원이든 상관없다)로 시도해 보라. 이보다 더 큰 단위는 안 된다. 큰 단위로 반올림해서 기록하는 일은 대수롭지 않은 양 케이크 열 조각을 먹으면서 실제로는 커다란 지방 덩어리를 먹고 있다는 사실을 외면하는 것과 비슷하다.

이 책의 초판이 나온 이후로 신용카드는 소비문화에서 필수품이 되었다. 이제 신용카드를 만드는 일은 성인이 되는 통과 의례나 다름 없다. 신용카드는 여러모로 효율적이지만, 부주의하게 돈을 쓰게 된다. 지출 내역을 기록하기가 어렵다면, 한 달 동안 '신용카드 제로'를 실천해 보자. 은행에서 인출한 현금만으로 한 달을 지내며 지출 내역을 기록하는 것이다. 현금을 쓰면 소비를 더 예민하게 의식할 뿐만 아니라, 저축해야겠다는 의욕도 높아질 것이다. 성실한 저축왕도 이런 연습을 통해 소비 습관을 되돌아볼 수 있다.

돈은 삶의 에너지와 직접 상관관계가 있다. 그러니 그 귀중한 자산을 존중하고, 어떻게 쓰는지 의식해 보면 어떨까? 처음에는 완벽하게 기록하는 데 거부감이 조금 들 것이다. 하지만 어떤 감정이 들든 결국에는 이 단계를 받아들여야 한다. 돈 관리에서 너무나 중요한 작업이기 때문이다.

삶에 들어오고 나가는 돈을 한 푼도 빠짐없이 기록하라.

바람직한 태도

요령 피우지 마라. 망원경의 렌즈가 조금만 어긋나도 별을 볼 수 없다. 우리 삶도 마찬가지다. 조금만 허술해도 우리를 향해 반짝이는 빛을 가린다. 이 단계에서는 냉철하고 단호한 완벽주의자가 되어야 한다.

돈과 맺은 잘못된 관계를 말끔히 정리하려는 당신의 의지는 여기서 진정한 시험대에 오른다. FI 프로그램(과 인생)에서 성공하는 비결은 여유와 요령을 정확성, 정밀성, 완전무결을 추구하는 태도로 바꾸는 것이다. 정직하고 성실한 태도는 삶의 다른 면에서도 기적을 일으킬 수 있다. 사람들은 이 단계를 밟으면서 살을 빼고, 책상을 깔끔하게 유지하고, 망가진 관계를 회복했다. 진실한 태도가 최선이다.

함부로 재단하지 말고, 분별 있게 생각하라. 재단(나 자신과 다른 사람을 비난하는 일)은 상황을 선악으로 구분하는 일이다. 돈과 맺은 관계를 바꾸고 경제적 독립을 이루는 과정에서 재단과 비난은 도움이 되지 않는다는 사실을 당신도 깨달을 것이다. 반대로 분별력은 필요하다. 분별은 진실과 거짓을 구분하고, 알곡과 겨를 구별하는 일이다. 삶에서 들어오고 나가는 돈을 한 푼도 빠짐없이 적어나가다 보면 어떤 지출이 적절하고 만족스러운지, 어떤 지출이 불필요하고 분수에 맞지 않는지 분별할 수 있을 것이다.

분별력은 우리 모두에게 있는 더 높은 능력과 관련 있다. 진실을 알고, 더 큰 그림을 보고, 삶을 마감하기 전에 변화를 만들어내는 것이야말로 우리의 진실한 소망이라는 사실을 깨닫는 능력이다. 이 능력은 재정 프로그램을 진행할수록 점점 더 중요해질 것이다. 분별력을 바탕으로 지출을 조정하는 일이 재정 건전성의 핵심이다. 삶에 들어오고 나가는 돈을 전부 기록한다면, 당신에게 숨겨져 있던 능력이 당신 스스로 삶을 주도할 수 있게 도와줄 것이다.

머니 토크를 위한 질문

머니 토크를 나누면 자신의 본모습을 발견하고 깜짝 놀랄 것이다. 그 통찰력을 나만의 자산으로 만들 수 있다. 우리가 이 책에서 하는 말에 동의하는 것을 넘어 스스로 진실을 차차 알아가게 될 것이다.

- 돈이란 무엇일까?
- 돈과 맺은 관계를 다섯 단어 이내로 설명해 보자. 왜 그런 단어를 골랐나?
- 돈이 있을 때와 없을 때 중에서 언제 더 스트레스를 많이 받나?
- "돈이 더 많다면, 나는 …"이라는 문장을 완성해 보자. 구체적으로 말해야 한다.
- 자기 가치에 걸맞은 돈을 벌고 있나?
- 돈에 관한 어떤 믿음 때문에 당신은 스스로가 바라는 모습으로 살지도, 원하는 일을 하지도, 바라는 것을 가지지도 못하는가?

3

그 돈이 다 어디로 갔는지 파악하라

Your Money or Your Life

소비하고 남은 돈을 저축하지 말고,
저축하고 남은 돈을 소비하라.

Do not save what is left after spending,
but spend what is left after saving.

_워런 버핏 Warren Buffett

예산을 짜야 할까?

축하한다! 이제 현재 문제를 다룰 준비가 됐다. 당신의 삶에 돈이 얼마나 들어오고 나갔는지 아는 일은 경제 지능을 키우기 위한 커다란 발걸음이자 엄청난 업적이다. 하지만 FI 프로그램은 이제 시작일 뿐이다. 지금까지 당신이 얻은 통찰력이 아무리 생생하더라도, 앞으로 다가올 미래를 슬쩍 알려주는 맛보기에 지나지 않는다.

1단계와 2단계는 돈에 휘둘리지 않으려면 이처럼 강박적으로 계산해야 한다는 확실한 전문가(이 책의 저자와 FI 프로그램을 성공적으로 활용한 사람들)의 말만 들으면 실천할 수 있었다. 수입, 지출, 은행 잔고, 소유물 등 구체적인 항목에 이름을 붙이고 숫자를 쓰기만 하면 됐다. 하지만 3단계에서는 노력을 더 많이 기울여야 한다. 이제부터는 수집

한 정보를 평가할 것이다.

FI 프로그램의 접근 방식은 우리가 알고 있는 예산 개념과 반대된다.

물론 예산은 무분별한 지출을 막고 올바르게 행동하도록 이끄는 멋진 도구가 될 수 있다. 소득을 기반으로 예산을 짜면 매달 어떤 지출이든 감당할 수 있는 계획을 세울 수 있다. 그러면 월세를 내야 할 돈으로 예쁜 드레스를 사거나, 공과금으로 내야 할 돈을 한밤중 온라인 쇼핑에 낭비하지 않을 것이다. 하지만 예산 세우기는 계획 도구이고, FI 프로그램은 '나의 충분 지점을 인식'하는 도구다. 전체 예산에서 주거비는 25~35%, 식비는 20%, 의료비는 5~10%여야 한다는 통념에 따라서 예산을 짜는 대신, 당신 각자의 고유한 상황을 고려해야 한다. 물론 소득의 5%만 저축하고 사회 보장 연금을 받기를 기도해도 좋다. 이렇게 살면 정년이 될 때까지 오전 9시부터 오후 5시까지 일하는 평범한 삶을 살 수 있을 것이다.

당신은 저스틴과 비슷한 방식으로 생활할지도 모른다. 저스틴은 나이 든 여성의 집에서 방 한 칸을 공짜로 빌려 사는 대신 일주일에 10시간씩 집안일을 해준다. 예산 계획에는 이런 생활 방식이 들어갈 여지가 없다. 저스틴은 캠핑카를 사려고 돈을 모으고 있다. 그 돈은 예산 항목 어디에 넣어야 할까? 저스틴은 캠핑카를 사서 아무 대가 없이 주택 진입로를 하룻밤 주차 공간으로 내주는 사람들의 도움을 받아 미국을 여행할 계획인데, 이런 생활을 저렴한 휴가로 봐야 할까? 또 블로그에 글을 쓰면서 후원을 받을 생각이다. 그렇다면 그런

후원금을 수입 항목에 넣어야 할까? 저스틴이 채집하고 사냥하는 법을 배운다면 이건 식비로 쳐야 하나? 아니면 오락?

이런 예시가 보여주듯이, 모두가 변화무쌍하게 나아가는 삶을 스프레드시트의 일직선에 맞춰서 정리할 수 없다. FI 프로그램의 3단계는 개성과 창의성을 크게 제한하지 않고도 돈을 명확하게 인식할 자유를 선물한다.

이 프로그램을 따른다면 표준 범주와 비율을 적용해서 지출 계획을 세우는 대신, 당신이 실제로 삶의 에너지를 어떻게 쓰는지 관찰할 수 있다. 또한 돈과 어떤 고유한 관계를 맺었는지 확인해서 나만의 지출 패턴을 발견할 것이다. 장담하건대, 이렇게 자기 자신을 인식하면 임의로 세운 재정 목표가 아니라 행복한 삶에 초점을 맞춘 자신만의 기준이 생길 것이다.

다이어트와 마음챙김 식사mindful eating(음식과 식사 행위에 집중하며 몸의 신호를 인식하는 식습관-옮긴이)의 차이를 생각해 보라. '다이어트'를 할 때는 체중 감량이라는 결과를 얻고자 식단에 공식을 적용한다. 세상에는 각종 다이어트 방식이 어지럽게 널려 있고, 서로 완전히 모순될 때도 많다. 자기 모습에 만족하지 못한 사람들은 과체중에서 탈출하려고 이 다이어트 방식에서 저 다이어트 방식으로 옮겨 다닌다.

마음챙김 식사를 할 때는 속도를 늦추고 내가 무엇을 간절히 바라는지에 주의를 기울인다. 이런 자기 인식이 없다면 그저 피곤하거나 목이 마르거나 햇볕 아래서 산책하고 싶을 때조차 습관적으로 음식을 찾게 된다. 마음챙김 식사에서 중요한 것은 음식의 맛을 음미하는 일이다. 맛은 우리에게 좋은 음식인지 아닌지 몸이 감지하는 방법이다. 자주 식사를 멈춰서 충분히 먹었는지 확인하며, 충분하다면 식사를 끝낸다. 마음챙김 식사란 내면에 시선을 두는 식사, 정해진 기준이 아니라 내 몸의 행복에 맞추는 식사다.

밥 슈워츠Bob Schwartz는 《다이어트는 효과 없다!Diets Don't Work!》에서 정신없이 돌아가는 다이어트 쳇바퀴에서 벗어날 수 있는 규칙 네 가지를 알려준다.

1. 배고플 때 먹는다.
2. 정확히 몸이 원하는 것을 먹는다.
3. 한 입 한 입 의식하며 먹는다.
4. 몸이 충분하다고 하면 멈춘다.[1]

아주 간단하다. 의식하기만 하면 된다. 의식한다는 것은 내가 생각하고 느끼는 것을 안다는 뜻이다. 그러려면 함부로 재단하거나 평가하지 않고, 그저 호기심과 따뜻한 관심으로 무슨 일이 일어나고 있는지 관찰하는 내면의 목격자를 키워야 한다. 그리고 지루할 때, 부엌에 혼자 있을 때, 일하고 있을 때, 일을 잘해서 보상받고 싶을 때, 우울할 때, 질투심에 빠질 때, 크게 화날 때 먹는 옛 습관이 튀어나오려고 하면 죄책감을 느끼는 대신, 배고픔과 만족감과 동기를 관찰하며 나 자신을 다시 의식하면 된다. 간단하지만, 늘 쉽지만은 않다. 잘못 사용한 탓에 위축되어 있을 정신적 근육을 발견하고 단련해야 한다. '배고픔'이 무엇이고 '배부름'이 무엇인지, 끝없이 박탈감을 느끼며 갈망하는 것이 아니라 진심으로 원하는 것이 무엇인지, 입에 무언가 집어넣을 때 정말로 무엇을 먹고 있는지 파악해야 한다. 여기서 안내하는 재정 프로그램은 마음챙김 식사와 같은 방향을 알려 준다.

1. 외부의 질책이나 습관적 욕구가 아니라 내면의 신호를 확인하고 따른다.
2. 단기적인 소비가 아니라 장기적인 지출 패턴을 관찰하고 조정한다.

FI 프로그램은 표준 항목과 각 항목마다 소득에 따른 표준 지출 비율을 할당해 놓은 예산을 따르는 것이 아니다. 매달 초에 이번에는 더 잘하겠다고 다짐할 필요도 없다. 죄책감을 느낄 필요도 없다. 간절히 원하는 것이 아니라 필요한 것, 실제로 만족감을 주는 물건이나 구매 유형, 내가 생각하는 '충분함'의 의미, 내가 돈을 쓰는 대상을 스스로 파악하는 일이 핵심이다. 이 프로그램은 외부에서 세운 기준이 아니라 당신 각자의 현실에 기반한다. 그러므로 성공 여부는 당신의 정직함과 진실함에 달려 있다.

이것이야말로 이 프로그램이 재정 건전성을 위한 수십, 수백 가지 다른 방식과 다른 점이다. FI 프로그램은 예산 계획이나 절약이 아니라 의식, 성취감, 선택에 바탕을 둔다.

3단계는 인식 근육을 단련하는 단계다. 건강이 나쁘다면 통증을 느끼겠지만, 많이 고통스럽지 않을 것이다. 어쩌면 이번 단계를 재미있게 즐길지도 모른다.

부끄러워하지도 말고, 비난하지도 말자

이 주문을 기억하라. 부끄러워하지도 말고, 비난하지도 말자. 지금 당신이 마주하는 대상은 살면서 내린 선택에 관한 진실일 뿐이다. 부끄러워하지도 말고, 비난하지도 말자. 국세청 세무 조사를 받는 대신 스스로 이 작업을 할 수 있으니 얼마나 다행인가. 이 세상을 떠날 무렵이 아니라 지금 당장 이 작업을 하고 있으니 얼마나 다행인가. 부끄러워하지도 말고, 비난하지도 말자. 이불 속에 숨고 싶을 때, 골칫거리를 잊을 때까지 흥청망청 돈을 쓰고 싶을 때, 이 프로그램이 효과 없는 것 같아서 포기하고 싶을 때 이 만트라를 꼭 기억하라. 부끄러워하지도 말고, 비난하지도 말자.

애니타는 쇼핑 중독이었다. 운전대를 잡을 때마다 쇼핑몰에 들러서 할인하는 물건을 구경하고 싶은 충동이 들었다. 애니타는 쇼핑하고 소비하면서 자존감을 채웠다. 하지만 수년 동안 중독에 빠진 결과는 남김없이 옷장에 그대로 놓여 있었다. 바로 그때 애니타가 달라졌다면 좋았겠지만, 그러지 못했다. 애니타는 입지 않는 옷을 선물한다는 명분으로 과도한 소비를 정당화했다. 한 번도 입지 않은 옷을 잘 어울리는 친구나 친척에게 주자, 기분이 좋아졌다. 어느 날, 애니타는 가장 좋아하는 백화점에 가서 여러 색깔로 나온 스웨터 신상품을 살펴봤다. 그런데 문득 정신이 번쩍 들었다. "내 인생은 이게 전부일까? 평생 이러고 살게 될까? 내가 뭘 하고 있는 거지? 이미 충분히 많은데!" 그러고는 빈손으로 백화점을 나섰다. 이후로 애니타는 쇼핑하고 싶은 마음이 사라졌다는 사실을 알아차렸다.

만약 애니타가 일반적인 예산 및 지출 계획 전략을 사용했다면, 쇼핑 습관이 충동적이라는 사실을 알아차리지 못했을 것이다. 근본적 문제는 죄다 부정하며 '사교적 목적의 쇼핑객'으로 남았을 것이다. 하지만 자기 자신을 탓하지 않으면서도 꾸준히 쇼핑 습관을 의식한 결과, 이미 충분히 가지고 있다는 사실을 깊이 깨달았다. 자, 이제 다들 맥락을 잘 파악했을 테니, 3단계인 월간 가계부 작성으로 넘어가자.

3단계: 나만의 가계부 만들기

한 달 동안 수입과 지출을 기록하고 나면(2단계), 일상에서 돈이 어떻게 흐르는지 한 푼 한 푼 구체적이고 꼼꼼하게 파악할 것이다. 이 단계에서는 당신만의 고유한 생활 방식을 반영해서 지출 항목을 설정한다(식비, 주거비, 의류비, 교통비, 의료비 등 지나치게 단순한 예산 항목을 그대로 적용하지 말자).

기본 항목을 선택해도 좋지만, 주요 항목 내에서 중요한 하위 내용을 여러 가지로 구분한다면 지출 내역을 훨씬 더 정확하게 파악할 수 있다. 나만의 독특한 지출 항목을 찾아내는 일이야말로 이 단계에서 맛보는 재미이자 맞닥뜨리는 도전이다. 하위 항목은 당신만의 특색 있는 지출 습관을 담은 백과사전과 같다. 당신의 생활 방식을 가장 정확하게 설명할 테고, 당신의 유별난 특성과 사소한 실수를 모두 아우를 것이다.

당신의 삶을 세밀하게 묘사하는 작업이 3단계의 진정한 목표다. 당신의 인생에 관한 근거 없는 이야기는 잊어라. 당신 자신에게나 다른 사람에게 들려주는 이야기도 잊어라. 이력서와 소속 단체 목록도 잊어라. 3단계를 마치면 당신의 진짜 인생, 시간의 흐름에 따른 수입과 지출을 분명하고 확실하게 바라볼 수 있다. 이렇게 삶을 비춰보고, 돈 버는 데 쏟아부은 시간으로 정확히 무엇을 얻었는지 확인할 것이다.

지출 항목 설정하기

항목을 설정할 때 너무 까다롭게 따질 필요는 없지만, 솔직하고 정확하게 정해야 한다.

식비

당신도 남들과 크게 다르지 않다면 식비라는 광범위한 항목이 있을 것이다. 그런데 한 달 식비를 잘 살펴보면, 식비 지출에도 여러 유형이 보일 것이다. 이런 유형은 식비 지출 항목을 추적하는 데 유용하다. 우선 가족과 함께 집에서 먹을 때와 친구나 친척을 저녁 식사에 초대해서 먹을 때로 나눌 수 있다. 그러므로 식비를 '가족끼리'와 '손님 초대' 두 항목으로 나누자. 하지만 너무 집착해서는 안 된다. 식사하는 손님 주위를 맴돌며 얼마나 많이 먹는지, 무엇을 먹는지 작은 공책에 기록했다가는 "삼촌, 한 접시 더 드실래요?"라는 말이 전혀 다른 의미로 들릴 것이다. 정확한 식비 총액에서 손님 초대로 나간 비용을 추정하는 것만으로도 충분하다. 예를 들어서 평소 당신과 배우자 두 명분만 장을 보다가 손님 네 명을 초대했다면, 식비의 약 3분의 2는 손님 초대에 썼다고 계산하면 된다. 총액은 가장 작은 단위까지 정확해야 하지만, 그 안에서 분류한 하위 항목 금액은 추정치로 써도 괜찮다.

출근해서 먹는 점심부터 저녁 외식까지 포함하는 외식 항목도 있다. 특별한 일이 없어도 외식비가 심각할 정도로 많이 나간다면, '요리하기 너무 피곤한 날'과 '특별한 날' 같은 하위 항목을 만들 수 있다. 출근했다가 퇴근해서 돌아오기까지 12시간이나 밖에서 보낼 만큼 바쁜데 깔끔한 주방과 8시간 수면을 원한다면 외식이 유일한 선택지처럼 보일 것이다. 간식 비용이 얼마나 드는지도 확인해 보라. 일하다 쉬는 시간에 마시는 커피로 한 달에 얼마나 돈을 쓸까? 텔레비전 간식 항목은 어떨까? 텔레비전을 볼 때 손에서 떼지 못하는 (혹은 입에서 떼지 못하는) 감자칩과 팝콘, 사탕, 탄산음료 비용을 계산해 보

자. 내가 정말로 좋아하는 음식이 무엇인지, 빈털터리가 되지 않고도 유기농 식품을 먹을 수 있는지 궁금하다면, 건강한 음식 항목과 정크 푸드 항목으로 세분화해도 좋다.

가계부의 식비 항목에 총액만 적는 대신 실제 행동을 반영하는 하위 항목을 만든다면, 지출 패턴이 낱낱이 드러날 것이다. 재무 전문가와 상담하면서 처지를 더 정확하게 털어놓으려고 이렇게 꼼꼼하게 하위 항목을 만드는 것이 아니다. 당신이 넌더리 나서 두 손을 번쩍 들고 "대체 돈이 다 어디로 간 거야? 사는 것도 별로 없는데!"라고 외칠 때, 단호하고 차분한 말투로 "회사 건물 1층에 있는 편의점으로 다 갔지"라고 대답하기 위해서다.

주거비

주거비 항목에는 주택 담보 대출(이나 월세), 각종 공과금, 대출금 공제(해당하는 경우라면) 등의 하위 항목을 만들 수 있다. 남는 방을 관광객에게 빌려주고 받는 수입이 있다면 추가 항목을 만들어서 기록하면 된다.

교외에 주택 한 채, 해변에 별장 한 채, 도시에 작은 아파트 하나 등 집을 여러 채 소유한 사람도 있을 것이다. 각 집에 해당하는 수입과 지출 항목을 유형별로 분류해 보면, 필요할 때마다 임차하는 편이 나을지 그냥 주택 여러 채를 보유하는 편이 나을지 판단하는 데 도움이 될 수 있다.

50년 전만 해도 가계 예산을 짤 때는 주거비에 소득의 25%를 할당하는 것이 기본 원칙이었다. 하지만 몇 년 사이에 주거비는 천정부지로 치솟았다. 요새 주거비에 드는 비용을 전부 합산하면 소득의 40% 이상이 들어간다는 사실을 깨달을 것이다. 이 극명한 숫자를 보고 자극받은 사람들은 주거비를 절약할 영리한 방법을 찾으며, 때로는 주거비를 0%까지 줄이기도 한다.

IT 기술직에 종사하는 덕분에 어디에서든 경제활동을 할 수 있는 어느 부부는 여름에는 북반구의 활기차고 물가 비싼 도시에서 지내고, 겨울에는 남반구의 외딴 해변에서 거의 공짜로 생활하며 주거비를 거의 절반으로 줄였다. 어느 독신 여성은 여름이면 관광지의 전망 좋은 집을 세놓고 나가는 대신 친구 땅에 주차한 캠핑카에서 지내며 주택 담보 대출금을 갚았다. 어느 은퇴한 노부인은 과거 경험을 통해 자가 소유가 시간과 돈을 얼마나 많이 잡아먹는지 잘 알았다. 세심한 집안 관리로 명성을 얻은 노부인은 요즘 잘나가는 가사 도우미로 일하며, 지역에서 가장 고급스러운 집을 여러 채 소유하고도 수입을 올리고 있다.

최근에는 다른 지역으로도 출장 가는 가사 도우미를 찾는 웹사이트까지 생겼다. 이제는 왜 기존의 가계부 항목이 더는 통하지 않는지 다들 잘 이해할 것이다.

의류비

단순히 의류비라는 항목 하나만으로는 자신만의 독특한 지출 패턴을 제대로 파악하지 못할 가능성이 크다. 실용성과 패션(두 번 연속 같은 옷으로 출근하고 싶지 않거나, 사교 모임에서 우아한 옷차림으로 돋보이려는 욕심 등)을 구분해서 항목을 따로 만들어야 할 수도 있다. 다시 말해, 구체적으로 구분해야 한다. 일상에서 입는 옷, 출근에 적합한 옷, 여가 활동에 필요한 기능성 의류 등 나의 지출 패턴에 맞는 항목을 설정하자.

어느 의사는 수입의 20%나 되는 돈이 어디로 자꾸 사라지는지 추적하려고 이 단계를 실천하다가 자기가 신발 구매에 미쳐 있다는 사실을 알게 되었다. 집에는 골프화, 테니스화, 러닝화, 보트 슈즈, 워킹화, 하이킹화, 등산화는 물론이고 크로스컨트리 스키 부츠, 다운힐 스키 부츠, 애프터 스키 부츠까지 있었다. 신발 항목을 만든 것만으로도 온데간데없이 사라진 수입의 행방을 어느 정도 확인할 수 있었다. 집에서 편하게 신는 슬립온 외에는 거의 신지 않는다는 사실도 직시했다. 신발에 집착하는 사람은 이 의사뿐만이 아니다.

이 단계는 단순히 회계 작업이 아니라 자기 발견의 과정이다. 처음 시작할 때보다 재정 상태가 더 나아질 수 있다고 약속하는 유일한 자기 발견 과정일지도 모른다. 기분 전환을 위한 옷, 상사나 데이트 상대에게 좋은 인상을 주기 위한 옷, 사람들과 어울리기 위한 옷 등 상황이 아니라 감정을 반영하는 항목을 만들어도 좋다. 옷이 사람을 만든다는 말이 있다. 당신이 어떤 옷을 사는지, 옷과 관련된 야망을 위해 어떤 비용을 치르고 있는지 파악해 보라.

교통비

　교통비에서 하위 항목을 적절하게 구분하면 해마다 수백 달러를 절약할 통찰력을 얻을 수 있다. 자동차가 있다면, 대중교통을 이용하는 대신 차를 산 이유를 되돌아볼 좋은 기회다. 편리해서, 사회적 지위 때문에, 주변 사람들의 수준에 맞추려고, 해방감이 드니까? 카풀이나 단기 렌터카, 다양한 승차 공유 서비스 앱으로 대신할 수는 없을까? 꽤 많은 도시에서는 차량 공유 앱으로 차를 빌릴 수 있다.

　전체 교통비 중에서 불편한 장소 때문에 발생하는 비용은 몇 퍼센트나 될까? 보행 편의성을 생각하는 사람은 별로 없다. 그래서 대중교통 서비스나 자전거 도로가 없는 동네에서 집을 사거나 빌린다. 캔자스주의 농부라면 트럭 없이 살 수 없겠지만, 교외에서 나와 직장이나 학교, 쇼핑가에서 몇 블록 떨어진 곳으로 이사한다면 교통비가 전혀 들지 않을 수도 있다.

　자동차 보험료도 다시 살펴보라. 보험에서 꼭 필요한 부분은 얼마일까? 습관이나 관행 때문에, 보험 설계사의 겁주기 전술에 넘어가서 내는 돈은 얼마일까? 이왕 자동차 보험을 확인하는 김에 집이든 골동품이든 과다하게 가입한 보험 상품이 있다면 함께 살펴보자. 차가 한 대 더 있다면 어느 항목에 넣어야 할까? 이동 수단일까, 취미일까, 과시용일까? 차가 없는 경우도 잘 생각해 보라. 대중교통이나 다른 교통수단을 이용할 수 있는데 비싼 택시 요금에 돈을 너무 많이 쓰고 있지는 않을까?

통신비

현대 사회에서 최신 정보를 얻고 끊임없이 소통하는 일은 매우 중요하다. 지난 10년 동안 데이터 접속 및 전송 비용은 계속 늘어났다. 휴대 전화, 인터넷, 케이블 텔레비전, 태블릿, 스마트워치는 고가 소비 품목으로 빠르게 자리 잡았다. 단순히 통신비라는 항목만 사용한다면 수많은 절약 방법을 놓칠 것이다.

유선 전화 유지비가 얼마인지 알고서는 서비스를 해지하는 사람이 많다. 2년 약정을 요구하지 않는 통신사로 바꾸거나 온라인 벼룩시장에서 휴대 전화를 사는 사람도 있다. 유선 전화, 휴대 전화, 기타 디지털 기기 같은 하위 항목을 따로 만들어서 소비 패턴을 더 분명하게 파악해 보라. 업무에 필요한 통신 기기와 여가나 개인 발전에 필요한 통신 기기를 따로 생각해 봐도 좋다.

유흥비

옛날에는 영화관에 가는 일이 유일하게 오락을 즐기는 방법이었다. 이제는 휴대 전화와 태블릿, 컴퓨터 등으로 홈 엔터테인먼트 시스템에 접속해서 영화를 본다. 유흥비에 스트리밍 서비스 항목을 만들면 (더 구체적으로는 여러 구독 서비스 항목을 따로 만들면) 몰랐던 사실을 깨달을 수 있다. 그런 서비스가 모두 필요할까? 음악 스트리밍 서비스가 있어야 할까? 홈 엔터테인먼트 시스템도 생각해 보라. 기기를 신제품으로 바꾸고, 새 기계를 놓을 가구를 새로 바꾸고, 거실을 다시 칠하고…, 이렇게 반복해서 소비해야 할까?

혹시 당신은 클럽을 좋아하는가? 어른들뿐만 아니라 아이들에게도 파티를 열어주려고 전문가를 고용하는가? 자녀를 위해 구매하는 서비스와 기기 중 어떤 부분이 유흥이나 오락에 해당할까? 아니면 돌봄 비용 항목에 둬야 할까? 자녀 놀이 비용 항목을 따로 만들면 어떨까? 야외 활동처럼 옛날 방식의 즐거움을 알려주는 것도 비용을 줄이는 데 도움이 될 것이다.

나만의 지출 항목 다듬기

그래도 이처럼 무자비한 솔직함은 견딜 만하다. '딱 걸렸을 때'가 아니라 나만 아는 기록을 살펴보면서 사소한 잘못과 무분별한 행동을 마주할 수 있기 때문이다. 별생각 없이 가계부를 확인하다가 나의 잘못과 약점을 마주하더라도 솔직한 태도를 버려서는 안 된다. 현실을 직시할 더 나은 방법이 있을까? 이 작업은 예산이라는 처벌이 아니라 자기 수용이라는 자유로 이어진다는 사실을 기억한다면, 멈추지 않고 나아갈 수 있다. 슬롯머신을 하거나 복권을 사는 데 쓴 돈은 어떤 항목에 넣어야 할지 고민해 보라. 술을 어떤 항목에 넣을지 고민하다가 시련을 마주할 수도 있다. 식비에 넣어야 할까, 유흥비에 넣어야 할까?

업무 관련 지출과 기타 비용을 구분하는 일도 중요하다. 예를 들어서 교통비 항목에는 통근 비용과 기타 (환급받을 수 없는) 업무 관련 교통비를 따로 만들어야 한다. 출퇴근할 때나 여가를 즐길 때나 같은 차를 사용한다면, 주행거리에 따라 비용을 따로 계산해서 각각 다른 항목에 기록해야 한다. 마찬가지로 업무용 휴대 전화가 따로 없다면, 업무 관련 통화와 개인적 통화의 비율을 확인하고 비용을 따로 기록하자.

의료비 항목에도 다양한 하위 항목이 있다. 질병, 건강 관리(비타민 같은 각종 영양제, 헬스클럽 회원권, 건강 검진처럼 활력을 유지하며 살아가기 위해 구매하는 상품과 서비스), 건강 보험, 처방 약, 일반 의약품 등. 이러한 과정을 통해 사람들이 돈과 맺은 관계뿐만 아니라 그 이상을 바꿀 수 있었던 이유를 이제 이해할 것이다.

연간 보험료, 새 냉장고 구입, 개인 퇴직금 계좌에 넣은 돈, 주택 대출금 일시 상환처럼 '일반적이지 않은' 대규모 지출을 어느 항목으로 처리할지 결정할 때는 더욱 세밀하게 구분해야 할 것이다. 이런 문제에 '정답'은 없다. 우리는 매달 발생하는 뜻밖의 지출에 관해 똑같은 변명을 1년 동안 듣고 나서야("이번 달은 X, Y, Z 같은 걸 해야 해서 평소와 좀 달랐어.") 어느 달이나 특이한 달이나 예상치 못한 지출은 삶에서 사라지지 않는 일부라는 사실을 깨달았다.

시간이 지나면서 항목 구분이 더욱 완벽해질 것이다. 이 작업은 쉽고 재미있어야 한다. 정직함과 창의력이 모두 필요하고, 상상력을 자극하며, 도덕성을 시험한다. 이 모든 일이 동시에 벌어진다.

매달 이렇게 가계부를 쓰면 항목 분류가 더욱 정교해질 뿐만 아니라 각 항목의 지출 규모가 예측할 수 있는 범위 안에 자리 잡는 것을 확인할 수 있다. 그러면서 지출 패턴을 명확하게 파악할 것이다. 아울러 성장하고 변화하고 배우는 과정에서 깊이 만족스럽고 유동적인 나만의 내적 청사진을 얻을 것이다. 평범한 금전 출납부 정리로는 불가능한 일이다.

삶으로 들어오는 돈 전부를 기록해야 한다는 사실도 기억하라. 소득에 관한 하위 항목도 정해야 한다. 급여, 팁, 이자, 배당금 등으로 구분하는 것이 중요하다. 주요 수입과 부업도 구분해야 한다. 길에서 주운 10센트 동전, 자판기에서 주운 25센트 동전, 도박으로 딴 돈은 어떤 항목에 넣어야 할까? 개인 사업자라면 장부에 고객별 항목이 따로 있을 가능성이 크다. 개 산책, 잡역, 개인 교습, 대체 교사 업무, 관광객에게 남는 방 임대 등 여러 가지 일을 하며 돈을 번다면 각 일자리를 하위 항목으로 만들어야 한다.

이 프로그램을 실천하다 보면 잡동사니 팔기나 온라인 중고 거래, 벼룩시장, 골동품 판매 같은 하위 항목이 생길 수도 있다. 투자 소득 같은 항목도 새로 만들 것이다(나중에 자세히 설명하겠다). 책 집필 계약금이나 친척이 남긴 7만 달러처럼 이례적인 수입이 생기는 달도 있을 것이다. 이런 수입 항목은 지출 항목만큼 정보를 많이 알려주지는 않는다. 각 수입원을 분석해서 정신이 번쩍 들게 할 도구는 이미 당신 손에 있다. 바로 실제 시급이다.

월별 수입과 지출 내역을 살펴보고 소비 패턴을 정확하게 반영하는 가계부 항목을 만들었다면, 나에게 잘 맞는 항목별 기록 방법을 고안해 보라. 도표 3-1에 나오는 예시를 참고하면 된다. 빈 줄이 보일 것이다. 여기에 채울 내용은 나중에 설명할 테니 우선은 그냥 빈 줄을 만들어두자.

총계 내기

주의할 점이 하나 있다. 수입과 지출 기록을 도와주는 유용한 컴퓨터 프로그램과 앱도 많지만, 이 단계에서 핵심은 지출 항목을 분류하는 작업이다. 아무리 좋은 소프트웨어라도 골프를 어떻게 분류해야 하는지 정하지 못한다. 골프를 유흥이나 오락 항목에 넣어야 할까? 골프를 치면서 비즈니스 관련 이야기를 나누기 때문에 업무 관련 비용으로 쳐야 할까? 알맞은 프로그램이 없으니 할 수 없다고 생각하면 안 된다. 수많은 사람이 자동 계산 수식도 짜고 색깔로 셀을 구분하면서 직접 스프레드시트를 즐겁게 만든다. 지갑 속 메모지에 암호 같은 코드를 적어두는 사람도 있다. 월별 은행 명세서 차트와 그래프를 재무 일지의 시작점으로 삼는 사람도 있다. 일부 온라인 플랫폼에 은행 계좌와 신용 카드 계좌를 연결해서 한 번에 요약 정보를 볼 수도 있지만, 직접 시간을 들여서 거래 내역을 필터링해 봐야 한다. 이런 도구는 아주 유용하지만, 자기에게 맞는 시스템을 찾는 일이 가장 중요하다. 조 도밍게스와 나는 종이와 연필을 사용하고 손으로 계산하는 구식 방식을 썼다. 이 방식은 계산기가 없던 시절에도 효과적이었다.

손을 쓰든, 기계를 쓰든, 간단한 절차를 소개하겠다. 먼저 월말이 되면, 일일 지출 및 수입 기록 각 항목의 내역을 더해서 월별 가계부의 해당 칸으로 옮겨 적는다. 먼저 수입을 합산해서 당월 수입 총액을 구한다. 각 줄의 지출액을 더해서 해당 지출 하위 항목의 총액을 계산한다. 마지막으로 모든 지출 항목의 액수를 더한다. 이 합계가 당월 지출 총액이다.

도표 3-1 월별 가계부 형식 예시

월: ＿＿＿＿＿＿＿ 실제 시급: ＿＿＿＿＿＿＿

지출	총액	삶의 에너지		
식비				
집밥				
외식				
간식				
주거비				
대출 원금/월세				
이자				
호텔				
공과금				
전기 요금				
휴대 전화				
수도 요금				
의류				
일상복				
출근용				
특별한 용도				
건강				
처방 약				
일반 의약품				
병원				
오락				
TV/인터넷/게임				
온라인 스트리밍				
취미				
술				

지출	총액	삶의 에너지		
교통				
주유비				
유지비				
대중교통				
통행료/주차비				
기타				
수입				
급여				
보너스/팁				
이자 소득				
융자				

(A) 당월 지출 총액 _______________________

(B) 당월 수입 총액 _______________________

(B-A) 당월 잔액 _______________________

월말 결산

그다음에는 지갑과 돼지 저금통에 있는 현금을 세어보고, 당좌 예금과 저축 예금 계좌의 잔액을 확인해 보라. 이 정도면 정보가 충분히 모였으니 이제는 지난 한 달 동안 삶에 돈이 얼마나 많이 드나들었는지 확인할 수 있다. 정확하게 기록했다면(돈을 잃어버리거나 하지 않았다면) 월말에 실제로 수중에 있는 돈(현금과 계좌 잔액)은 월초에 있던 돈에 그달의 수입 총액을 더하고 지출 총액을 뺀 액수와 같다. 기록이 정확하지 않거나 실제로 돈을 잃어버렸다면, 영문을 알 수 없는 현금

도표 3-2 월말 결산 예시

1단계					
등식:					
월초의 잔액 + 당월 수입 - 당월 지출 = 월말의 잔액					
월초의 잔액 :		수중의 현금		103.13	
	+	당좌 예금 잔액	+	383.60	
	+	저축 예금 잔액	+	1,444.61	
				1,931.34	
+ 수입 :	+	당월 수입 총액			
		(월별 가계부에서)	+	2,622.23	
				4,553.57	
- 지출 :	-	당월 지출 총액			
		(월별 가계부에서)	-	1,996.86	
= 월말의 잔액 :	=	월말에		2,556.71	(A)
		있어야 하는 잔액			
2단계					
월말의 실제 잔액 :		수중의 현금		173.24	
	+	당좌 예금 잔액	+	597.36	
	+	저축 예금 잔액	+	1,784.69	
	=	월말에 실제로 있는		2,555.29	(B)
3단계					
월별 오차:		있어야 하는 잔액 (A)		2,556.71	(A)
	-	실제로 있는 잔액 (B)	-	2,555.29	(B)
	=	잃어버렸거나 잘못 기록한 금액		1.42	
4단계					
잔액:		당월 수입 총액		2,622.23	
	-	당월 지출 총액	-	1,996.86	
	±	월별 오차	-	1.42	
	=	이번 달에 남은 잔액		623.95	

이 더 생겼거나 사라졌을 것이다. 당월 수입 총액에서 지출 총액을 뺀 금액은 (여기에 월별 오차를 더하거나 뺀다) 이번 달에 모은 액수다. 월별 오차가 꾸준히 0이라면 2단계(한 푼도 빠짐없이 기록하기)를 완벽하게 해냈다는 뜻이다. 축하한다! 당신은 작은 기적을 이뤘다.

도표 3-2에 있는 월말 잔액 정리의 예시를 참고해 보라. 당신 각자의 상황에 맞는 시스템을 만들면 재미있을 뿐만 아니라 힘도 솟아난다.

지출액의 실제 가치 계산하기

이제 이 프로그램에서 마법의 열쇠가 등장할 차례다. 당신 앞에 아무리 정확하고 균형 잡힌 정보가 놓여 있더라도, 아직 당신에게는 돈과 맺은 관계를 바꿀 힘이 없다. 그 정보는 한 달 동안 종잇조각과 금속 조각의 흐름을 추적하는 데 성공한 결과일 뿐이다. 한 달간 돈의 흐름을 추적하고 계산하며 감정적 반응을 보였을지도 모르지만, 가징거스 핀을 사러 가게에 들어가는 순간 그 반응을 잊을 것이다. 예를 들어 당신이 매달 잡지를 사는 데 80달러를 쓴다고 치자. 이 지출은 당신 삶의 경험과 직접적인 관련이 없다. 하지만 삶의 에너지를 내주고 돈을 얻는다는 사실을 기억한다면 이제 그 80달러를 실질적인 것, 다시 말해 삶의 에너지로 바꿀 수 있다. 아래의 공식을 적용해 보라.

$$\frac{\text{잡지에 쓴 돈}}{\text{실제 시급}} = \text{삶의 에너지}$$

2장에서 나는 이론상 25달러 시급이 실제로는 10달러일 수도 있다고 설명했다. 물론 당신의 실제 시급은 다르겠지만, 여기에서도 계속 시급 10달러라고 가정하고 계산해 보겠다. 잡지를 사는 습관의 경우, 80달러를 실제 시급 10달러로 나누면 잡지를 사고 즐거움을 얻는 데 삶의 에너지 8시간을 소비했다는 사실을 알 수 있다.

$$\frac{80달러}{10달러} = 삶의\ 에너지\ 8시간$$

이제 침대 옆 탁자에 쌓아놓은 멋진 (아직 읽지 않은) 잡지 더미를 되돌릴 수 없는 8시간과 비교해 보라. 8시간은 하루 근무 시간이다! 잡지는 당신의 에너지를 세 차례나 소모한다. 잡지를 살 돈을 버느라 한 차례, 잡지를 읽으려고 밤늦도록 깨어 있느라 또 한 차례, 다음 호가 도착할 때까지 다 읽지 못해서 죄책감에 시달리며 마지막으로 한 차례 더(잡지를 보관하거나 폐기할 때 에너지가 또 든다는 사실은 말할 것도 없다). 잡지에 들인 8시간을 더 잘 활용할 수는 없었을까? 금요일에 월차를 냈더라면 어땠을까? 아직도 가족과 함께할 시간이 없다는 말이 진실로 느껴지는가? 이 8시간이 당신의 미루기 습관에는 어떤 영향을 줄까? 당신은 늘 잠이 모자란다고 이야기했을 것이다. 그런데 당신에게 분명히 잠잘 시간이 있었다는 사실을 방금 깨닫지 않았는가? 그 잡지는 사려고 들인 시간만큼 가치가 있었을까? 당신에게 8시간 동안 즐거움이나 유익한 정보뿐만 아니라 그 이상을 선물했을까? 아직은 이런 질문에 대답할 필요가 없다. 당장은 지출한 돈을 시간으로 바꾸면 당신이 생활 방식을 유지하느라 삶의 에너지를 무엇과 맞바꾸고 있는지 훤히 드러난다는 사실만 기억하라. 나머지는 '돈의 가르침 4'에서 더 자세히 설명하겠다.

다른 예시도 살펴보자. 월세나 주택 담보 대출금을 생각해 보라. 주택이나 아파트에 사는 특권을 누리고자 달마다 1500달러를 낸다고 가정해 보자. 실제 시급이 10달러이므로 1500달러를 10달러로 나눈다. 그러니까 지금 집에서 생활하려면 매달 150시간이 필요하다. 이것이 당신의 현실이다. 보통 주당 40시간 일한다면, 일하는 데 투자한 시간을 거의 전부 주거비가 잡아먹는다. 하루에 두세 시간 정도 즐길 수 있는 집을 사거나 빌리는 데 근무 시간을 모조리 쏟아야 한다. 물론, 대출 이자 공제 같은 혜택이나 부모님 집에 저렴하게 세 들어 사는 식으로 삶의 에너지 몇 시간을 절약할 수 있다. 하지만 '이 도시는 집값이 비싸니까' 같은 변명을 대고 너무 쉽게 상황을 모면해서는 안 된다. 현실을 냉혹하게 깨달을 수 있어서 감사하게 생각해야 한다.

냉정한 현실 인식은 당신의 최종 결산에 놀라운 효과를 가져다줄 것이다. 부끄러워하지도 말고, 비난하지도 말자. 하지만 듣기 좋은 말로 자기를 속이지도 말고, 징징거리며 우는 소리도 하지 말아야 한다.

월별 가계부에서 각 하위 항목의 지출액 합계를 구하고, 이 액수를 삶의 에너지 소비 시간으로 바꿔보라. 이제 도표 3-1에서 볼 수 있듯이 월별 가계부 표에서 '삶의 에너지(총 시간)' 열을 채울 수 있다.

백문이 불여일견

몇몇 파이어족이 이 작업을 어떻게 활용했는지 실제 사례를 살펴보자.

도표 3-3은 로즈메리가 지출 항목을 직접 설정해서 만든 월별 가계부다. 1월 표에서 로즈메리의 독특한 개성이 보이지 않는가? 로즈메리는 아름다움을 중시하는 게 분명하다. 아름다움과 관련된 항목이 두 가지나 있다(화장품과 미용). 몸매 관리에도 신경 쓰고 건강 유지에도 돈을 아끼지 않는 것 같다. 약값이나 병원비처럼 질병 관련 항목이 아니라, 건강 관리 제품과 서비스 같은 웰빙 항목이 눈에 띈다. 기부금을 기타 항목으로 처리하지 않고 따로 기부 항목을 만든 것을 보면 기부 활동도 활발하다는 사실을 짐작할 수 있다. 자기 계발 항목은 일반적인 가계부에서는 찾아볼 수 없는 항목이다. 이는 엄격한 예산 계획이 아니라 자기 인식의 결과다.

이렇게 월별 가계부 형식을 만드는 과정에서 로즈메리는 자신의 우선순위에 관한 값진 정보를 얻었고, 중요한 일에 삶의 에너지를 얼마나 많이 쏟고 있는지 확인할 실질적 방법을 찾았다. 매달 이 표에 숫자를 채우는 의식은 신나는 게임과 같다. 각 항목은 어떤 결과를 거뒀을까? 지난달 대비 상승일까, 하락일까? 같은 항목의 작년 평균과 비교하면 어떨까? 지출이 늘어나는 추세일까, 줄어드는 추세일까?

매디와 톰은 메인주 시골에 산다. 톰은 트럭 운전사고, 매디는 회계사다. 서로 둘도 없는 친구이며, 수입과 지출을 합산해서 즐겁게

월: 1월   실제 시급: 12.14

지출	총액	삶의 에너지	수입	
월세	560.00	46.1	급여	2,085.00
천연가스			마일리지 환급	37.00
전기	21.70	1.8	기타	23.25
기타 공과금				
휴대 전화	5.72	0.5		
가정용품	29.39	2.4		
식료품	85.25	7.0		
간식	3.44	0.3		
외식	6.03	0.5		
술	6.57	0.5		
주유비	37.88	3.1		
자동차 수리/유지				
자동차 보험/등록	248.47	20.5		
주차	2.00	0.2		
버스/페리				
건강 보험	55.89	4.6		
건강 관리 제품				
건강 관리 서비스	7.75	0.6		
위생용품				
화장품	13.18	1.1		
필요한 옷	10.74	0.9		
불필요한 옷	25.45	2.1		
오락				
미용				
선물/카드	18.60	1.5		
구독	25.11	2.1		
자기 계발				
우편	3.15	0.3		
사무용품				
복사				
기부				

은행 수수료				
기타	0.62	0.1		
대출 상환금	78.00	6.4		
합계	1,244.94		합계	2,145.25

현실을 인식하고 소통한다. 실제 시급을 계산할 때도 두 사람의 수입과 지출 액수를 모두 더해서 시간당 10.23달러라는 수치 하나만 도출했다. 도표 3-4에서 볼 수 있듯이, 매디의 조정 근무 시간은 77.5시간, 톰은 67.5시간으로 두 사람의 총 근무 시간은 145시간이다. 매디의 총수입은 1080.31달러, 톰은 402.50달러로 모두 1482.81달러다. 총수입을 총 근무 시간으로 나누어서 시급을 10.23달러로 계산했다. 다시 말해 60분에 10.23달러이므로, 1달러를 버는 데 삶의 에너지를 6분 정도 쓰는 셈이다.

매디와 톰은 수입과 지출을 합쳐서 계산하는 편이 더 효과적이라고 여긴다. 반대로 서로의 수입과 지출을 분리해야 각자의 고유한 생활 방식을 정확하게 반영할 수 있다고 생각하는 부부도 있다.

메리와 던은 열정을 쏟는 분야(음악)도 직업(컴퓨터 프로그래밍)도 같다. 당신은 이 두 사람의 수입과 지출을 합쳐서 기록하는 것이 당연하다고 생각할 것이다. 두 사람은 겉보기에 잘 어울리는 한 쌍이지만, 성격과 스타일은 극과 극으로 달랐다. 던은 합리적이고 보수적이며 신중한 편이었다. 메리는 감정적이고 실험적이며 부주의한 편이었다. 둘은 가징거스 핀이 달랐다. 쇼핑 습관도 달랐다. 음악을 제외하면 취미도 달랐다. 월간 가계부를 함께 작성해 봤지만, 둘 중 누구

도표 3-4 매디와 톰의 실제 시급 계산

삶의 에너지 vs. 소득		시간/주	달러/주	달러/시간
매디의 기본 근무 시간, 세후 급여 (조정 이전)		50.0	1,207.50	24.15
매디의 조정 사항		시간 추가	비용 차감	
통근		3.0	11.27	
직장에서 식사		5.0	24.15	
출근 준비		0.5	3.22	
오락/외식		7.0	48.30	
휴가		12.0	40.25	
매디의 총 조정 사항		+27.5	-127.19	
조정 이후 근무 시간, 시급	매디	77.5	1,080.31	
	톰	67.5	402.50	
	합계	145.0	1,482.81	10.23

도 그다지 유용한 정보를 얻지 못했다. 게다가 FI 프로그램을 시작한 지 얼마 지나지 않아서 메리가 컴퓨터 프로그래밍 일을 그만두고 집에서 전업으로 피아노를 가르치기 시작했다. 메리의 근무 시간과 급여가 불규칙해지면서 예전만큼 가계에 보탬이 되지 못하자, 집안일을 더 맡기로 했다.

이처럼 금전적이지 않은 조정 사항은 월별 가계부에 뚜렷하게 드러나지 않았다. 두 사람이 재정 프로그램을 효과적으로 실천하려고 애쓸수록 긴장감이 커졌다. 결국 다정한 결혼 생활을 유지하면서 프로그램을 꾸준히 실천하고자 수입과 지출을 따로 관리하기로 정했다. 던은 현명한 처사라고 생각했다. 메리는 위험하다고 여겼지만, 부딪쳐 보기로 했다. 놀랍게도 메리는 자기 계좌를 따로 만들면서 커다

도표 3-5 일레인의 대차 대조표

8월			
자산	월초	월말	변화
저축 계좌	609.03	609.08	0.05
머니 마켓 계좌	5,949.26	2,477.53	-3,471.73
채권	104,650.00	112,700.00	8,050.00
당좌 예금 계좌	700.40	2,159.99	1,459.59
수중의 현금	151.73	111.80	-39.93
추적한 수입	6,878.56	순자산 변화	= 5,997.98
추적한 지출	-865.18	추적한 변화	6,013.38
추적한 변화	6,013.38	오차	= -15.40

앞에서 소개한 일레인은 컴퓨터 프로그래머답게 논리적 사고방식을 대차 대조표에 적용했다. 월별 가계부 항목은 로즈메리와 비슷하므로 여기서 다시 살펴보지 않아도 되지만, 대차 대조표가 정확하고 세련되어서 배울 점이 많다(도표 3-5 참고). 일레인이 직접 만든 양식 덕분에 월말 결산 과정이 쉽고 정확해졌다. 일레인의 자산에는 저축 계좌와 머니 마켓 계좌의 잔액, 채권이 있다. 모두 이자가 발생하는데, 일레인은 이 돈을 당좌 예금 계좌 잔액과 분리해서 관리한다. 8월에는 순자산이 약 6000달러 늘었고, 15.4달러 오차가 생겼다.

여기서 알려주는 사례는 당신이 따라야 할 기준이 아니라 각자에게 맞는 월별 가계부 항목과 형식을 찾도록 영감을 주는 예시일 뿐이다. 이 작업은 예산 계획이나 지출 계획이 아니라는 사실을 꼭 기억하자. 당신의 팔각형 못을 사회의 둥근 구멍에 맞추려고 하지 말자. 직접 월별 가계부 형식을 만드는 작업은 자기 발견의 과정이다. '올바른 방법'을 배우는 것이 아니라 나만의 방법을 만들어야 한다. 직접 해보는 것 외에 올바른 방식이란 없다.

3단계는 프로그램의 나머지 단계를 실천하는 데 매우 중요하다. 그러므로 실제 돈의 흐름을 추적하지 않고 추측만 하면서 FI 프로그램을 실천하는 중이라고 자랑스럽게 말한다면 커다란 오판이다. 이 단계에서는 통찰력과 자율권을 얻을 수 있으므로 제대로 실천하는 데 투자하는 1분 1초가 아깝지 않을 것이다.

머니 토크를 위한 질문

혼자보다는 두 명, 세 명, 네 명, 그 이상이 모일 때가 더 낫다. 다른 사람들이 이 프로그램을 어떻게 실천하는지 때때로 확인하는 것만으로도 도움이 된다. 실제로 단계를 밟다 보면 흥미로운 질문이 많이 떠오를 것이다.

- ◆ 어떻게 꾸준히 돈을 의식하려고 하는가?
- ◆ 어떤 보험을 들었는가? 이유는 무엇인가?
- ◆ 친구나 친척, 혹은 전문가에게 돈에 관해 가장 묻고 싶은 질문은?
- ◆ 돈을 쓸 때 어떤 기분인가?
- ◆ 팁이나, 십일조, 헌금을 내면서 가장 좋았던 경험은 무엇인가?
- ◆ 최우선 순위인 일은 무엇이며, 그 일을 위해 어떻게 돈을 쓰는가? 혹은 왜 그 일을 위해서 돈을 쓰지 못하는가?

4

얼마가 있으면
행복한지 생각하라

Your Money
or
Your Life

저축은 당신의 미래를 통제할 수 있게 해주는 가장 강력한 도구다.

Saving money is a powerful tool for controlling your future.

_모건 하우절Morgan Housel

행복을 추구해야 하는 이유

당신은 무엇 때문에 살아 숨 쉬는가? 주어진 이 삶을 어떻게 살아 갈 것인가? 17단어 이하 재담의 대가 애슐리 브릴리언트Ashleigh Brilliant 가 그린 만화에서 어느 외톨이 소년은 이렇게 말한다. "행복해지는 법을 모르겠어. 학교에서 안 가르쳐 줬거든."

행복 추구는 미국 독립 선언서에서 명시한 우리의 타고난 권리이 지만, 학교에서는 행복을 찾고 행복해지는 능력을 거의 알려주지 않 는다. 그렇다면 이제는 무엇이 우리를 행복으로, 혹은 충족감으로 가 득 채우는지 스스로 알아봐야 한다. 충족감은 돈과 맺은 관계를 바꿀 나침반이자 방향타다.

목표를 달성할 때든, 진정한 만족감에 푹 빠질 때든 충족감을 느끼는다는 것은 "아, 정말 잘한 일(맛있는 식사, 돈값 하는 물건 등)이었어"라고 말할 만큼 깊은 보람과 행복을 경험하는 일이다. 우리는 열망이나 기대를 품으며, 소망이 이루어졌다는 사실을 깨달으면 기쁨을 표현하고 만끽한다. 그런 충족감을 발견하려면, 내가 무엇을 찾고 있는지 알아야 한다. 음식이나 다른 일시적인 쾌락과 관련해서는 충족감이 무엇인지 비교적 알기 쉽다. 하지만 더 넓은 의미에서 충족감을 느끼고 충만하게 살아가려면 목적의식, 다시 말해 좋은 삶의 모습을 그리는 꿈이 필요하다.

많은 사람들에게 성장한다는 것은 꿈과 멀어지거나 가혹한 주변 환경으로 꿈이 작아지는 과정을 의미한다. 빚이라는 거대한 방해물 때문에 꿈이 무너진 사람도 많다. 교육이나 주택 구매, 결혼이라는 꿈을 위해 진 빚은 미래의 꿈으로 나아가는 문 앞마다 서서 팔짱을 낀 채 "갚아! 안 그러면 못 지나가!"라고 외친다. 어른이 되면 당연히 빚을 지기 마련이라고 생각하며, 제대로 이해하지도 못하는 결과를 족쇄처럼 차고 살아가는 사람도 있다. 빚 수금 대행인이나 청구서, 불운, 잘못된 선택, 불안감 때문에 꿈을 전능한 달러의 제단에 바쳤다면, 꿈을 되찾아야 한다. 꿈은 이 여정의 연료이기 때문이다.

멋진 책을 쓰겠다는 꿈을 품었지만, 지금은 돈을 버느라 마케팅 광고문을 쓰고 있는가? 그 책은 어디에도 가지 않았다. 지금은 의료 기관에서 15분짜리 진료를 연달아 하고 있을지라도 의료 봉사에 대한 꿈은 여전히 마음속에 남아 있다. 꿈을 되찾으려면 급진적 변화가 필요할지도 모르지만, 꿈은 사라지지 않았다.

랭스턴 휴스Langston Hughes가 유명한 시 〈할렘Harlem〉에서 말했듯이, 우리 삶을 '미뤄진 꿈'으로 만들 수는 없다. 이제는 꿈을 소리쳐 말할 때다. 비록 아직은 밥벌이를 해야 하고 빚을 갚아야 하지만. 다시 꿈을 꾼다고 해서 재정 책임에서 벗어난다는 의미가 아니다. 꿈을 되살려서 삶의 여정을 위한 활력을 얻는다는 의미다.

지금 어디에 있든, 잠시 시간을 내서 꿈을 되돌아보라. 어른이 되어 네모난 구멍에 둥근 못을 박아 넣으라는 말을 듣기 전에는 무엇을 바랐는지 기억하는가? 다음 질문을 살펴보며 기억을 되살리고 생각을 자극해 보라.

- 어릴 적 무엇이 되고 싶었는가?
- 항상 하고 싶었지만, 아직 하지 못한 일은 무엇인가?
- 인생에서 정말로 자랑스러운 일은 무엇인가?
- 1년 안에 죽는다는 사실을 알게 됐다면, 남은 시간을 어떻게 보내고 싶은가?
- 어디에서 가장 커다란 만족감을 얻는가? 그 일이나 대상은 돈과 어떤 관련이 있는가?
- 일하지 않아도 생계가 해결된다면 시간을 어떻게 쓰고 싶은가?

이런 질문은 강력한 힘을 발휘한다. 예전에 이런 질문을 살펴본 사람도 있겠지만, 그때는 현실과 열망 사이에 놓을 다리가 없었을 것이다. FI 프로그램이 바로 그런 다리다. 너무 커서 이루지 못할 꿈은 없다. 시간을 쏟고, 일기를 쓰고, 깊이 파고들어라. 답할 말이 다 떨어져서 다음 질문으로 넘어가기 전에 같은 질문을 계속 던져보라. 친구들과 이야기를 나누면서 함께 파고들어 보라. 답변을 자주 재확인하면서 무엇이 달라졌는지 알아보자.

그랜트 사바티어는 대학을 졸업하고 몇 년 후, 부리토 하나를 살 돈조차 없다는 사실을 깨닫고 정신이 번쩍 들었다. 여전히 부모님 집에 얹혀살던 사바티어는 실패한 밀레니엄 세대의 전형이었다. 그때 서른까지 100만 달러를 벌겠다고 마음먹었다. 그는 저축을 '자기 자신에게 먼저 돈을 주는 일'이라고 일컫는다. 쥐꼬리만 한 은행 잔고를 사진으로 찍어서 남기고 5년 안에 100만 달러를 보유하겠다는 목표를 세운 후, 곧장 독학에 돌입했다.

이제 블로거로 성공한 사바티어는 디지털 전략가로서 부업, 주식 투자, 생활 방식 변화, 일일 저축 목표 등을 포함해 부유해지기 위한 여섯 단계 실천법을 제시한다.

그는 목표를 달성해서 총자산이 100만 달러를 넘어섰을 때 다시 은행 잔고를 찍었다. 그러면서 그 숫자가 의욕을 심어주기는 했지만, 자기 꿈은 100만 달러보다 훨씬 더 크다는 사실을 깨달았다. 시카고 대학교에서 철학을 전공한 그는 인생이란 중요한 질문을 끊임없이 던지는 것임을 잘 알았다. 공감이란 무엇일까? 충족감은? 행복은? 사바티어는 경제적 독립이 이런 근본적 질문을 생각하고 글을 쓰고 이야기할 기회, 내가 진정 원하는 삶의 방향으로 나아갈 기회로 여긴다.

에이미와 짐은 소박한 꿈을 품었다. 두 사람은 시골의 큰 농가에서 가정을 꾸리고 싶었다. 결혼할 무렵 둘은 20년 넘게 평범한 직장인으로 살고 있었지만(짐은 해군이었고 에이미는 그래픽 아티스트였다), 저축한 돈은 고작 1500달러뿐이었다. 두 사람은 그때까지 겪었던 치열한 약육강식 생활보다 가족과 공동체가 더 소중하다는 것을 깨달았고, 해군 급여만으로 아이들을 키우고 꿈을 이루기로 마음먹었다.

부부는 꿈을 이루기 위해 검소한 부모님에게서 배운 절약 습관을 활용하고, 돈을 아끼는 새로운 전략을 수없이 고안했다. 박탈감은 느끼지 않았다. 자신의 창의력에 도전하며 성장했고, 공동의 목표 아래서 관계가 더욱 깊어졌다. 7년 동안 자녀 네 명을 낳고, 메인주 시골 농가를 살 계약금을 마련하고, 빚을 전부 갚고, 새 차와 가구, 가전제품을 살 만큼 돈을 모았다. 그로부터 2년 후, 에이미는 그래픽 기술을 활용해서 근검절약 아이디어를 공유하는 자리를 만들겠다고 나섰다. 1990년 6월, 적은 돈으로도 즐겁게 살기 위한 실용적 조언을 가득 담은 여덟 쪽짜리 소식지《타이트워드 가제트The Tightwad Gazette》창간호가 세상에 나왔다. 다시 1년이 지나고 에이미와 짐은 쌍둥이를 낳았다. 그러면서도 여전히 수입에 맞춰 생활할 수 있었다. 두 사람의 이야기는 시골에 집을 마련하고 가족을 부양하는 것 같은 평범한 꿈이 정말로 손 닿을 곳에 있다는 사실을 증명한다.

웨스는 자연에 온 마음을 다 바친다. 자연 속에 있는 일에도, 자연을 보전하는 일에도 열정을 쏟는다. 웨스는 FI 프로그램을 통해 늘 하고 싶었던 일, 바로 인류가 자연을 이해하고 존중하는 데 돕는 일이다. 아울러 삶의 가능한 많은 부분을 이 꿈에 맞춰서 살아간다. 그의 직업은 대기질을 측정하는 화학자다. 걸어서 출퇴근할 수 있는 곳으로 이사해서 대기를 그다지 오염시키지도 않는다. 휴가철에는 훼손되지 않은 자연에서 카약을 타고, 주말에는 다른 사람들이 자연을 존중하며 안전하게 경험하도록 카약 타기를 가르친다. '가처분' 소득으로 저축도 하고 주요 자연 보호 단체에 기부도 한다. 웨스에게는 자연이 삶의 나침반이며, 자연이 가리키는 방향으로 삶을 나아가고자 한다.

캐시와 랭던 부부는 진부한 말로 들린다는 사실을 잘 알지만, 그래도 세상을 더 나은 곳으로 만들고 싶다고 꿈꿨다. 의사인 랭던은 이주 노동자 진료소의 의료 책임자로 일했다. 교사였던 캐시는 여러 비영리단체의 프로그램에 적극적으로 참여하면서도 가족을 부양했다. 두 사람은 삶을 사랑했지만, 자식을 독립시키고 자유를 만끽할 수 있기를 바랐다. FI 프로그램 덕분에 둘은 직장에서도, 부모 노릇에서도 벗어날 수 있었다. 소도시로 이사하며 땅을 사들였고, 이곳을 모든 수준에서 지속 가능성을 실천하는 생태 마을의 중심지로 가꿨다. 처음에는 둘만의 마을이었지만, 점차 다른 사람들도 합류해서 저마다 작고 독특한 집을 짓고 풍요로운 공동체 생활을 함께 꾸렸다. 외향적이고 활기찬 랭던은 어느새 시장이 되었고, 캐시는 미술 작업에 몰두하게 되었다.

당신을 애타게 부르는 꿈은 무엇인가? FI 프로그램의 4단계는 당신의 가치관과 포부, 목표, 행복에 맞춰서 수입과 지출을 조정하고 꿈을 실현할 기회다. 이 단계를 거치면 죽음의 문턱이 삶의 터전으로 바뀔 것이다.

4단계: 삶을 바꿀 질문 세 가지

이 단계에서는 앞서 설정한 지출 항목으로 나간 돈에 관해 세 가지 질문을 던져서 당신의 지출을 평가한다.

1. 소비한 삶의 에너지만큼 충족감과 만족감, 가치를 느꼈는가?
2. 이 삶의 에너지 소비는 내 가치관과 삶의 목적에 부합하는가?
3. 돈을 벌기 위해 일할 필요가 없다면, 이 소비는 어떻게 달라질까?

각 질문은 당신의 꿈을 이루는 측면을 하나씩 짚어준다. 첫 번째 질문은 당신이 꿈꾸는 삶을 살 때 느끼는 행복감을 소비가 가져다주는지 묻는다. 두 번째 질문은 그 소비가 꿈을 향해 나아가는 데 도움이 되는지 묻는다. 세 번째 질문은 생활비를 더는 벌 필요가 없다면 그 소비가 어떻게 달라질지 상상해 보라고 요구한다.

이 단계를 밟으려면 월별 가계부로 돌아가야 한다(도표 3-1 참고). 각 지출 항목 옆에 비워놓았던 줄 세 개가 보일 것이다. 각 줄에 위에서 말한 질문 세 가지에 대한 답을 적어보라. 이미 지출을 삶의 에너지 시간 단위로 환산하는 작업을 끝마쳤으니, 이제는 소중한 자원을 쓰는 방식을 검토할 차례다. 월별 가계부의 지출 항목마다 적용하는 질문 세 가지는 당신의 소비 방식을 평가하는 데 도움이 될 것이다.

첫 번째 질문:
소비한 삶의 에너지만큼 충족감과 만족감, 가치를 느꼈는가?

이 질문은 소비를 평가하는 기준이 되어준다. 1번 질문을 염두에 두고 지출 하위 항목 각각을 살펴보라. 해당 항목을 위해 삶의 에너지를 소비하면서 커다란 충족감을 느꼈고, 심지어 앞으로 지출액을 늘리고 싶다면 '+'(혹은 '↑')를 표시하라. 충족감을 거의 또는 전혀 느끼지 못했다면 '-'(또는 '↓')를 표시하면 된다. 그냥 이대로가 그럭저럭 괜찮은 것 같다면 '0'이라고 쓰자.

이 간단한 작업을 끝내면, 당신의 소비가 너무나 무의식적이고 심지어 중독적이어서 삶의 에너지는 소비하는 쪽으로 흐르고 충족감은 반대 방향에 놓여 있다는 사실을 깨달을 것이다. 당신의 '쇼핑 약점', 즉 가징거스 핀을 발견할 수도 있다. 처음에는 가징거스 핀 쇼핑 습관을 옹호하며 화를 낼지도 모른다. "나는 신발이 많은 게 좋다고. 신발마다 목적이 다 있어. 어쨌든 내 돈으로 샀잖아." "책이 좋아서 매일 퇴근길에 서점에 들르는 건데 뭐 어때? 안 읽으면 어때? 언젠가는 꼭 읽을 거야." "퀼트가 좋단 말이야. 지금 당장은 뭘 만들지 않더라도 천을 모아둘 수 있잖아? 그래, 지난 10년간 퀼트를 한 번도 안 하기는 했어…. 그래도 천은 아무리 많아도 부족하다니까." "이거 하나 사는 게 뭐 어때서?"

이렇게 우리는 가징거스 핀 쇼핑 습관을 자꾸 변명한다. 하지만 당신의 가징거스 핀을 빼앗으려 드는 사람은 아무도 없다. 사실, 당신의 변명에 귀를 기울이는 사람도 없다. 이 작업에서 필요한 솔직함은 고독 속에서 가장 쉽게 드러난다. 시간이 지나고 가징거스 핀을 또 사는 데 삶의 에너지를 얼마나 많이 썼는지 생각하다 보면 그 물건은 1등이 거머쥐는 보물이 아니라 꼴찌에게 장난으로 주는 상품처럼 느껴질 것이다.

반대로 충족감을 한껏 주는 분야에서 너무 인색하게 굴었다는 사실을 발견할지도 모른다. 가장 커다란 만족감을 느낀 항목을 찾고, 만족감에 비해 돈을 적게 쓴 항목에 '+'나 '↑'를 표시해 보자.

이 평가 작업의 핵심은 객관적인 태도다. 지출이 왜 그렇게 많거나 적었는지 스스로 합리화하지도 말고, 어쩌다 돈을 이렇게 많이 썼는지 애태우며 자책하지도 말자. 부끄러워하지도 말고, 비난하지도 말자는 만트라를 기억하라. 이 단계에서 소비 습관의 차이를 놓고 객관적인 시선으로 차분하게 대화하는 부부도 있다.

마사와 테드는 이 단계에서 방어적이거나 적대적으로 굴지 않고 서로의 소비 패턴을 부드럽게 평가할 수 있다는 사실을 알아차렸다. 마사는 남편의 소비를 하나씩 비난하는 대신, 남편이 소비한 삶의 에너지만큼 성취감과 만족감, 가치를 진정으로 느끼는지 차분하게 물었다. 두 사람은 훨씬 더 너그러운 마음으로 서로의 가징거스 핀을 바라보고, 심지어는 의견을 말할 수 있었다. 말다툼 없이 돈 문제에 관해 대화하는 경험은 더없이 값졌고, 실제로 결혼 생활에도 도움이 되었다.

값싼 스릴과 깊은 만족감

소박한 삶을 귀하게 여긴 할아버지는 어린 손자에게도 똑같은 가치관을 심어주려고 애썼다. 어느 날, 손자가 무언가 깨달았다며 신이 나서 떠들었다.

"할아버지, 행복이 뭔지 알겠어요."

할아버지는 보물 같은 이야기가 나오리라고 확신하며 물었다.

"그래, 행복이 뭐니?"

"뭔가를 사고 나서 느끼는 기분이에요."

값싼 스릴은 뭔가를 살 때 느끼는 그 소소한 감정이다. 핀볼 기계에서 당첨을 알리는 경쾌한 소리와 같다. 하지만 이때 느낀 행복은 금세 사라지고 만다. 계산대에서 주차된 자동차까지 가는 동안 그 감정은 절반으로 줄어든다.

더 깊은 만족감은 자아의 열망보다 더 큰 꿈을 이뤘을 때 찾아온다.

"이것이 인생의 진정한 기쁨이다." 조지 버나드 쇼는 《인간과 초인》의 서문에서 이렇게 밝혔다. "스스로 원대하다고 여기는 목적에 쓰이는 것, 쓰레기 더미에 버려지기 전에 완전히 닳아버리는 것, 세상이 나를 행복하게 해주지 않는다고 불평하는 성마르고 이기적이고 하찮은 질병 덩어리가 아니라 자연의 힘이 되는 것.”[1]

값싼 스릴은 외부 보상에서 비롯한다. 깊은 만족감은 “스스로 원대하다고 여기는 목적에 쓰이는 것”에서 나온다. 값싼 스릴은 덧없이 지나가지만 깊은 만족감은 오래 이어진다. 충족감을 측정하는 내면의 잣대는 깊은 만족감이다.

충족감을 판단할 내면의 잣대 개발하기

이 내적 기준을 개발할 때 가장 중요한 도구는 나의 인식이다. 첫 번째 질문을 고민하다 보면, 충족감을 헤아릴 내적 기준을 개발하고 그 과정에서 해로운 소비 습관을 고칠 수 있다.

우리는 충족감을 판단할 때 대체로 외부의 잣대를 이용한다. 애슐리 브릴리언트가 말했듯이 실은 학교에서 그런 잣대를 가르쳤다. 우리가 충족감을 측정하는 기준은 다음과 같다.

- 다른 사람들 만족시키기
- A 학점 받기
- 아직도 내 마음속에 박혀 있는, 초등학생 때 나를 괴롭혔던 아이에게 내 가치 증명하기
- 어떤 분야에서든 상위 10위에 들어가기
- 경쟁 상대 이기기
- 이기든 지든 떠나서 어쨌든 트로피 받기
- 연애에서든 매출 기록에서든 높은 점수 받기

이런 것은 충족감을 판단하는 외부 척도다. 우리는 지금 잘하고 있는지 확인하려고 나 자신이 아니라 다른 곳을 살펴본다. 부모나 배우자의 눈빛, 득표수 목록 같은 것들 말이다.

하지만 외적 보상에서 얻은 감정은 진정한 충족감이 아니다. 일시적인 승리에서 얻은 한순간의 에너지와 꿈을 이루고 얻은 지속적인 만족감은 서로 다르다. 장담하건대 시험에서 A를 받거나 경쟁 상대를 이기는 일이 꿈이라고 생각한다면, 평생 외적 보상을 쫓아다닐 것이다.

충분—가장 깊은 만족감

우리를 둘러싼 풍요를 아메리칸드림이라고 부르는 데에는 다 이유가 있다. 우리는 이제까지 잠들어 있었으며 막 잠에서 깨어나 방금 꾼 꿈에 의문을 느낀다. 매달 각 지출 항목에 쏟은 삶의 에너지만큼 정말로 충족감을 느꼈는지 자문해 보면, 어느 정도가 충분한지 자연스럽게 알게 된다.

그러다가 덧없는 환상과 진정한 만족감을 구분하는 데 이른다. 앞에서 보여준 충족 곡선을 떠올려보라. 욕망이 완전히 충족되어서 사라지는 지점이 바로 충분 지점이다. 이 지점에 미치지 못하면 충분하지 않다. 이 지점을 넘어가면 정도에 지나친다. 만족스러운 식사란 맛과 향, 식감이 모두 완벽하게 어우러져서 과식의 불편함 없이 식욕을 충족하는 식사다. 만족스러운 차란 완벽한 이동 수단이 되어주고, 보기에도 좋고, 수천 킬로미터를 달려도 소유하는 기쁨이 여전하고,

지갑에도 가치관에도 부담을 주지 않고, 잘 관리하면 믿음직스러운데다 운전하는 즐거움까지 선사하는 차다. (물론, 연비가 끔찍하게 나쁘더라도 커다란 테일 핀이 달린 1957년식 클래식 컨버터블을 모는 것이 평생의 꿈이라면 이를 이루기 위해 쏟아야 할 모든 시간은 충분히 가치 있을 것이다.) 이제 당신 내면의 잣대는 피상적 욕망, 즉 다른 사람들에게 멋져 보이고 싶거나 지루함을 떨치고 싶은 욕망 등이 새 차를 뽑기 위해 삶을 죽이는 직장 생활에 3년 더 매달릴 이유가 못 된다고 말해준다.

내가 내면의 잣대를 살피는지, 아니면 외부의 잣대를 신경 쓰는지 확인하는 방법이 하나 있다. 상품과 서비스의 구매나 경험이 만족스럽고 편안한지 확인하면 된다. 정말 깊이 만족스럽다면, 방금 소비한 그 대상을 더는 갈망하지 않는다.

재정 건전성

충분함을 판단할 내적 기준은 사실 재정 건전성의 일부다. 이 기준을 확립하면, 광고나 기업의 이익 판단에 휘둘리지 않고 재정 선택을 내리는 법을 배운다. 행복하지 않은 일에 삶의 에너지를 낭비하도록 조종당하는 굴욕감에서도 벗어난다. '돈의 가르침 7'에서 이야기를 들어볼 니나는 각 소비의 만족 여부를 평가하기 전까지 지갑 속 돈을 통제하지 못해서 무력감을 느꼈다고 했다. "가게에 들어가자마자 지갑에서 돈이 쏜살같이 빠져나가곤 했어요. 실제로 그랬다는 건 아니지만 정말 그런 느낌이었죠. 막을 방도가 없었어요."

무의식적 소비를 그냥 거부할 수 있는 것도 경제적 독립의 한 형태다. 때로는 직감으로, 때로는 신중하고 의식적인 판단으로 만족감을 헤아려보고 달마다 '↑'와 '↓', '0'을 표시해 두면, 충분한 지점에서 멈추는 재정 '근육'을 키울 수 있다. 가끔 예전 습관이 스멀스멀 다시 기어 나오면 자기 자신에게 화가 나서 그만두고 싶어질 것이다. 그럴 때는 '부끄러워하지도 말고, 비난하지도 말자'는 말을 되새기면 도움이 된다.

두 번째 질문:
이 삶의 에너지 소비는 내 가치관과 삶의 목적에 부합하는가?

이 질문이 시사하는 바는 아주 크다. 내가 열심히 떠들고 다니는 생활 방식을 실천하고 있는지 구체적으로 살펴볼 방법을 제시한다. 첫 번째 질문과 마찬가지로, 각 지출 항목에 "이 삶의 에너지 소비는 내 가치관과 삶의 목적에 부합하는가?"라고 질문해 보라. 확실히 그렇다고 대답할 수 있다면 첫 번째 대답 옆 칸에 '+'나 '↑'를 표시하라. 아니라고 대답한다면 '-'나 '↓'를 표시하자. 그럭저럭 괜찮다면 '0'을 쓰면 된다.

에이미와 짐 같은 사람은 명확한 가치관과 강한 목적의식을 품고 근검절약 생활 방식을 실천했다. 웨스나 캐시와 랭던 부부도 마찬가지였다. 두 번째 질문에 답하며 재정 선택을 평가하는 일은 경제생활을 꿈에 맞추는 데 도움이 되었다. 한편, 풍족하게 살면서도 제대로

된 이상이 없어서 괴로워하는 사람도 많다. 많은 사람이 엄청난 재산을 물려받고도 길을 잃어 혼란스러워한다. 경제적으로는 화려해 보이지만, 갈 곳이 없다. 아메리칸드림을 이룬 평범한 사람들도 지금보다 더 나은 삶은 없을지 궁금해한다.

당신은 어떤가? 당신은 가치관과 삶의 목적이 뚜렷한가? 아니면 초점이 흐려져 있고, 맞지 않는 생활 방식의 무게에 짓눌려 있는가?

가치관이란 무엇일까?

가치관은 나에게 중요한 원칙과 자질이다. 예를 들어서 진실은 원칙이고, 정직은 진실하게 살아가는 자질이다. 가치관에 따라 살면 마음이 평온하다. 그렇지 않으면 양심이 흔들린다. 게다가 무슨 일이 벌어지는지 인지하지 못할 때는 우리를 이끄는 내면의 자이로스코프가 망가진다. 가치관은 옳고 그름에 대한 감각으로 이루어진 윤리적 DNA와 같아서 우리의 선택을 구성한다. 그래서 가치관은 신념을 반영한다. 진정한 동기는 행동에 반영되므로, 각자의 가치관은 행동으로 드러난다. 우리는 아이들에게 음식과 집, 옷을 줄 때도 좋은 부모가 되겠다는 가치관, 자연스러운 사랑을 표현하겠다는 가치관에 따라서 선택한다. 휴일에 공원을 산책하든, 직장으로 출근하든 선택은 가치관에 달려 있다. "하지만 사무실에 가야만 했다고!" 당신은 아마 이렇게 대꾸할 것이다. "가치관에 따라서 결정한 게 아니라, 순전히 필요 때문에 내린 결정이라니까!" 생각해 보자. 당신은 급여를 가치 있게 여기기 때문에 휴일에도 출근하겠다고 결정한 것이다. 아니면 가족에 대한 책임감을 가치 있게 여기기 때문에, 또는 상사의 인사 평가를 가치 있게 여기기 때문이다. 행동은 우리의 가치관을 구체적으로 보여준다. 우리가 시간과 돈을 쓰는 방식은 우리가 누구인지, 무엇을 옹호하는지 분명히 알려준다.

이 책은 우리가 가치관을 드러내는 주요한 사회적 방식, 즉 삶에서 돈을 다루는 방식을 파헤친다. 월별 가계부를 살펴보라. 외식에 쓴 250달러('돈의 가르침 2'에서 예시로 설정한 진짜 시급 10달러를 적용하면 삶의 에너지 25시간)는 나의 가치관에 관해 무엇을 알려줄까? 내가 편리함을 중시한다는 뜻일 수도 있고, 맛있는 음식을 좋아한다는 뜻일 수도 있고, 친구들과 모이는 시간을 즐긴다는 뜻일 수도 있다. 자선 단체 기부금에 해당하는 12시간은 어떤 의미일까? 휴대 전화 요금에 해당하는 15시간은?

편안하게 받아들일 수 있는 지출도 있을 것이고, 의문이 드는 지출도 있을 것이다. 외식에 삶의 에너지 25시간을 쏟는 일은 괜찮아 보일 수 있다. 그런데 곰곰이 생각해 보니, 이번 달에 아이에게 8시간밖에 쓰지 않았다는 사실을 알아챘다면? 예술에서 삶의 즐거움을 얻는다면서 외식에 쓴 시간이 콘서트나 박물관에 쓴 시간보다 훨씬 많다는 사실을 발견했다면? 소비로 표현하는 가치를 삶에서 진정으로 바라는 사람은 별로 없다. 일부 지출 항목의 총액을 보면 습관이나 동료 집단의 사회적 압력, 심지어는 지루함에 짓눌렸다는 사실을 알 수 있다.

이 장의 앞머리에 나온 질문으로 돌아가 보자. 일하지 않아도 생계가 해결된다면 시간을 어떻게 쓰고 싶은가? 인생에서 정말로 자랑스러운 일은 무엇인가? 1년 안에 죽는다는 사실을 알게 됐다면, 남은 시간을 어떻게 보내고 싶은가? 이 질문에 대한 대답은 당신이 무엇을 진정으로 소중하게 여기는지 분명하게 알려줄 것이다.

당신의 월별 가계부는 거울과 같다. 매달 "이 지출이 내 가치관에 부합하는가?"라고 질문할수록 점점 더 깊이 내면을 들여다볼 것이다. 이 질문을 던지고 답하기만 해도 크고 작은 변화를 만들며 재정 건전성에 한 걸음 더 다가갈 수 있다. 또한 재정 생활의 모든 측면이 진정한 가치관과 조화를 이룰 것이다.

새뮤얼은 아주 멋진 삶을 위한 인습적인 생활 방식을 그대로 따랐지만, 적절한 물건(집과 차, 직업 등)만 있으면 만족할 수 있다는 믿음을 심어준 시스템에 분노와 좌절감을 느꼈다. 필요한 것을 다 갖춰도 만족스럽지 않았다. 월별 가계부를 썼더니, 문제가 명확하게 보였다. 새뮤얼은 세상의 문제를 해결하는 데 보탬이 되는 것이야말로 가장 큰 소망이라는 사실을 깨달았다. 그는 수입 감소의 위험을 무릅쓰고 학교 이사 자리를 떠나서 개인 상담 회사를 세웠다. 동료와 협력해서 사람들이 자기 가치와 자존감, 공동체에 대한 책임감을 되찾게 돕는 교육 프로그램과 세미나를 열었다. 이제 새뮤얼의 내면은 외면과 일치하게 되었고 마침내 그는 행복해졌다.

목적이란 무엇일까?

두 번째 질문은 '삶의 목적'에 비춰서 소비를 평가해 보라고 요구한다. 목적은 가치관과 꿈을 구체적으로 드러내는 가장 중요한 목표다. 그게 무슨 뜻일까? 목적에는 방향과 시간이 내포되어 있다. 아울러 목적은 자기 자신과 세상 모두에 의미 있는 일을 하겠다는 결연한 의도다. 에이미와 짐 부부 같은 이들에게는 좋아하는 일을 하고 사랑하는 가족과 삶을 꾸리는 것이 삶의 목적이다. 목적의식이 모호하고 초점이 명확하지 않은 사람도 있다. 이런 경우 행동은 가장 깊은 욕망을 반영하지 않는다. 목적 없는 삶의 공허함을 깨닫고 삶에 의미를 줄 목적을 찾아서 몇 년 동안 헤매는 사람도 있다. 웨스처럼 태어난 순간부터 삶의 목적이 무엇인지 아는 듯한 사람도 있다. 삶의 목적은 대체 무엇일까?

목적은 목표(지금 이것을 해서 얻고 싶은 저것)만큼 간단할 수 있다. 또 "지금 그 일을 왜 하고 있나요?"라고 질문받았을 때 하는 대답에서, 즉 동기에서 드러나기도 한다. 혹은 인생에서 일어나는 사건에 부여하는 더 깊은 의미일 수도 있다(내 직업의 진짜 목적은 아내를 만나는 것이었다).

하지만 '삶의 목적'은 '이유' 이상의 무언가를 의미한다. 단순히 목표를 달성하거나 갈망하던 대상을 손에 쥐는 것이 아니다. 삶의 목적은 나라는 작은 존재보다 더 중요하다고 믿는 대상에 삶의 에너지를 쏟는 선택이다. 즉, 삶의 목적은 내 몸과 마음을 바치는 헌신이다. 삶의 목적은 나의 이름, 나의 몸, 나의 역사처럼 확실하게 정체성이 된다. 더 나아가 삶 그 자체보다 더 중요해질 수 있다.

목표와 의미, 헌신이라는 목적의 서로 다른 면은 석공 세 명이 바위를 깎는 이야기에서 잘 드러난다. 지나가던 사람이 첫 번째 석공에게 다가가서 "실례지만, 지금 뭘 하는 건가요?" 하고 물었다. 석공은 다소 무뚝뚝하게 대답했다. "안 보이시오? 지금 커다란 돌덩이를 깎고 있소." 호기심 많은 행인은 두 번째 석공에게 다가가서 다시 물었다. 두 번째 석공은 자부심과 체념이 뒤섞인 표정으로 대답했다. "아내와 아이들을 부양하려고 돈을 벌고 있습니다." 행인은 세 번째 장인에게 다가가서 "그러면 당신은 뭘 하고 있습니까?" 물었다. 세 번째 석공은 환히 빛나는 얼굴로 경건한 마음을 담아 말했다. "저는 대성당을 짓고 있습니다!" 더 높은 목적을 위한 헌신이다.

삶의 목적은 어떻게 찾아야 할까?

교육자이자 생태학자인 조애나 메이시Joanna Macy는 나만의 목적을 찾을 때 살펴봐야 할 방향을 세 가지 제시했다.[2]

1. 진심으로 좋아하는 프로젝트에 열정을 쏟아라. 꿈을 버리기 전에는 어떤 꿈을 꾸었는가? 보수를 받지 못한다고 해도 하고 싶은 일이 있는가? "차라리 서핑하고 싶어" 같은 자동차 범퍼 스티커의 문구처럼 피상적인 취미를 찾으라는 말이 아니다. 일상에서 벗어나려는 구실이 아니라 인생을 바칠 만한 일을 찾아야 한다.

2. 내가 겪은 고통을 직시하며 내 마음을 울리는 고통을 겪은 사람들과 함께하라. 슬픔, 비탄, 절망, 허기, 공포를 "직접 겪어봐서 어떤지 잘 알아"라고 말할 수 있는가? 이 경험에서 얻은 지혜와 연민을

다른 사람들에게 베풀 수 있는가? 이 세상의 고통을 보며 행동에 나서야겠다고 마음먹었는가? 다른 사람들을 돕는 능력을 잃을 정도로 너무나 고통스럽다면, 지금이야말로 고통받는 사람들에게 손을 내밀기에 가장 좋은 때다. 그것이 바로 치유다.

3. 눈앞의 문제에 집중하고, 다른 사람들의 소소한 문제를 도울 매일의 기회를 붙잡아라. 사람들은 대체로 삶의 목적을 찾는 일이 테레사 수녀 같은 성인이 되도록 용기를 북돋아 줄 완벽한 직업이나 봉사 프로젝트를 찾는 일과 같다고 여긴다. 눈앞의 문제에 충실해지라는 제안은 서로 연결된 세상에서는 어떤 도움이든 전체의 이익에 이바지한다고 일깨워 준다. 단 하나의 위대한 행동이란 존재하지 않으며, 커다란 열정과 사랑으로 실천하는 작은 행동의 모임만이 존재한다. 이 사실을 기억하며 필요한 일에 힘을 보탠다면 아픈 이웃에게 저녁거리를 가져다주거나, 어린아이에게 글을 읽어주거나, 혼자가 된 노인들에게 말동무를 해주는 등 삶은 가치 있는 목적을 위한 경험으로 가득 찰 것이다.

열정, 고통, 당면한 문제 이 세 가지는 물질 소유를 넘어 삶의 목적을 찾는 관문이다.

나는 목적을 향해 나아가고 있을까?

지금 당장 몇 분만 시간을 내서 삶의 목적을 적어보라. 그 목적은 요즘 당신이 시간을 보내는 방식과 아무 관련이 없을 수도 있다. 다른 사람들에게 대단해 보일 수도, 그렇지 않을 수도 있다. 아직 당신에게도 분명하지 않을 수 있다. 그저 최선을 다해서 고민하고 적으면 된다. 삶의 목적을 또박또박 적어놓고, 이를 기준으로 당신의 행동을 판단해 보자. 시간이 흐르면서 삶의 목적이 바뀌더라도 괜찮다. 지금 나에게 삶의 목적이 무엇을 의미하는지 적고, 이 새로운 목적을 잣대로 삼으면 된다.

당신이 목적을 어떻게 정의하든 결과를 판단할 방법, 제대로 가고 있는지 알려줄 피드백이 필요하다. 보통 우리는 물질적 성공이나 직업적, 사회적 인정을 바탕으로 내가 목적을 잘 달성했는지 판단한다. 물질적 성공과 보상, 인정을 넘어서서 삶의 목적을 제대로 실천하고 있는지 가늠하는 기준은 두 번째 질문에 대한 답이다. 달마다, 모든 지출에 대해서 꾸준히 "이 삶의 에너지 소비는 내 가치관과 삶의 목적에 부합하는가?"라는 질문을 던진다면 가치관을 명확하게 다듬고, 분명하게 정한 목적에 맞춰서 살고, 삶의 진정한 목적을 정의할 수 있을 것이다.

《죽음의 수용소에서》를 쓴 빅토르 프랭클은 지성이나 심리를 넘어서는 어떤 요인 덕분에 일부 사람들이 비인간적 환경에서도 인간성을 지킬 수 있었다고 보았다. 프랭클은 이 요인이 바로 의미라고 결론지었다. 그리고 살면서 의미와 목적을 추구하려는 의지는 권력이나 쾌락을 좇으려는 의지보다 우월하다고 말했다. "인간이 된다는 것은 본인 말고 다른 무언가 또는 누군가와 관계를 맺고 그 방향으로 나아간다는 뜻이다."[3] 프랭클의 심오한 통찰을 바탕으로 도표 4-1의 설문지에 답을 채워보면, 삶의 의미를 찾는 데 도움이 될 것

이다.[4]

　방법은 간단하다. 항목마다 숫자를 고르고 전부 더해서 총계를 내면 된다. 92점 미만이라면 삶의 의미와 목적이 부족하다는 뜻이다. 92점에서 112점 사이라면, 목적의식이 모호하거나 우유부단하다는 뜻이다. 112점 이상이라면, 목적의식이 뚜렷하다는 의미다. 당신의 점수는 어떤가? "이 지출이 내 삶의 목적과 부합하는가?"라는 질문은 목적의식을 찾는 데 유용하다는 사실을 꼭 기억하자.

도표 4-1 삶의 목적 테스트

1.	나는 대체로	1	2	3	4	5	6	7
		너무나 따분하다			(중간)		활기 넘치고 열정적이다	
2.	내 생각에 인생은	7	6	5	4	3	2	1
		항상 짜릿하다			(중간)		완전히 지루하다	
3.	인생에서 나는	1	2	3	4	5	6	7
		목표나 목적이 전혀 없다			(중간)		목표와 목적이 뚜렷하다	
4.	내 개인적 존재는	1	2	3	4	5	6	7
		의미도, 목적도 아예 없다			(중간)		목적과 의미가 충만하다	
5.	매일이	7	6	5	4	3	2	1
		항상 새롭다			(중간)		늘 똑같다	
6.	선택할 수 있다면	1	2	3	4	5	6	7

		태어나지 않았을 것이다		(중간)			지금 같은 삶을 아홉 번 더 살고 싶다	
7.	은퇴 후에는	7	6	5	4	3	2	1
		늘 하고 싶었던 신나는 일을 하겠다		(중간)			여생 내내 빈둥거리겠다	
8.	인생 목표를 이루는 과정에서	1	2	3	4	5	6	7
		전혀 진전이 없 었다		(중간)			완벽한 성취를 향해 나아갔다	
9.	내 인생은	1	2	3	4	5	6	7
		공허하고 절망뿐이다		(중간)			짜릿하고 좋은 일로 가득하다	
10.	오늘 죽는다면 내 인생은	7	6	5	4	3	2	1
		아주 값지게 느껴질 것이다		(중간)			완전히 무가치하게 느껴질 것이다	
11.	내 인생을 생각하면	1	2	3	4	5	6	7
		존재 이유를 모 르겠다		(중간)			언제나 존재 이유가 명확하다	
12.	내 인생과 관련해서 세상은	1	2	3	4	5	6	7
		너무나 혼란스럽다		(중간)			내 인생과 뜻깊게 어울린다	
13.	나는	1	2	3	4	5	6	7
		매우 무책임하다		(중간)			책임감이 아주 강하다	

14.	스스로 선택할 자유와 관련해서 인간은	7	6	5	4	3	2	1
		모든 삶의 선택을 완전히 자유롭게 내릴 수 있다			(중간)		유전과 환경의 제한에 완전히 얽매여 있다	
15.	죽음에 관해서 나는	7	6	5	4	3	2	1
		준비되어 있고 두렵지 않다			(중간)		준비되어 있지 않고 두렵다	
16.	나는 자살을	1	2	3	4	5	6	7
		탈출구로 진지하게 생각했다			(중간)		생각조차 한 적 없다	
17.	나는 인생에서 의미와 목적, 소명을 찾는 능력이	7	6	5	4	3	2	1
		아주 뛰어나다			(중간)		사실상 없다	
18.	내 인생은	7	6	5	4	3	2	1
		내가 통제한다			(중간)		외부 요인이 통제한다	
19.	일과를 마주하면	7	6	5	4	3	2	1
		기쁘고 만족스럽다			(중간)		고통스럽고 지루하다	
20.	나는 삶에서	1	2	3	4	5	6	7
		소명이나 목적을 찾지 못했다			(중간)		명확하고 만족스러운 삶의 목표가 있다	

각 문장에서 자기에게 가장 잘 맞는 답변의 숫자를 골라라. 숫자 1과 7은 서로 반대되는 극단적 감정이며, 그 사이는 양극단 사이의 스펙트럼이다. '중간'은 어느 쪽에도 속하지 않는다는 뜻이며, 최대한 적게 고르는 편이 좋다.

세 번째 질문:
돈을 벌기 위해 일할 필요가 없다면,
이 소비는 어떻게 달라질까?

지금까지 우리는 소비가 얼마나 만족스러운지, 우리 가치관과 일치하는지 살펴보았다. 세 번째 질문은 직업 생활 때문에 비용이 얼마나 많이 들어가는지 평가하고, 일 바깥의 삶에 더욱 명확하게 집중하도록 돕는다. 스스로 물어보자. "밥벌이가 필요 없다면, 어떤 지출이 줄어들거나 아예 사라질까?" 월별 가계부의 각 지출 항목 옆 세 번째 열에 줄어들 것으로 예상하는 지출은 '−'나 '↓', 늘어날 것으로 예상하는 지출은 '+'나 '↑', 변화가 없을 것으로 예상하는 지출은 '0'을 표시해 보라. 금액까지 추정할 수 있다면, 옆에 칸을 하나 더 만들어서 적어보자.

이 질문은 매주 직장에 출근하지 않아도 되는 삶의 가능성을 열어준다. 일주일에 40시간 이상 돈 버느라 일할 필요가 없다면, 삶이 어떻게 달라질까? 일할 필요가 없다면 옷을 더 살까, 덜 살까? 기름값이 더 나갈까, 덜 나갈까? 차를 아예 팔아버려도 될까? 상업 중심지에서 멀리 떨어진 대신 더 저렴한 집으로 이사할까? 의료비가 더 많이 들까, 적게 들까? 여행 경비가 더 늘어날까, 줄어들까? 힘든 업무에 대한 보상을 받겠답시고 새 가징거스 핀을 사는 일을 멈출까? 지금 당신은 깨어 있는 시간을 거의 다 잡아먹는 일에 대한 보상으로 무엇을 소비하고 있는가?

돈을 벌기 위해 일을 할 필요가 없다면, 무엇을 할지 정확히 몰라도 괜찮다. 지금 하는 일 말고 다른 일을 바라지 않아도 괜찮다. 그저 각 지출 항목을 보며 이렇게 질문해 보자. 생계 때문에 일하지 않아도 된다면, 이 지출은 어떻게 달라질까? 그리고 기억하라. 부끄러워하지도 말고, 비난하지도 말자. 이렇게 질문한다고 해서 직업에 헌신하는 마음을 저버리는 것이 아니다. 다른 일을 한다면 돈을 어떻게 쓸지 고민한다고 해서 상사를 배신하고 직장에 불만을 드러내는 것이 아니다. 지금 하는 일을 사랑한다면, 매달 이렇게 묻는 간단한 연습만으로도 직업 만족도를 높일 수 있다. 정말로 원해서 선택한 직업이라는 확신이 커지기 때문이다.

세 번째 질문을 고민하다가 놀라운 결론에 이를지도 모른다. 돈 버는 데 시간을 모조리 쓰지 않았다면, 훨씬 더 적은 비용으로 살 수 있었을 것이다! 하루하루 직장 생활에 쫓기다 보니, 육아부터 집수리, 취미, 정서적 지지까지 무엇이든 삶의 다른 측면을 감당하려면 돈이 필요하다. 경제적 독립에는 '내 필요를 충족하기 위해 돈이 필요한 상태에서 벗어난다'는 의미가 있다는 사실을 깨달을 것이다. 나를 위해 무슨 일이든 처리할 하인을 수없이 고용할 만큼 부유해지는 경제적 독립과는 정반대다.

세 질문과 답변 평가하기

이제 빈칸을 전부 채운 월별 가계부를 살펴보자. '-'나 '↓' 표시를 모두 찾아보라. 첫 번째 질문에서 부정적으로 대답한, 즉 소비한 삶의 에너지에 비해 충족감을 느끼지 못한 지출 항목은 무엇인가? 두 번째 질문에서 부정적으로 대답한 가치관과 삶의 목적에 부합하지 않은 지출 항목은 무엇인가? 마지막으로, 일하면서 죽어갈 필요가 없다면 크게 달라질 지출 항목은 무엇인가? 혹시 패턴이 보이는가? 당신 자신에 관해서 무엇을 배웠는가? 자책할 필요도 없고, '다음 달에 더 잘해야지'라고 다짐할 필요도 없다. 이 작업은 예산 짜기가 아니다. 이 정보와 통찰력을 활용해서 당신의 가치관과 삶의 목적을 명확하게 다듬어보라. 그리고 하나 더. 부끄러워하지도 말고, 비난하지도 말자.

4단계는 FI 프로그램의 중심이다. 삶의 목적이나 내면의 기준이 아주 분명하지 않더라도 걱정할 필요 없다. 이 프로그램을 실천하는 과정에서 가치관과 삶의 목적을 정의하는 사람들도 있다. 달마다, 해마다 세 가지 질문을 던지고 답하다 보면, 충족감과 삶의 목적을 더 깊이 이해하고 확고하게 정의할 수 있을 것이다. FI 프로그램의 각 단계는 서로 보완하고 강화하면서 시너지 효과를 낸다. 그러니 긴장을 풀고 각 단계를 실천해 보자. 어떤 단계든 빠짐없이, 진실한 태도로. 그리고 하나 더. 부끄러워하지도 말고, 비난하지도 말자.

이 작업은 그저 정보를 모으는 과정일 뿐이다. 나 자신을 다시 설계하는 첫걸음이다. 솔직한 평가와 명확한 숫자에서 무의식적이고 중독적인 지출 패턴이 드러날 것이다. 핵심은 죄책감이나 자기비판 때문에 달라져야 한다고 스스로 채찍질하는 일이 아니다. 모든 지출 항목에 '0'이나 '+'를 적을 수 있을 때까지 지출을 조정하는 일이다.

당신이 4단계를 최대한 잘 활용할 수 있도록 알려줄 내용이 몇 가지 있다.

충분함에 이르기

'돈의 가르침 1'에서 충족 곡선을 다루며 곡선의 정점에 있는 흥미로운 지점 '충분함'을 이야기했다. 당신은 생존에 필요한 만큼, 편안한 생활에 필요한 만큼 충분히 가지고 있을 것이다. 특별한 사치품도 과한 부담 없이 누리고 있을 것이다. 충분함이란 강력하고 자유롭다. 자신감 있고 유연하다. 당신은 이 프로그램을 실천하면서 자신에게 충분함이 얼마인지 직접 숫자로 정의할 것이다. 4단계의 질문 세 가지는 경험을 토대로 얼마가 나에게 충분한지 정의해 주는 주요 도구다. 매달 이 질문을 마주하겠지만, 무엇이든 살 때마다 이 질문이 떠오를지도 모른다.

우리가 경험한 바로는 '충분함'에는 네 가지 구성 요소, 즉 네 가지 공통 특성이 있다.

1. 현실 인식: 삶에 돈이 얼마나 많이 들어오고 나가는지 아는 것은 경제 지능의 기본이다. 돈이 얼마나 있는지, 돈이 어디로 가는지 전혀 모른다면, 절대로 충분함에 이를 수 없다.

2. 충족을 판단할 내적 잣대: 앞서 지적했듯이, 다른 사람들의 재산이나 생각을 기준으로 판단한다면 결코 충분함에 이를 수 없다. 다른 사람들을 기준으로 삼는다면 하행 에스컬레이터를 타고 올라가려는 것과 같다. 다른 사람들의 의견은 변덕스럽다. 다른 사람들의 재산은 끊임없이 변한다. 남들과 똑같아지고 싶어서 남들도 다 가진 물건을 손에 넣는 순간, 정리정돈 열풍이 불고 남들은 이제 미니멀리스트가 된다. 자기 인식이 핵심이다.

3. 나의 바람과 욕망을 채우는 일보다 더 높은 삶의 목적: 모든 욕망이 반드시 채워야 할 필요로 바뀐다면, 절대로 충분함에 이를 수 없다. 원하는 대상을 얻는 일보다 더 높은 목적은 무엇일까? 가지기의 반대는 주기다. 바로 여기에 충족의 비밀이 숨어 있다. 충분함이라는 지점을 넘어서면, 재능과 소질을 다른 사람들에게 나눠주려는 자연스러운 욕구를 드러내며 행복을 얻는다.

4. 책임감: '나'만이 아니라 그 이상을 위해 사는 것이다. 본인이 아닌 다른 누구에게도 전혀 관심을 두지 않는다면, 모조리 손에 넣기 전까지는 결코 만족할 수 없다. 그러므로 책임감은 다른 사람들뿐만 아니라 나에게도 유익하다. 책임감을 지니면 많을수록 더 좋다고

믿으며 달리는 쳇바퀴에서 벗어날 수 있다. 책임responsibility이라는 낱말은 '응답response'과 '능력ability'이라는 말로 이루어져 있다. 자기 행동이 불러올 파장에 무지했던 상태에서 벗어나면 다른 사람들의 필요에 응답할 수 있고, 또 기꺼이 응답하는 상태로 나아간다. 가장 먼저 책임져야 할 대상은 나 자신이다. 그러려면 비난을 멈추고, 진실을 말하고, 겉으로 내세우는 가치관에 실제 행동을 맞춰야 한다. 나에게 충분함이란 무엇인지 스스로 정의해야 한다. 더 나아가 알베르트 아인슈타인이 1950년에 한 말처럼 삶의 "폭을 넓혀"가야 한다.

인간은 '우주'라고 불리는 전체의 부분, 시간과 공간에서 제약을 받는 일부다. 인간은 자기 자신과 자기 생각과 감정이 나머지와 동떨어져 있다고 생각한다. 이는 의식의 착시다. 이런 착시는 우리를 개인적 욕망과 가장 가까운 사람 몇 명을 향한 애정 안에만 가두는 감옥이나 다름없다. 우리는 연민의 폭을 넓혀 모든 생명체와 아름다운 자연 전체를 포용하며 이 감옥에서 벗어나야 한다.

가능성의 세계를 꿈꾼 20세기의 몽상가 버크민스터 풀러Buckminster Fuller도 비슷한 통찰을 제시했다. 풀러를 지속 가능성의 성자로 추앙하는 사람도 있지만, 그는 20대에 아들의 죽음과 사업 실패를 맞닥뜨린 후 자기가 무가치하다고 느꼈고 모든 것을 끝내려고 했다. 하지만 극심한 고통을 겪던 순간, 깨달음이 찾아왔다. 그 '전부'는 그의 것이 아니었다. 세상의 것이었다. 풀러의 목표는 "생태계를 파괴하거나 그 누구에게도 불이익을 주는 일 없이 자발적 협력을 통해 가능한 한

최단 시간 안에 인류 전체를 위해 세상이 돌아가도록 하는 것"이 되었다.[5] 결국 수십만 명이 풀러의 노력에 동참했고, 그 누구도, 그 무엇도 소외되지 않는 세상을 만들겠다고 개인적 목표를 세웠다.

풀러의 믿음처럼 모두에게 충분한 식량과 에너지, 자원이 있다고 상상해 보라. 아인슈타인의 말처럼 우리가 연민의 폭을 넓혀서 모든 생명체를 포용할 수 있다고 상상해 보라. 각자의 '충분함'이 꼭 똑같아야 할 필요는 없지만, 모두가 충분하다고 느껴야 한다. 정말로 까다로운 설계 문제다! 이 간단한 프로그램을 꾸준히 실천하며 나만의 충분함을 발견하고 해방시킨 삶의 에너지를 봉사하는 데 쓴다면, 우리 모두에게 얼마나 위대한 꿈이 될까?

당신의 마음이 움직였다면, 다음 문장을 참고해서 네 번째 질문을 스스로 만들어보자.

"공정하고 자비로운 세상이라서 저마다 바라던 삶에 필요한 것을 모두 갖추었다면, 이 항목의 지출은 어떻게 달라질까?"

이 질문을 마음대로 바꿔보자. 더 간단하게 줄여도 좋다. "다들 이렇게 한다면 어떻게 될까?" 충족과 가치관에 관한 질문이 당신은 물론 당신이 사랑하는 사람들의 삶도 더 나은 방향으로 나아가도록 돕듯이, 네 번째 질문은 당신이 "연민의 폭을 넓히자"는 아인슈타인의 말을 염두에 두고 선택하도록 이끈다. 우리가 세상 모두를 알 수는 없다. 하지만 "남에게 대우받고 싶은 대로 남을 대하라"라는 금언에 따라 다른 사람들을 상상할 수 있다.

당신의 월별 가계부를 보면서 질문해 보라. "모두가 레스토랑에서 식사하고, 근사한 옷을 사고, 마당에 과일나무를 심고, 휴가 때 패키지여행을 떠나고, 이 차를 타고 출퇴근한다면 어떻게 될까?” 부끄러워하지도 말고, 비난하지도 말자. 이 말을 기억하고, 그저 연민의 폭을 넓혀가자.

책임에 관한 이 질문을 스스로 만들면서 환경 문제에 집중하는 사람도 있다. 이것이 지구에 이로울까? 이런 식으로 책임을 묻는 말은 인생과 미래에 관한 당신의 생각과 맞지 않을 수 있다. 당신 스스로 다르게 표현해 보자. 크리스트교를 믿는 사람은 윤리적 결정을 내릴 때 ‘예수님이라면 어떻게 하실까?’라고 묻는다. 종교가 없는 사람들에게는 “과학계에서는 뭐라고 말할까?”라는 말이 통할 것이다. 침묵이나 자연에서 답을 찾는 사람도 있다. 이런 물음을 경제적 상호 의존 질문이라고 불러도 좋다.

돈과 맺은 관계를 바꾸려면 이 네 번째 질문에 반드시 대답해야 할까? 그렇지는 않다. 하지만 FI 프로그램의 단계를 밟으며 돈의 흐름을 추적하고 월별 가계부를 작성하고 4단계의 질문 세 가지를 던지는 일이 너무나 간단해서 습관처럼 굳어질 테다. 마침내 다들 똑같이 실천한다면 어떻게 될지 궁금해질 것이다. 이런 호기심은 1990년에 조와 내가 이 책을 쓴 계기가 되었다.

머니 토크를 위한 질문

당신의 꿈과 가치관, 추억, 사연은 끝없이 흥미로운 대화를 만들어낸다. 다른 사람에게서 마음에 드는 꿈이나 목표를 들었다면, 내 것으로 만들자. 우리는 멋진 삶을 위한 매력적인 비전을 함께 그릴 수 있다.

- 어렸을 때 어떤 사람이 되고 싶었나? 지금은 어떤가?
- 죽기 전에 이루고 싶은 '버킷 리스트'에는 어떤 내용이 있는가?
- 열정과 영혼을 담아서 하는 일, 소명은 무엇인가?
- 가장 행복했던 추억을 이야기해 보자. 무엇 덕분에 행복했는가?
- 마치 꿈이 이루어지듯 난데없이 일어날 수 있는 일에는 무엇이 있을까?
- 자녀나 사랑하는 사람에게 주고 싶은 것 중 돈으로 살 수 있는 것은 무엇인가?

5

돈의 가르침 5

재정 상황을
공개하라

Your Money or Your Life

재산은 지키려 애쓰면서, 왜 시간은 낭비하는가?

Why do we protect our property, but waste our time?

_세네카Seneca

5단계: 삶의 에너지 가시화하기

이번에는 이전 단계의 결과를 시각화한다. 현재와 미래의 재정 상황, 돈(삶의 에너지)과 맺은 관계의 변화를 명확하고 간결한 그래프로 나타내 보자.

한 달만 지출을 추적하고 평가해도 얼마나 많은 돈이 아무 이유 없이 빠져나갔는지 알아차리고 커다란 깨달음을 얻을 것이다. 빚더미가 갈수록 불어나는 이유와 과정을 직시하기가 너무나 불편해서 그만두고 싶은 유혹을 느낄지도 모른다.

하지만 끈기 있게 한 달 더 지출을 추적해 본다면, 소비가 눈에 띠게 줄었다는 사실을 확인할 것이다. 의식을 조금만 더 키워도 큰 효과를 볼 수 있다. 혹시 본인의 결과를 보고 놀라서 움찔했다면, 아무도 쳐다보지 않으니 괜찮다. 부끄러워하지도 말고, 비난하지도 말자. 이 말을 따르며 계속해 보라. 잘하고 있다.

3개월 차에 접어들면 어느 쪽으로든 큰 변화가 다시 일어날 것이다. 저축을 늘릴 수도 있고, 지난달에 잘할 수 있다는 사실을 증명했으니 게으름을 피울 수도 있다. 등을 토닥이며 자신을 칭찬하든, 뻔한 진실 앞에서 눈을 감고 싶든, FI 프로그램을 꾸준히 실천하려면 의지력이 필요하다.

계속 나아가려면 어떻게 의욕을 북돋아야 할까? 행동을 바꾸려고 시도해 본 사람이라면 핵심 세 가지를 잘 알 것이다.

1. 선택이 아니라 습관으로 만들어라. 하고 싶든 하기 싫든, 그냥 하라. 체계를 만들고, 그것을 따라라. 그러면 그 체계는 마치 양치질처럼 일상의 당연한 일부가 된다.

2. 사람들에게 알려라. 지출 내역을 빠짐없이 기록하고, '↑'와 '↓', '0'을 사용해서 달마다 결산을 내겠다고 한 명 이상에게 약속하라. 매달 그 사람을 만나서 결과를 알려주고, 돈에 관한 이야기를 나누거나 날마다 문자나 전화를 주고받아도 좋다. 서로의 금융 관리 앱 비밀번호를 공개해서 무작위로 상대의 진행 상황을 확인하는 방법도 있다. 참견은 흥미롭고도 효과적이다.

3. 그래프를 만들어라. 날마다 할 일 목록을 확인하거나 체중계에 올라가서 몸무게를 재는 일은 계속 나아가겠다는 의지를 북돋는 데 큰 도움이 된다. 돈 문제에서도 마찬가지다. 기록을 남기면 평평 과

소비하고 싶은 충동을 억누르는 데 효과적이다.

5단계에서는 수입과 지출을 기록할 그래프를 만들 것이다. 재정 상황을 늘 파악할 수 있게 이 그래프를 활용하는 방법도 알아볼 것이다. 재정 건전성을 향한 여정에 집중하고 속도를 높이기 위해 몇 가지 사항을 제안할 것이다.

자, 이제 안전띠를 매고 출발해 보자.

벽걸이 그래프 만들기

5단계에서는 3~5년 치 데이터를 다 담을 만큼 커다란 그래프를 만든다. 필요한 정보는 월별 가계부에 이미 다 들어 있다. 컴퓨터 프로그램이나 앱은 따로 필요하지 않다. 그냥 하면 된다! 돈을 관리하는 앱이나 온라인 서비스, 회계 프로그램을 이미 쓰고 있다면, 프로그램 안에 이미 그래프와 차트가 있고 늘 최신 정보가 입력되어 있을 것이다. 하지만 이 단계는 컴퓨터가 대신해 주지 못한다.

중요한 것은 직접 손으로 그래프를 만드는 일이다. 가장 먼저 문구용품점이나 대형 서점에서 큰 모눈종이를 사자. 모눈종이를 구하지 못하더라도 걱정할 필요 없다. 큰 종이에 직접 선을 그리면 된다. 왼쪽의 세로축은 돈을 나타낸다. 이 축에 맞춰서 수입과 지출을 표시할 것이다. 세로축 가장 아래쪽에 0을 쓰고, 위쪽으로 공간을 충분히 남겨두자. 지금은 터무니없는 소리처럼 들리겠지만, 소득이 두 배로 늘 수 있으므로 위쪽에 공간을 넉넉하게 남겨둬야 한다. 생각지도 못했던 수준으로 수입이 늘어나는 바람에 위에 모눈종이를 더 붙였다며 수줍게 사진을 보여준 파이어족이 정말로 몇 명 있다. 이번 달의 수입과 지출 중 더 큰 쪽이 세로축의 절반 정도에 오도록 눈금을 긋자.

가로축은 개월 단위의 시간을 나타낸다. 5년에서 10년 정도 표시할 수 있게 눈금을 그어야 한다. 이 정도면 대규모 추세를 파악하기에 적당하며, 경제적 독립을 향해 나아가고 있는지 확인하기에도 충분하다. 컴퓨터로 작업하고 싶다면 엑셀 같은 스프레드시트 소프트웨어가 괜찮다. 컴퓨터 프로그램으로 작업하는 방법을 깨우치면 재정 분석의 새로운 지평을 열 수 있겠지만, 손으로 직접 그래프를 그릴 때 느끼는 충격이나 만족감만 못할 것이다.

매달 말에 월 총수입과 총지출을 그래프에 표시해 보라. 수입과 지출에 서로 다른 색깔을 쓰는 편이 좋다. 지난달에 표시한 점과 연결해서 선을 그려보자.

이게 전부다. 첫 달에 수입과 지출을 표시하면 돈에 관한 습관을 극명하게 보여주는 그림이 생겨난다. 하지만 진정한 깨달음과 재미는 매달, 매년 수치를 기록할 때 찾아온다. 벽에 붙여놓은 그래프는 월별 가계부의 정적인 숫자에 시간 흐름이라는 역동적 측면을 더해서 목표를 향한 움직임과 시간 경과에 따른 진행 상황을 생생하게 보여준다. 아울러 꾸준히 나아가겠다는 의지를 새롭게 북돋울 것이다.

처음의 절약과 과소비 사이클

당신이 첫 달에 수입과 지출을 표시할 때 어쩌면 자신의 약점을 마주할지도 모른다. 그러니까 수입액이 지출액보다 적을 수 있다는 것이다. 이는 번 돈보다 더 많이 썼다는 뜻이다. 이런 현실을 직시하면 다소 충격받을지도 모른다. 지출 예산 짜기, 다이어트, 새해 결심에 익숙한 당신은 은행 명세서와 신용카드에 대고 다음 달은 더 나아지리라고 맹세할 것이다.

보통 이 시기에 사람들은 '무지출 챌린지'를 시작하며 열을 올린다. 지갑을 닫고 돈을 아낀다. 자기 자신과 가족 모두의 지출을 막고, 냉장고 속 음식들을 파먹기 시작한다. 날마다 지출 한도에 신경을 쏟고, 단 한 달 만에 지출액을 절반으로 줄이겠다고 다짐한다. 놀랍게도 많은 이가 이렇게 한다. 두 번째 달이 되어 지출액을 표시하면 뿌듯하게도 지출이 급격하게 줄어들어 있다.

하지만 이런 긴축이 계속될 수는 없다. 세 번째 달이 되면 허리띠를 졸라맸던 지난달 생활에 대한 보상 심리로 지출이 대폭 늘어나는 경우가 많다.

그러면 어떻게 해야 할까? 예전 사고방식에서 벗어나지 못했다면 예산 계획이라는 부담을 다시 짊어져야겠다고 생각하거나, 아예 포기하고 싶을 것이다. 하지만 용기를 내자. 더 나은 방법이 있다. 분명히 효과를 볼 것이다.

앞에서 소개했던 컴퓨터 프로그래머 일레인은 일이 싫었지만 벗어날 길을 찾지 못했다. 하지만 벽걸이 그래프를 만드는 데는 아무런 어려움이 없었다. 숫자와 추적은 일레인의 주력 분야였다. 일레인은 성공을 증명하는 '트로피'를 수없이 얻었지만, 벽에 붙인 그래프는 아메리칸드림을 이룬 다른 사람들의 그래프와 별로 다르지 않았다. 지출이 수입보다 많았다.

"그걸 보고 엄청나게 충격받았어요. 벌이보다 지출이 더 많다는 걸 전혀 몰랐거든요. 그런데 진짜 그렇더라고요. 그달 수입은 4400달러였고 지출은 4700달러였죠." 도전 의식이 샘솟았다. 일레인은 지출을 줄이는 방법을 실험해 보기로 했다. 점심시간에 동료와 외식하는 대신, 심지어 더 저렴한 음식을 주문하는 대신, 집에서 도시락을 준비했다. 한 달 동안 새 옷을 사지도 않았고 외식도 하지 않았다. 한 달 정도는 무엇이든 견딜 수 있으니까. 놀랍게도 두 달째에 지출이 수입보다 훨씬 더 줄어들었다. 일레인은 할 수 있다는 사실을 증명했다.

"자신만만했죠! 그다음 달에는 신경을 덜 쓰고 예전처럼 쇼핑하다가 앞 달에 모은 돈을 거의 다 날려버렸어요. 벽에 붙여놓은 그래프도 엉망이 되었고요." 그때 일레인은 그래프가 아니라 자기 자신을 바꿔야 한다는 사실을 깨달았다.

지출 변화는 어떻게 일어났을까? 일레인은 프로그램의 각 단계를 밟고 성공을 확인하면서 자존감이 높아졌다고 한다. 해낼 수 있다는 사실을 알았고, 불만스러운 마음은 최선을 다하려는 원동력으로 바뀌었다. 이 마음가짐은 업무 경험도 바꿔놓았다. 자기 자신뿐만 아니라 상사까지 일레인의 변화에 놀라움을 표했다.

"넉 달 만에 빚을 전부 없앴고 지출을 1640달러로 줄였어요. 크게 애쓰지도 않았는데 한 달 식료품비가 359달러에서 203달러로 떨어졌어요. 직장 생활이 즐거워져서 간식을 덜 찾는 게 한몫했을 거예요. 정말 원할 때만 외식한 덕분에 한 달 외식비도 232달러에서 77달러로 줄었고요. 직장에서 가깝고 월세도 싼 집으로 이사해서 주유비를 60%나 아꼈어요. 의료비도 절반으로 낮아졌는데, 식비가 줄어든 것과 같은 이유 때문이겠죠. 더 즐겁게 일하니 아플 이유가 사라졌어요. 이 모든 일이 결핍으로 느껴지지 않더라고요. 덜 쓰려고 애쓰지도 않았어요. 특별히 뭔가를 한다는 느낌조차 없었죠. 전부 서서히 일어났어요."

일레인은 수년 동안 자존감부터 업무 효율성까지 전부 바꾸기 위한 세미나에 수천 달러를 쏟아부었지만, 변화는 결코 오래가지 못했다. 그렇다면 이번에는 무엇이 달랐을까? 핵심 요소는 벽에 붙여놓은 그래프였다. 벽걸이 그래프는 평생 이어온 생활 방식에 대한 도전처럼 보였다. 지출 습관이 드러나는 그래프는 월말에 돈이 부족한 이유를 생생하게 보여줬다.

도표 5-1은 한순간에 타오르는 통찰의 불꽃만으로는 돈과 맺은 관계를 바꿀 수 없다는 사실을 일깨운다. 각 단계를 충실하게 따라야 하고, 그러려면 시간과 인내심이 필요하다. 조급함, 부정, 탐욕은 사실 변화 과정의 일부다. 삶을 되돌아보며 가고 싶은 길을 아직 잘 가고 있는지 확인하는 데에는 시간이 걸린다. 이 책은 며칠 만에 다 읽

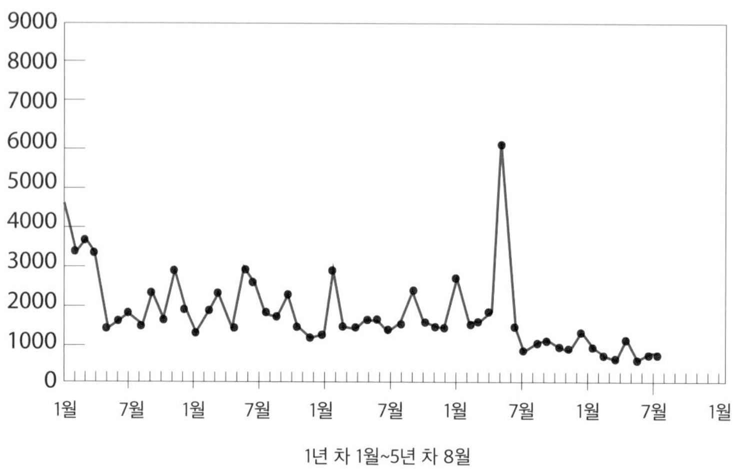

을 수 있더라도, 돈과 맺은 관계는 시간이 흘러야 변할 것이다. 벽걸이 그래프를 보며 화내는 대신, 자신의 반응을 관찰한다면 오늘날의 당신을 만든 사고방식과 믿음을 없앨 수 있다.

이 단계에서 효과를 보려면 핵심 요소 두 가지를 기억해야 한다.

1. 시작한다.
2. 계속한다.

우리는 천 리 길도 한 걸음부터라는 말을 자주 듣는다. 하지만 작은 걸음을 수십만 번 내디뎌야 목적지에 다다를 수 있다. 포기하지 말고 계속 걸음을 내디뎌야 한다. 그러면 끝내 이 과정의 마법을 경험할 것이다. 힘들여 노력하지도 않았는데 지출이 점점 줄어들 것이다. 어떻게 그럴 수 있을까?

어떻게 질문 세 가지로 돈을 아낄 수 있을까?

4단계의 질문 세 가지를 기억하는가? 이 질문이 돈에 관한 당신의 의식에, 더 나아가 그래프에 얼마나 커다란 영향을 미치는지 확인해 보자.

지출 절감 자동화

첫 번째 질문은 "소비한 삶의 에너지만큼 충족감과 만족감, 가치를 느꼈는가?"다. 매달 각 지출 항목을 두고 이렇게 물으면, 선택을 더 날카롭게 의식할 수 있다. 결국, 달마다 총지출이 자동으로 줄어들어 점점 아래로 기우는 지출선을 보며 즐거워할 것이다. '돈의 가르침 4'에서 살펴봤듯이, 어떤 지출이 실제로 행복을 가져다주는지 아닌지 깊이 의식하면 '생존 메커니즘'이 활성화한다. 사실, 지금 당신은 자기 자신을 다시 설계하고 있다. 즐거움을 가져다준다고 생각했던 지출이나 습관적 소비가 실제로는 전혀 만족스럽지 않고 즐겁지 않다는 사실을 깨달으면, 이 메커니즘은 더욱 강력해진다.

가징거스 핀을 기억하는가? 곧 당신의 가징거스 핀이 무엇인지 발견할 것이다. 또 가징거스 핀에 삶의 에너지를 쏟아붓기 직전이라는 사실을 눈치챌 테고, 이 눈부신 깨달음의 순간이 모여서 지출을 줄일 것이다. 어떻게 그럴 수 있는지 살펴보자.

예전에 습관을 바꿔서 만족감을 높이려고 했을 때는 자신의 소비 패턴을 정확히 파악하지 못했을 것이다. 가징거스 핀 구매가 불만족의 원천이라는 사실을 알아보지 못하고, 오히려 매달려야 할 유일한 일이라고 여겼을 테다. 때로는 낭비벽 심한 생활 방식에 속죄하고자 괴롭게도 가징거스 핀을 포기하려고 했겠지만, 다시 가징거스 핀 코너에 서서 '이번 딱 한 번만이야, 딱 한 번만'이라고 속으로 중얼거렸을 것이다. 하지만 이제 당신은 막다른 길을 알아챘고, 돈의 미로를 위에서 내려다보며 깨달음을 얻을 것이다. "사실은 삶의 에너지를 소비하면서 만족스럽지 않아."

"잠깐." 당신은 눈을 크게 뜨고 불쑥 말할 것이다. "서재에 있는 책은 절반도 못 읽었어. 10년 동안 한 번도 퀼트를 안 만들었어. 이제 그만!" 이 작은 깨달음의 순간이 커다란 변화를 불러온다. 소비 방식과 충족감 사이의 연관성을 확실하게 파악했으니, 이제 더는 가징거스 핀에 사로잡히지 않을 것이다. 나 자신과 싸우지도, 행복과 만족감을 사려고 발버둥 치지도 않는다: 오히려 다른 곳에 삶의 에너지를 쓰며 충족감을 얻는다. 당신의 삶의 에너지, 더 나아가 당신 자신을 소중히 여긴다. 이런 관점에서 보면 방향을 바꾸기가 쉽다.

아이비는 멕시코계 미국인 부모님 밑에서 가난하게 자랐다. 살림이 넉넉했던 적은 단 한 번도 없었다. 하지만 부모님은 괴로운 가난을 인정하고 이야기하기는커녕 진부한 말만 늘어놓았다. "우리는 축복받은 거야." 가톨릭 신부님도 늘 이렇게 설교했다. "가난한 사람만

천국의 왕국에 들어갈 수 있습니다." 종교, 가난, 푼돈을 세면서 느끼는 좌절감이 뒤엉켜 아이비는 혼란스럽고 원망스러웠다. 어른이 되면 지출에 신경 쓸 필요도 없고 원하는 것은 무엇이든 살 수 있게 돈을 많이 벌겠다고 마음먹었다.

아이비는 자신의 가징거스 핀이 무엇인지 쉽게 알아챘다. 바로 옷이었다. 1단계를 밟으며 소유물 목록을 정리하던 아이비는 자신의 단순한 생활 방식에 흐뭇해하며 집 안을 거침없이 돌아다니다가 옷장에 이르렀다. '이 옷이 전부 어디서 왔지?' 다시는 가난에 허덕이지 않겠다는 결심은 언제나 완벽하게 차려입어야 한다는 필요로 바뀌었다. 아이비는 날마다 옷차림에 관한 칭찬을 몇 번 듣는지 헤아리면서 자기가 가난에서 얼마나 멀어졌는지 가늠했다.

물론, 전문직에 종사하는 아이비는 최고로 멋진 모습을 보여줘야 했다. 그래서 매달 새 옷을 여러 벌 샀다. 이번 달에 새로 산 정장 안에 지난달 구매한 블라우스를 받쳐 입으면 초라하게 느껴졌다. 아이비는 매달 가계부를 쓰면서 백화점 몇 군데가 흑자를 유지하도록 쏟아부은 삶의 에너지에 걸맞은 만족감을 느끼지 못한다는 사실을 금세 깨달았다. 그리고 힘겨운 노력도, 부정도, 박탈감도 없이 필요 없는 옷 구매를 멈췄다. 놀랍게도 아이비가 날마다 받는 칭찬 횟수는 전혀 줄어들지 않았다.

사회 운동 활동가에서 재무 설계사로 변신한 할은 자기가 무의식적으로 소비하는 항목이 평범한 가징거스 핀이 아니라는 것을 발견했다. 할의 가징거스 핀은 초대형 지출 맹점이라고 부를 만한 초거대

가징거스 핀이었다. 할이 경제적 독립을 향해 나아가는 과정은 그저 새 안경을 끼는 일이라기보다는 백내장 수술에 가까웠다.

할은 충족감과 가치관에 관한 질문을 던지면서 지난 8년 동안 얼마나 지루하고 피로했는지 알아차렸다. 무엇 때문에 곤경에 빠졌는지도 똑똑하게 알아보았다. 할은 재무 설계사로 일하려면 비싼 사무실이 필요하다고 생각했다. 하지만 사무실 유지비로 들어가는 막대한 삶의 에너지(매달 2900달러)를 보고는 그만한 가치를 얻고 있는지 의문이 들었다. 할은 업무 대부분을 전화나 우편으로, 혹은 고객의 자택에서 처리했다. 할이 사무실에서 일하는 모습을 본 사람은 아무도 없었다. 결국 할은 집에 업무 공간을 차렸다. 이제 사무실 유지비는 월 750달러에 그칠 뿐이다.

두 번째로 큰 지출 맹점은 자녀였다. 아이들은 이혼한 어머니와 함께 살았지만, 할은 양육비를 넉넉하게 지원했다. 그건 문제가 아니었다. 문제는 곁에 있어주지 못한다는 죄책감 탓에 아이들이 돈을 달라고 할 때마다 내주는 상황이었다. 자녀가 모두 아홉 명이다 보니, 이렇게 나가는 돈이 쌓여만 갔다. 게다가 아무리 많이 주더라도 아이들은 항상 더 많이 원했다. 솔직한 평가 과정을 거치며 세상 물정을 깨우친 할은 아이들이 끝없이 더 많은 용돈에 중독되도록 본인이 부추겼다는 사실을 간파했다. 할은 달라지기로 마음먹었다. 지금 아이들은 일종의 금단 증상을 겪고 있지만, 할은 미안한 마음에서 돈을 주는 습관을 그만둔 데에 만족한다. 4단계의 질문 세 가지를 고민하며 사소한 조정을 몇 가지 더 거친 할은 지출이 50% 줄었고, 훨씬 더 행복해졌다.

모두가 할처럼 '과도하게' 돈을 쓰지는 않는다. 하지만 파이어족 수백 명의 벽걸이 그래프를 살펴본 결과, 석 달이라는 고비를 넘긴 이들은 지출이 자연스럽게 별다른 어려움 없이 20% 정도 감소했다. 이들은 박탈감을 느끼지도 않았고, 짜놓은 예산에 맞추려고 버둥거리지도 않았는데 저절로 지출이 줄었다고 말한다. 특정 지출 항목에서 삶의 에너지를 소비한 만큼 만족하지 못한다는 사실을 깨달으면, 자기를 보호하는 방향으로 자연히 소비 습관이 뒤집힌다. 시간이 흐르면, 돈을 쓰지 않아서 정말로 기분이 좋아질 것이다. 눈앞의 가징거스 핀을 사지 않는 일이 충족감의 원천이 된다. 가징거스 핀은 충족감을 가져다주지 않는다고 스스로 판단했기 때문이다.

가치관에 맞는 생활과 개인적 통합

벽걸이 그래프에는 기대할 수 있는 것이 아직 더 많다. 매달 두 번째 질문을 통해 지출선이 아래로 기우는 모습을 확인해 보자. "이 삶의 에너지 소비는 내 가치관과 삶의 목적에 부합하는가?"

이 질문은 진실성을 확인하는 피드백 시스템이다. 스스로 분명하게 밝힌 가치관과 삶의 목적은 당신이 품은 가장 높은 비전과 진정으로 원하는 것을 반영한다. 그러므로 일상에서 가치관과 삶의 목적에 부합하는 방식으로 행동하고 싶을 것이다. 하지만 안타깝게도 내가 실제로 어떻게 행동하고 있는지 모르고 지나치기 쉽다. 가장 높은 비전과 의도에 들어맞지 않을뿐더러, 심지어는 모순되는 방식으로 행동하면서도 인지하지 못할 수도 있다. 설상가상으로 때로는 양심의 목소리를 재빨리 잠재워서 한순간의 변덕스러운 기분과 더 높은 목적 사이의 갈등을 해결하곤 한다.

《로마서》7장 19절은 인간적인 이 습관을 날카롭게 지적한다. "내가 원하는 바 선은 행하지 아니하고 도리어 원하지 아니하는 바 악을 행하는도다." 지출과 목표가 일치할 때 당신은 온전함과 진실함을 경험하고, 자기 자신을 긍정적으로 느낀다. 지출과 목적이 일치하지 않을 때, 다시 말해 "이 삶의 에너지 소비는 내 가치관과 삶의 목적에 부합하는가?"라는 질문에 확실하게 "아니오"라고 대답해야 할 때는 실망이나 자기비판을 겪을 가능성이 더 크다.

두 번째 질문을 고민하면서 지출이 줄어드는 경우가 많다. 무의식적인 지출 대다수는 우리 지갑을 통해 작동하는 감정적, 문화적 프로그램에 지나지 않기 때문이다. 물론, 매번 모든 지출이 줄어들지는 않는다. 지출 항목마다 '딱 알맞은' 액수에 집중하다 보면, 이제까지 나 자신에게 너무 인색했으며 돈을 더 써야 한다는 사실을 깨닫기도 한다. 한때 당신은 오페라 가수가 되는 꿈을 품었을지도 모른다. 지출 항목 중 어디에 성악 교습이 있는가, 있기라도 한가? 최고로 훌륭한 레슨을 받기 위해 이탈리아로 가야 할까? 보컬 트레이닝에 돈을 더 투자하면서 이 훈련이 수입으로 이어질 장기 계획을 세우는 쪽을 선택할 수 있다. 아니면 당신이 사는 도시의 시민 오페라 극단에 가입해서 음악 감독에게 무료로 교습받는 대신, 지금의 친구들과 어울리며 더 즐겁게 지낼 수 있다.

이 강화 과정(X에 돈을 쓴다 = 기분이 좋아진다, Y에 돈을 쓴다 = 기분이 나빠진다)은 정말로 효과 있다. 자동으로 소비하는 패턴을 깰 수 있다. 어느 지출 항목의 소비가 내 가치관에 어긋난다는 사실을 인식하기만 해도 그 항목의 자극에 다르게 반응할 수 있다. 이제 당신의 가치관과 삶의 목적에 부합하지 않는 대상에는 자연히 돈을 덜 쓸 것이다. 삶의 목적과 일치하는 곳에 돈을 쓴다는 사실, 즉 물질적 생활과 내면의 의식을 하나로 맞추고 있다는 사실을 알면 자기 자신을 더욱 긍정적으로 느낄 것이다. 이 통합이 재정 건전성의 핵심이다.

일레인에게는 삶의 목적이랄 게 없었다. 최대한 쾌락을 좇고 고통을 피하면서 그저 삶을 헤쳐 나가고 싶을 뿐이었다. 그런데 어린 시절을 돌이켜보던 중, 가족과 함께 시골로 나들이 가서 숲을 거닐던 일이 유일한 행복이었다는 사실을 알아차렸다.

FI 프로그램을 시작할 무렵 일레인은 형제자매 중에서 유일하게 '성공한' 사람이었다. 형제 한 명은 복지 수당을 받으며 세상을 등지고 살았고, 다른 한 명은 스스로 목숨을 끊었고, 나머지 한 명은 길에서 노숙했다. 고소득 직업, 스포츠카, 멋진 집을 가진 일레인은 본인의 눈에도, 가족의 눈에도 승리자처럼 보였다.

가치관에 꼭 들어맞도록 지출을 조절해야 한다는 말은 현 상태에 안주하던 일레인의 마음을 뒤흔들었다. 늘 외적 기준으로 자기를 평가했던 일레인은 남몰래 친구와 동료를 살펴보기 시작했다. 저 사람들한테는 더 높은 목적이 있을까? 사무실 동료 한 명은 '세상의 구원자' 유형이었다. 일레인은 자신을 물질만으로 평가하지 않는 동료에게 흥미를 느꼈고, 우정을 쌓았다. 곧 두 사람은 지역의 평화 단체 모임에 참석했다. 모임에서 만난 사람들 모두 자기 가치관에 따라서 더 잘 살아가는 방법, 세상에서 목적의식을 표현하고자 할 수 있는 행동을 고민하고 있었다.

이런 모임은 일레인이 주로 즐기는 활동으로 거듭났다. 일레인은 비싼 워크숍을 듣거나 최신 영화를 보러 가는 대신, 강의와 폰어톤 phone-a-thon(기부 요청 통화를 통한 모금 행사-옮긴이)에 참여했다. 주말마다 집 근처의 큰 공원을 찾아가서 숲을 거닐었다. 달마다 그래프를 그릴 때마다 지출선이 꾸준히 아래로 떨어졌다. 한 달에 4500달러가 넘던 생활비는 900~1200달러로 줄어들었다. 삶의 목적을 찾는 일은 일레인이 겪은 변화의 핵심이었다.

세 번째 질문 "돈을 벌기 위해 일할 필요가 없다면, 이 소비는 어떻게 달라질까?"는 지출에 더 커다란 영향을 미친다. 사람들은 경제적 독립 이후 지출이 더 적어진다는 사실을 알고는 퇴직 후 생활수준을 가늠하며 현재 지출선 밑에 희미하게 선을 그어보기도 한다. 캠핑카에서 살거나 생활비가 덜 드는 나라를 여행한다면 주택 담보 대출이나 월세 항목이 아예 사라지기도 한다. 세 번째 질문은 자유로운 삶을 향한 욕구를 자극하고, 당신은 그 자유에 더 빨리 도달하고자 속도를 높이려 할 것이다. 그래서 의식적으로 더 많이 저축한다.

"공정하고 자비로운 세상이라면 이 항목의 지출은 어떻게 달라질까?"라는 네 번째 질문까지 고민한다면, 앞으로 어떤 일이 일어날지 아무도 짐작할 수 없다.

'이례적인' 달은 어떻게 해야 할까?

그렇다. '이례적인' 달, 지출이 깜짝 놀랄 만큼 늘어나는 달도 있을 것이다. 보험료 납부 기한이 다가온다거나 예상치 못한 수리비가 나간다든가 갑작스레 병원비가 나가기도 한다. 심지어 해마다 세금이라는 헌혈 행사를 치러야 하는 4월이 돌아온다(미국은 4월 15일까지 세금 신고를 끝내야 한다-옮긴이). 이런 달은 어떻게 대처해야 할까? 우선, 매달이 이례적인 달이라는 사실을 알아차려야 한다. '이례적인' 지출을 담담하게 받아들이고, 신용카드 대신 현금으로 내는 법을 배우자. 이번 달의 세금 납부액은 다음 달의 보험료 납부액, 또 다른 달의 병원비 청구액과 같다.

1년에 한 번 지출하는 비용을 12개월로 나누어서 계산하는 전략도 괜찮다. 예를 들어 자동차 보험료가 한 해에 841달러라면[1], (자동차를 보유할 가치가 있는지 고민한 이후) 이 액수를 12로 나누어서 월별 지출로 정할 수 있다. 건강 보험료, 소득세, 재산세 등도 마찬가지다.

회계에 정해진 방법은 없다. 나한테 필요한 정보를 얻을 방법을 골라야 한다. 그래야 그래프를 보면서 현재 위치와 나아가고 있는 방향을 파악할 수 있다.

재정 상황 공개하기

이제 그래프 작성을 습관으로 굳히고 진행 상황을 즐겁게 바라볼 수 있으니, 책임감이라는 요소를 더할 차례다. 어떻게 하면 될까?

친구들과 머니 토크를 해보자. 친구들에게 돈 이야기를 나눌 때 기꺼이 귀 기울이는 대화 상대가 되어주겠다고 알려라. 당신을 재정 전문가나 코치, 조언가로 내세우라는 말이 아니다. 당신이 상대의 돈 이야기에 열린 마음으로 관심을 기울이며, 새롭게 거듭나는 여정을 몸소 걷고 있다는 사실을 보여줘야 한다. 아울러 머니 토크는 친구들에게 내가 돈을 잘 관리한다고 선언한 뒤 책임감 있게 행동하고 있는지 확인해 보라고 요구하는 일이기도 하다. 그러므로 정말로 돈을 잘 관리하고 싶어질 것이다. 수많은 사람들이 블로그를 만들어 경제적 독립을 향한 여정을 기록하며 구독자와 소통한다. 온라인 플랫폼에 월별 결산과 세금 신고서를 게시하는 사람도 많다.

블로그에 월별 결산을 올린다고? 그렇다. 이 역시 책임감을 끌어올릴 전략이다. 조 도밍게스의 세미나와 이 책의 이전 판본에서 우리는 그래프를 날마다 볼 수 있게 눈에 잘 띄는 곳에 붙여두라고 제안했다. 그래프를 최대한 활용하려면 눈에 잘 들어와야 하며, 그래야 꾸준히 실천하도록 자극을 줄 수 있다.

그래프를 숨기는 사람도 있다. 이런 사람들은 옷장 문 안쪽에 그래프를 붙인다. 그러면 재정 문제를 남몰래 숨기면서도, 매일 아침 출근을 준비할 때 돈을 신중하게 관리해야 한다는 사실을 되새길 수 있다. 경제적 독립을 이루겠다고 결심한 사람들에게 그래프는 직장 생활이 '하루만 더, 한 푼만 더' 되뇌며 버티는 일이 아니라 경제적 두려움과 재정 실패에서 벗어난다는 목표에 하루 더 다가가는 과정이라고 다시 한번 일깨워 준다. 그래프는 커피 한 잔이나 포옹처럼 힘을 북돋는다.

절대로 가난하게 살고 싶지 않았던 아이비는 백마 탄 왕자님을 만났다. 동화에서처럼 아이비는 성공적인 삶을 살았다. 남편, 두 아들, 목재 테라스 세 개와 파티오 두 군데와 인테리어 디자이너가 직접 고른 가구가 놓인 꿈의 집을 갖추었다. 통장 잔액을 걱정할 필요도 없었다. 그런데 현실이 닥쳤다. 아이비가 쌓아 올린 환상은, 결혼 생활은 물론이고 정신 건강까지 지탱할 만큼 튼튼하지 않았다. 아이비는 남편과 집, 스트레스 심한 직장에 작별 인사를 고했고, 짐 몇 가지만 이사 트럭에 실어서 아들과 함께 서부로 향했다.

7년 후, 아이비는 FI 과정을 통해 더 큰 자유로 가는 길을 찾았다. 친구 마거릿과 함께 다른 친구 스무 명에게 FI 프로그램을 실천해 보라고 권했고, 함께 성장하도록 도왔다. 친구들은 매달 만나서 깨달음과 성공 사례, 난관, 재정 생활의 세세한 부분까지 공유했다.

아이비는 그래프를 만든 후, 모임에서 공개해야 할지 고민했다. 그러자 오래 묵은 두려움이 다시 고개를 들었다. '부모님은 내가 미쳤다고 생각하실 거야. 자기 수입과 지출을 남들한테 보여주는 사람이 어디 있어. 그건…, 천박한 일이야. 그건….' 무엇 때문에 주저했을까? 재정 상태를 공개하는 일이 왜 두려웠을까? 아이비는 사람들이 자기를 함부로 재단하고, 자기가 가치 있는지 없는지 잴까 봐 두렵다는 사실을 깨달았다. 사람들이 숫자 몇 개로 아이비를 평가하고, 부족한 것 같으면 무시할지도 몰랐다. 하지만 결혼 생활을 끝내는 데 도움이 되었던 그 결의로 그래프를 모임에 가져갔다. 두려움은 사라졌고, 돈에 관한 속마음이 편안해졌다. 아이비가 쓴 돈은 그저 아이비가 쓴 돈일 뿐이었다. 아이비의 수입은 그저 아이비의 수입일 뿐이었다. 아이비는 남들에게 거실 소파 색깔을 말하듯이 수입을 말할 수 있었다. 별일 아니었다.

당신이 그래프를 보며 느끼는 감정은 돈과 맺은 관계의 변화를 반영하며 달라질 것이다. 그래프는 당신이 가치관에 따라서 잘 살고 있는지 보여주는 지표가 되며, 당신이 물질세계에 관한 모든 결정에 기울이는 관심을 드러낸다. 마침내 그래프는 자부심의 원천이 된다. 이 자부심은 오만함이 아니라 진실함에서 오는 깊은 만족감이다. 그러면 수많은 사람이 자신의 발전을 뿌듯하게 여기며 옷장에서 그래프를 꺼내 벽에 붙인다.

잠깐 멈춰서 지금 돈과 맺은 관계에 어떤 감정이 드는지 생각해 보자. 거실 벽에 당신의 재정 상황을 보여주는 그래프를 걸어두면 어떤 기분일까? 집에 들어오는 사람은 누구나 볼 수 있는 곳에 그래프를 붙여놓으면 어떨까? 마음이 편안할까, 아니면 불안할까? 당신이 불편함을 느끼는 정도는 재정 질병의 심각성을 가늠하는 척도다. 하지만 걱정하지 않아도 된다. FI 프로그램을 차근차근 밟다 보면, 불안감이 사라질 것이다.

경제적 독립은 FI 프로그램 실천의 부산물

FI 프로그램을 실천하는 사람들은 돈과 맺은 관계를 바꾸는 과정이 도전적이면서도 매력적이라고 말한다. 지출하는 한 푼 한 푼을 기록하는 일은 가게 계산대에서 치르는 즐거운 의식이 되고, 요즘 당신이 무엇에 관심을 두는지 궁금해하는 사람들과 흥미로운 머니 토크를 나눌 계기가 된다. 하이라이트는 월별 가계부를 작성하는 시간이다. 4단계의 질문 세 가지를 던지면 자기 가치관과 삶의 목적을 빠르고 정확하게 파악할 수 있다. 벽걸이 그래프에 월별 수입과 지출을 기록하는 작업은 돈에 관한 의식의 진실을 되돌아보는 시간이 된다. 이런 과정을 몇 달, 또는 1년 동안 실천하다 보면, 놀랍도록 만족스러운 FI 프로그램의 부수 효과가 모습을 드러낸다. 지출액보다 더 많은 돈을 꾸준히 벌면서 빚에서 벗어나 저축하게 될 것이다.

당신의 재정 상황을 고려할 때 혹시 이 과정 중에서 불가능해 보이는 일이 있는가? 우리가 앞으로 나아가도록 밀어주는 것은 삶의 조건이 아니라, 그 조건과 상호 작용하는 방식이다. 이 프로그램을 실천한 이들 가운데는 빚에 허덕이다 실직한 사람, 대학 교육을 받지 못했고 이력서에 커다란 공백이 있는 사람, 부양해야 할 가족이 있는 사람, 불황에 시달리는 지역에 사는 사람도 있다. 이 사람들은 '순풍'의 도움을 받지 못했다. 하지만 불어오는 바람을 능숙하게 활용하고 그 바람의 방향에 맞춰서 항해했다.

엄밀히 말해서 경제적 독립이란 근로 소득이 없어도 기본적 필요와 편의를 충족할 만큼 수입을 얻어서 시간을 어떻게 쓸지 스스로 선택할 수 있다는 의미다. 하지만 경제적 독립에는 빚을 갚고 저축을 늘리는 등 다른 측면도 있다.

경제적 독립이란 빚에서 벗어나는 것

빚은 무거운 짐이며, 빚에서 벗어나는 일은 엄청난 해방이다. 빚이 다 없어지기 전까지는 얼마나 커다란 부담인지 깨닫지 못한다.

당신은 어떤가? 빚이 있는가? 누구에게, 얼마나 갚아야 하는지 잘 아는가? 빚 때문에 비용을 얼마나 많이 치르고 있는지도 아는가? 아니면 죽음이 찾아올 때까지 주택 담보 대출, 자동차 할부금, 신용카드 대금을 갚아나가야 하는가?

많은 학생이 값비싼 졸업 증명서 한 장과 수만 달러짜리 학자금 대출을 안고 대학교를 졸업한다. 운 좋게 일자리를 구한 졸업생은 얼른 새 차를 뽑고, 이와 함께 새로운 빚더미가 쌓인다. 하지만 정규직으로 일하는데 2만 달러가 대수일까? 이들은 빚 때문에 출발선에서 얼마나 더 멀어지는지 제대로 보지 못한다.

빚이 영원하리라고 생각해서 가능한 한 적게 갚는 사람들은 사실상 수입을 줄이고 있는 셈이다. 월급 인상을 축하하려고 고금리 신용카드로 새 오디오 세트를 사면, 월급 상승분을 죄다, 혹은 그보다도 더 많이 날려버리게 된다는 사실을 모른다. 몇 년짜리 할부로 사는 차는 원래 표시 가격보다 훨씬 더 비싸다. 30년 만기 주택 담보 대출을 받았다면, 최종 상환 시점까지 그 집을 사는 데 들인 총비용은 이

자율에 따라 원래 집값의 두 배, 심지어는 세 배가 될 수도 있다.

수많은 연구에 따르면, 사람들은 현금 대신 신용카드를 사용할 때 돈을 더 많이 쓴다.[2] 빚 탈출을 돕는 일로 유명한 재정 상담가 데이브 램지Dave Ramsey는 신용카드를 아예 없애버리라고 강하게 권고한다. 간편한 신용 거래가 늘어난 탓에 특히 온라인 쇼핑에서 즉각적인 만족을 추구하기가 훨씬 쉬워졌다. 거래의 과정이 전부 그저 화면의 픽셀일 뿐이다. 이제 사람들은 미리 벌어놓은 돈으로만 물건을 사지 않는다. 앞으로 벌 수 있으리라 기대하는 돈으로도 물건을 살 수 있다! 빚이 현대인의 생활 방식으로 거듭난 바람에 우리를 직장에 묶어두는 범인이 바로 빚이라는 사실을 알아채기가 어렵다. 우리가 쉴 새 없이 죽어라 일하고, 오랫동안 잊고 있던 기쁨과 즐길 시간이 없는 사치품의 비용을 갚느라 죽어가는 것은 전부 빚 때문이다.

타냐는 자기 생활이 "낮에는 폭탄, 밤에는 평화"라고 묘사했다. 대규모 방위 계약을 맺은 첨단 기술 회사에서 그래픽 디자이너로 일했고, 교회가 후원하는 여러 봉사 활동에 참여하며 사랑을 실천했기 때문이다. 2만 6000달러 빚 때문에 다른 대안이 없어 보였다. 게다가 다른 길은 없다는 말을 거듭 들었던 터라 더는 양심의 가책으로 괴로워하지도 않았다.

FI 프로그램은 자비 없는 거울과 같았지만, 오히려 타냐는 자유를 얻었다. 타냐는 그래프에 '빚 없는 삶으로 가는 길'이라고 쓰인 작은 표지판을 달았다. 그 아래에는 숫자가 적힌 벨크로 조각을 여러 개 붙여놓고, 빚진 액수를 정확하게 기록했다. "마치 살을 45킬로그램이나 빼는 것 같았어요." 타냐는 임금 인상도 박탈감도 없이 2년 만에 빚을 깨끗이 갚았다.

인생에서 진정으로 만족스러운 일이 무엇인지 탐구하던 타냐는 코스타리카나 케냐 같은 곳에 단기 출장을 갔다가 건설 현장 일을 도왔던 경험이 가장 즐거웠다는 사실을 깨달았다. 타냐는 버려질 의료 용품을 모아서 사파리 여행 관광객과 함께 케냐로 가져갔다.

빚을 깨끗이 청산한 타냐는 다음 단계에서 무엇을 해야 할지 잘 알았다. 케냐 사람들은 치아 농양을 치료하지 못해서 죽어가고 있었다. 타냐는 직장을 그만두고 연립 주택을 세놓고 차를 다른 사람에게 빌려준 후, 케냐로 떠나서 1년 동안 치과 병원 설립을 도왔다. 빚이 없는 데다가 집과 차를 임대해서 받는 돈만으로도 케냐 시골의 생활비를 모두 충당할 수 있었다. 빚에서 벗어나니 마침내 선택권이 생겼고, 타냐는 마음 가는 대로 하기로 했다.

부채 청산도 경제적 독립의 한 형태다. 빚을 갚으면 선택의 자유가 되돌아온다. 재정 상황이 어떻든 "나는 누구에게도 빚진 것이 없다"라고 말할 수 있다면, 분별력과 존엄성, 자유가 있다는 뜻이다.

빚에서 탈출하면 선택의 여지가 생긴다. 급여로 받은 돈은 한 푼도 빠짐없이 내 것이라는 사실을 깨달으면 큰 힘이 생긴다. 타냐처럼 마음이 이끄는 대로 먼 나라나 다른 목표를 향해 떠날 수 있다. 그리고 어디에 있든 돈과 맺은 관계를 바꾸는 과정을 계속 즐길 수 있다. 꾸준히 지출을 수입보다 줄여나가면(그러는 와중에도 삶을 최대로 즐길 수 있다) 벽걸이 그래프에서 수입선과 지출선 사이가 점점 벌어질 것이

도표 5-2 지출, 수입, 저축을 표시한 그래프

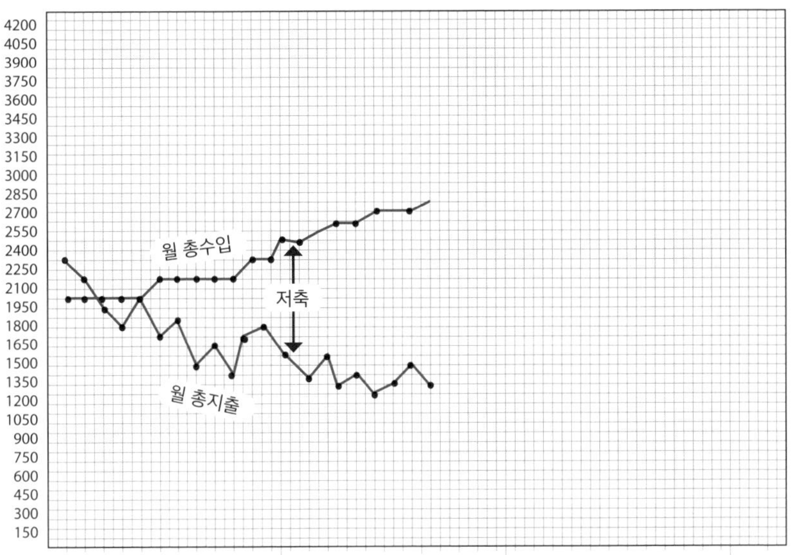

도표 5-2 지출, 수입, 저축을 표시한 그래프

다. 이 격차에는 이름이 있는데, 지난 몇 년간 이 이름을 말하는 사람
이 거의 없었다. 바로 저축이다(도표 5-2 참고). 저축 역시 경제적 독립
의 한 형태다.

저축왕 되기

지금 당신은 얼마나 저축하고 있는가? 아직도 빚에 시달리고 있
는가? 빚에서 빠져나오고 있는가? 번 돈을 모조리 쓰고 있는가?

저축은 경제적 독립을 이루는 데 매우 중요한 요소다. 이렇게 생
각해 보자. 월급의 100%를 지출한다면 절대 은퇴할 수 없다. 월급
의 0%를 지출한다면 축하한다! 이미 경제적 독립을 얻었고, 더는

돈을 벌려고 일할 필요가 없다. 그러면 100%와 0% 사이는 어떨까? 앞서 말했듯이, FI 프로그램을 실천하는 사람들은 지출을 평균 20%나 줄였다. 예전에 돈을 어디에 썼는지조차 기억하지 못하는 사람도 많다.

벽걸이 그래프에서 이런 변화를 확인하면, 정신이 번쩍 든다. 더 많이 저축할수록 더 빨리 경제적 독립을 이룰 수 있다. 저축은 이제 일종의 게임이 된다. 예를 들어서 식비 항목을 살펴보다가 끼니마다 고기를 먹는 일이 가장 큰 낭비라는 사실을 알아차리면, 고기 섭취량을 절반으로 줄이거나 고기 먹는 횟수를 줄일 것이다. 어느 재정 블로거는 1년 동안 새 옷을 사지 않기로 다짐했고, 어렵지 않게 실천했다.

노숙자를 변호하던 어느 사람이 미국인 대다수는 두 달만 월급을 못 받아도 노숙자 신세가 된다고 말한 적 있다. 우리는 그 말을 듣고 믿기 어려울 만큼 과장된 소리라고 생각했다. 그런데 소비자 부채 문제에 정통한 다른 전문가들은 두 달 치 월급이 보수적 추정치라고 했다. 월급을 단 한 달만 못 받아도, 심각한 질병에 단 한 번 걸리기만 해도 수많은 사람이 벼랑 끝에 설 것이다.

미국 연방준비제도이사회US Federal Reserve Board에서 2015년에 발표한 보고서를 보면, 미국인 47%는 긴급한 일로 400달러를 써야 할 경우 돈을 빌리거나 물건을 팔아야 한다.[3] 역사상 가장 부유한 나라 대열에 드는 이 땅에서 왜 이렇게 많은 시민이 간신히 먹고살아야 할까? 저축한 돈이 있다면 실업은 비극이 아니다. 월급을 받지 못하더라도 돈을 따로 저축해 뒀다면 재산을 팔아 치우지 않아도 된다. 게다가 이전에는 너무 바쁘거나 피곤해서 고려하지 못했던 선택지가 눈에 들어올지도 모른다. 이참에 캠핑카에 짐을 싣고 가족과 함께 전국을 여행할 수도 있다. 배낭을 메고 세계 여행을 떠날 수도 있다. 책을 읽을 수도 있고, 미뤄두었던 집안일을 남김없이 처리할 수도 있다. 새로운 기술을 배울 수도 있다. 그림을 그리거나 음악을 만드는 등 즐거움을 위해 창의력을 발휘할 분야를 탐색할 수도 있다. 내게 딱 맞는 직업을 찾아 한 해 내내 체계적인 구직 활동에 나설 수도 있다. 고등학교 졸업장이나 학사 학위, 석사 학위를 따고, 원하는 분야에서 완전히 새로운 단계로 올라설 자격을 얻을 수도 있다. 관심 있는 분야에서 풀타임으로 자원봉사를 할 수도 있고, 그러다가 유급 일자리를 제안받을 수도 있다. 가족과 다시 가까워질 수도 있다.

만약 1년 동안 유급 휴가를 낼 수 있다면, 그 시간을 어떻게 쓸지 고민해 보라. 아무런 아이디어가 떠오르지 않더라도 놀랄 필요 없다. 직업이 곧 나 자신이라고 여기다 보면 진정한 꿈과 욕망을 잠시 억누르기도 한다. 하지만 이 질문을 계속 고민하고, 1년 동안 월급을 받지 않아도 될 만큼 모아놓은 돈이 많다면 무엇을 선택할지 생각해 보자.

당신은 저축을 어떻게 생각하는가? 저축에 찬성하는가, 반대하는가? 빚을 다 갚으면, 더 좋은 직장을 얻으면 하겠다고 미루고 있는가? 저축이 당신의 자아상을 깎아내리고 있는가? 저축은 젊은 날이 다 끝났다거나 부모님에게 항복한다는 의미인가? 미루고 미루다가 '언젠가는' 할 일인가? '가처분 소득'이라는 말이 주머니 속 마지막

동전 한 푼까지 다 쓸 수 있다는 뜻이라고 생각해서 돈을 펑펑 쓰고 다니는가? 현재 재정 상황을 생각하면 저축은 불가능한 꿈처럼 느껴지는가? 저축에 관한 종교적, 정치적 신념은 어떤가? 지출하고 남은 돈은 교회에 십일조로 내야 하는가, 가난한 사람들에게 나눠 줘야 하는가, 어느 단체에 기부해야 하는가? 여기서 핵심은 반드시 저축 습관을 바꾸는 일이 아니라, 저축에 관한 자기 성향을 파악해서 FI 프로그램을 실천하며 자연스럽게 늘어나는 저축액을 쉽고 성실하게 관리하는 일이다.

저축에 생명력을 불어넣는 방법도 나중에 살펴보겠다. 저축한 돈을 양도성 예금 증서나 공채 증서(예를 들어 미국 국채, 회사채, 지방채 등 AA 등급 이상의 채권), 직장의 매칭 펀드 옵션에 넣고 가만히 내버려두면, 복리의 마법 덕분에 저절로 돈이 불어날 것이다('돈의 가르침 8'에서 알아보겠다). 일찍 시작할수록 돈을 더 많이 모을 수 있다. 아주 자명한 사실이다. 부모가 어린 자녀를 위해 일찌감치 저축 계좌를 만들어주는 것도 이 때문이다. 저축률은 시간에 따라 변할 것이다. 하지만 잘 계획해서 저축금 일부를 예금 계좌나 안전한 투자 상품에 넣는 일은 현명하게 쇼핑해서 상품 구매 비용을 아끼는 것과 같다. 두 경우 모두 적은 비용으로 더 많이 얻을 수 있다.

그러므로 저축은 경제적 독립의 한 형태다. 저축은 직업에 관한 새로운 용기를, 삶에서 소홀히 했던 부분을 탐험할 놀라운 힘을 선물한다. 프리랜서나 임시직으로 일하다가 맞는 어려운 시기를 극복하는 데에도 도움이 된다. 노숙자로 내몰리지 않을까 하는 무의식적 두려움을 없애주고 절박한 상황을 맞닥뜨렸을 때 어리석은 선택을 하지 않도록 막아준다. 미래에 닥칠 긴급 상황에서, 빚에서, 정년이 될 때까지 오전 9시부터 오후 5시까지 일하는 삶에서 벗어날 잠재력을 키워준다.

저축은 강에 댐을 짓는 일과 같다. 댐 뒤에 모이는 물은 위치 에너지가 점점 더 커진다. 삶의 에너지(돈)를 은행 계좌에 모으면 집에 페인트를 칠하는 것부터 삶의 방향을 바꾸는 것까지 무엇이든 할 수 있는 에너지가 쌓인다.

이 모든 게 그래프에서 나온다고?

벽걸이 그래프에 마법 같은 것은 없다. 월초에 숫자를 표시하고 그달 내내 그래프를 무시하더라도 아무 일도 벌어지지 않는다. 하지만 그래프와 상호 작용하고, 눈에 잘 띄는 곳에 두고, 그래프가 하는 말에 귀 기울이고, 꾸준히 그린다면 시간이 흘렀을 때 변화를 느낄 것이다. 시간이 지나면서 달라지는 수입과 지출, 저축 패턴을 줄곧 파악하는 것도 경제 지능의 일부다.

◆ 그래프는 돈과 맺은 관계를 바꾸겠다는 의지를 끊임없이 일깨우는 신호다. '눈에서 멀어지면 마음에서도 멀어진다' 증후군을 극복하게 돕는다. 무의식적 소비 습관을 바꾸겠다는 결심

을 기억하라고 외친다.

- ◆ 그래프는 현재 상태와 목표를 향해 나아가는 과정을 단박에 명확하고 생생하게 보여주는 피드백 시스템이다. 돼지 저금통을 가르거나 월별 가계부를 꺼내지 않고도 진행 상황을 알 수 있다. 그래프의 두 선은 올라가거나 내려가고 있다.

- ◆ 그래프는 성취한 발전에 흡족해하며 훨씬 더 높은 곳으로 나아가도록 박차를 가하는 자극제다. 일상에 지치고 힘들 때 벽에 붙여놓은 그래프를 잠깐 들여다보면 씨를 뿌려놓은 아름다운 삶을 떠올릴 수 있다.

- ◆ 그래프는 좌절감이 스멀스멀 다가오거나 에너지가 바닥났을 때 계속 전진하도록 고무하는 격려다. 유혹이 불쑥 덮쳐 올 때, 월말에 그래프를 마주하면 더 건강한 선택을 하는 데 도움이 된다.

- ◆ 그래프는 당신의 진실성을 솔직하고 명확하게 드러낸다. 벽에 붙인 그래프 앞에 서서 진행 상황에 관해 자기 자신에게 거짓말하기는 어렵다(적어도 그래프가 없을 때보다는 더 어렵다).

- ◆ 그래프는 삶의 에너지를 존중하라는 한결같은 제안이다. 수입은 당신이 보낸 귀중한 시간의 상당 부분을, 지출은 그 귀중한 시간을 사용한 방식을 나타낸다. 그래프는 이 시간 자원을 최대한 잘 관리하라는 메시지를 보낸다.

- ◆ 그래프는 개인 재정 문제를 향한 관심을 자극한다. 관련 도서를 읽고, 팟캐스트를 듣고, 강좌에 참석하고, 이에 대해 더 잘

아는 친구들과 대화하면 재정 지식을 쌓을 수 있다.

♦ 그래프는 부단한 지지를 끌어모은다. 다른 사람들도 볼 수 있는 곳에 그래프를 붙여놓으면 관심과 참여를 유도할 수 있다. 가족과 친구가 곁에서 응원하면 힘이 생긴다. 앞으로 그들과 함께할 머니 토크를 생각해 보라!

린다와 마이크 레니치 부부의 마지막 도전

린다와 마이크 레니치는 1992년 7월에 라디오 프로그램에서 FI 프로그램을 접한 직후 아홉 단계를 시작했다. 당시 레니치 부부는 빚이 5만 2000달러였다(자동차 할부금과 주택 담보 대출). 벽의 그래프를 보며 강력한 동기를 얻은 두 사람은 FI 프로그램의 각 단계를 차례대로 밟으며 1993년 7월에 빚에서 완전히 벗어났다.

이뿐만이 아니었다. 도표 5-3을 보면 1986년부터 빚을 지고 있었다는 사실을 알 수 있다. 그때는 빚이 7만 5000달러가 넘었다. "100만 달러를 보장하는 비트 더 마켓beat the market(시장의 기대 수익률보다 높은 투자 수익을 내기 위한 적극적 투자 전략-옮긴이)" 주식과 원자재 투자 계획을 좇느라 한동안 최대 12만 5000달러에 이르는 빚에 시달렸다. 마이크는 이 책 덕분에 현실을 인식하고, 변화에 전념하고, 소비를 의식할 수 있었다고 말한다.

두 사람은 느리지만 꾸준한 노력 끝에 수년 전 경제적 독립을 성

도표 5-3 레니치 부부의 저축과 급여 그래프

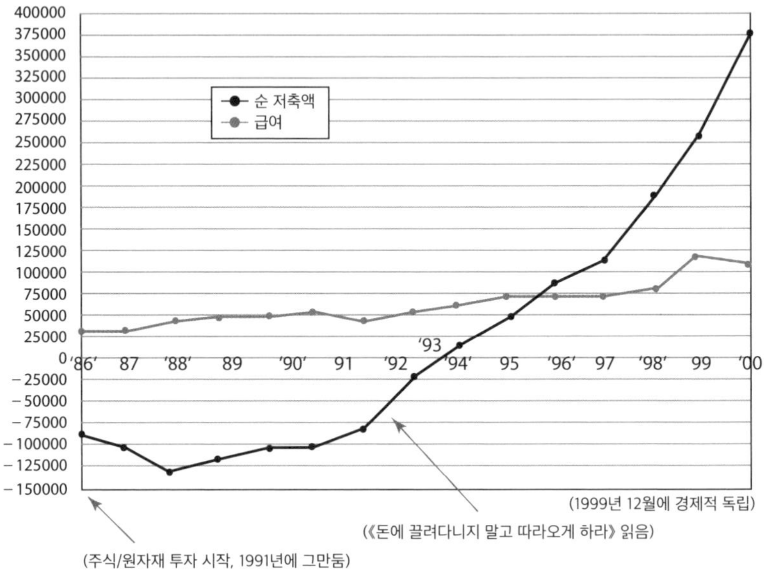

취했다. 이후 린다는 퀼트 만들기에 커다란 사랑과 많은 시간을 쏟았다. 마이크는 기타 연주 실력을 갈고닦았고, 요즘도 클럽에서 공연하며 부수입을 올리고 있다. 아울러 FI 프로그램의 각 단계를 생활에서 실천하는 모임을 몇 년 동안 이끌었고, 지금은 돈 관련 지식을 활용해서 노년층 사람들이 은퇴 저축금을 관리하도록 돕고 있다.

머니 토크를 위한 질문

사회적 지지는 행동 변화의 핵심 요소다. 다른 사람들의 지지는 열의와 책임감을 심어준다.

- ◆ 행복해지려면 돈이 얼마나 많이 필요할까?
- ◆ 돈과 맺은 관계를 바꾸는 데 누가 또는 무엇이 도움을 줄 수 있을까?
- ◆ 친구나 연인, 상사, 낯선 사람 등 다른 사람의 수입을 알 수 있다면 무엇이 달라질까?
- ◆ 저축하는 동기는 무엇인가?
- ◆ 저축하는 데 도움이 되는 것은 무엇인가?

6

가장 단순하게 지출을 줄여라

Your Money
or
Your Life

작은 지출을 경계하라.

작은 구멍이 거대한 배를 침몰시킨다.

Beware of little expenses;

a small leak will sink a great ship.

_벤자민 프랭클린Benjamin Franklin

절약은 충족의 열쇠일까?

성취 곡선의 정점에 있는 삶, 언제나 풍족하지만 절대로 과도함에 짓눌리지 않는 삶을 가리키는 표현이 영어에 없다는 사실은 애석하면서도 의미심장하다. 안타깝게도 '나는 충분하다'나 '나는 충분한 삶을 선택했다'라는 말로는 FI 프로그램을 실천하면서 얻는 풍요롭고도 소박한 삶을 설명할 수 없다.

단순함과 미니멀리즘이라는 말은 과도하지 않다는 뜻이지만, 수도사처럼 금욕적이라는 의미로 느껴질 때가 있다. 정리정돈 기술은 물건에 집중할 뿐 시간과 돈, 충족감 같은 더 깊은 영역에는 별로 관심이 없다. 원래 근검절약frugality이라는 말이 이런 뜻을 아울렀지만, 20세기 중반에 이르러서 대공황 시대를 겪은 조부모에게나 어울리는 촌스러운 개념이 되어버렸다.

절약은 어쩌다 인기를 잃었을까? 고대에는 소크라테스와 플라톤 모두 중도golden mean를 칭송했다. 구약성서("가난도 부도 아니고 오직 필요한 만큼만 주옵소서")와 예수의 가르침("하나님과 재물을 겸하여 섬길 수 없느니라")도 영적인 삶을 풍요롭게 하는 데 물질적 단순함이 얼마나 중요한지 극찬한다. 벤저민 프랭클린, 헨리 데이비드 소로, 랠프 월도 에머슨, 로버트 프로스트 등 저명한 인물들 역시 지구를 향한 존중과 천국에 닿고자 하는 갈망에서 절약의 미덕을 추구했다. 우리의 기반은 절약이다. 이제는 절약이라는 단어의 실천과 다시 친구가 되어야 할 때다.

절약이라는 단어를 탐험하며 절약이 충족의 열쇠가 될 수 있을지 함께 알아보자.

근검절약의 기쁨

사전에서 검소frugal라는 낱말을 찾았더니 '돈을 지출하거나 물질 자원을 사용할 때 경제적으로 실천하거나 경제성을 특징으로 하는' 이라는 뜻이 나왔다.[1] 맞는 말이다. 실용적이고 유용하고 꽤 무미건조한 단어다. 파이어족이 경험하는 '충분함'의 우아함이나 품위는 전혀 없다. 하지만 사실 frugal은 라틴어 frug('미덕'이라는 뜻)와 frux('과일' 또는 '가치'라는 뜻), frui('즐기다' 또는 '이용하다'라는 뜻)와 어원이 같다. 절약이란 삶의 에너지 전부와 당신이 사용하는 모든 것에서 훌륭한 가치를 얻는 미덕을 즐기는 것이다.

이런 뜻풀이는 단순히 흥미로운 수준을 넘어 변화를 불러온다. 절약은 우리가 가진 것을 즐긴다는 뜻이다. 원피스가 열 벌이나 있는데도 입을 옷이 없다고 느낀다면, 강박적인 쇼핑광이라고 보아야 할 것이다. 무언가를 손에 넣는 짜릿함이 가지고 사용하는 기쁨보다 더 크기 때문이다. 하지만 원피스 열 벌을 수년 동안 골고루 즐겨 입었다면, 검소한 사람이다. 낭비는 소유물의 수와 양이 아니라 소유물을 즐기지 못하는 데서 온다. 절약의 성공 여부는 인색한 태도가 아니라 물질세계를 즐기는 정도로 측정한다.

물질세계를 즐긴다고? 그건 물질주의 아닌가? 절약하는 사람들은 물질주의에 반대하지 않나? 아니다. 둘의 차이는 우리가 주의를 기울이는 방식에 달렸다. 물질주의자가 보기에 세상은 이용되고자, 보통은 소모되고자 존재한다. 게다가 물질주의자는 무엇을 소유했는지, 다른 사람들이 그 소유를 어떻게 생각하는지에 따라 자기 가치를 평가하며 '더 많을수록 더 좋고, 절대로 충분하지 않다'는 쳇바퀴를 돌기도 한다. 반대로 검소한 사람은 무엇에서든 온전한 즐거움을 얻으려고 한다. 물질주의자라면 아침 식사로 팬케이크를 먹기 전에 오렌지 다섯 개를 짠 주스를 먹을지도 모른다. 반대로 검소한 사람은 오렌지 한 알을 맛나게 먹기를 좋아한다. 과일 전체의 색깔과 질감, 껍질을 벗기면 풍기는 향과 터지는 과즙, 반투명한 과육 조각, 과육을 씹을 때 혀로 느껴지는 새콤달콤함, 빵과 과자를 구울 때 쓰려고 껍질을 따로 보관하는 즐거움까지 만끽한다.

검소하다는 것은 소유물 대비 기쁨이 더 많다는 뜻이다. 물질을 하나 소유할 때마다 기쁨을 하나씩 얻는다면, 검소한 사람이다. 하지만 소유물 열 개가 있어야 기쁨 측정기에 하나가 찍힌다면, 삶의 의미를 놓치고 있다는 의미다.

스페인어에는 이 모두를 아우르는 단어가 있다. 바로 아프로베차르aprovechar다. 바닷가에서 보내는 화창한 날이든, 남은 음식으로 맛있는 요리를 새로 만들든, 무언가를 현명하게 이용한다는 뜻이다. 매 순간 사물이 내어주는 좋은 것을 남김없이 즐기며 삶에서 가치를 최대로 얻는다는 뜻이다. 소박한 식사도, 잘 익은 딸기 한 접시도, 바하마 제도 크루즈 여행도 '아프로베차르' 할 수 있다. 여기에는 인색하다는 느낌이 전혀 없다. 햇살과 풍미가 흘러넘치는 흥미진진한 단어다. 절약하다는 말이 이렇게 달콤하게 들린다면 얼마나 좋을까.

'더 많을수록 더 좋고, 절대로 충분하지 않다'는 사고방식은 절약 시험에 실패한다. 단지 과도하게 소유했기 때문이 아니라 이미 가진 것을 즐기지 못하기 때문이다. 정말이지 우리가 즐기는 대상은 물질 자체가 아니라 그 물질이 상징하는 것, 다시 말해 정복, 지위, 성공, 성취, 자존감, 창조주의 호의다. 꿈에 그리던 집, 멋들어진 차, 완벽한 배우자를 얻어도 그 대상을 온전히 즐기려고 잠시 멈추는 경우는 별로 없다. 그 대신 다음으로 탐나는 대상을 손에 넣으려고 달려간다.

사전에 나오는 절약의 정의를 보고 교훈을 하나 더 찾을 수 있다. 우리는 무언가를 즐기기 위해 소유할 필요는 없다. 단지 그 대상을 사용하기만 하면 된다. 소유 여부와 상관없이 어떤 물건을 즐긴다면, 검소한 사람이다. 삶에서 즐거움을 얻고 싶다면 무언가를 소유하기보다(더욱이 소유한 물건을 유지하는 데 시간과 에너지를 들이기보다) 즐기는 편이 훨씬 더 낫다. 다행히 오늘날 젊은이는 이전 세대보다 소유에 덜 집착하는 듯하다. 수입은 한정적이고, 영화부터 오디오북, 자동차까지 무엇이든 주문하면 잠시 이용할 수 있는 서비스가 늘어나면서 소유의 이점에 의문을 품고 공유 경제의 즐거움을 찾고 있다.

그렇다면 절약은 공유하는 법, 세상을 그들의 것과 나의 것이 아니라 우리의 것으로 보는 법을 배우는 일이다. 우리는 무언가를 원한다면(과거에 원했거나 미래에 원할 것 같다면), 그것을 '내 것'이라는 세상의 경계 안으로 가져와야 한다고 생각한다. '내 것'의 벽 바깥에 있는 것은 적의 것이 아니라 '나머지 우리'의 것이라는 사실을 알아차리지 못한다.

단어에서는 명확하게 드러나지 않지만, 검소하게 지내면서 충분히 가지는 데 만족하는 삶은 다른 사람들이 더 많이 얻도록 양보한다. 그러므로 절약은 실용적이면서도 윤리적이다. 자원을 공유하면 생활비가 줄어들고, 각자가 이용하는 물건과 서비스의 범위가 넓어진다. 잔디깎이부터 자동차, 손님방, 중고품 가게나 온라인 중고 거래 서비스에 떠넘기는 잉여 물건까지 자원을 공유하면 지구에서 캐고, 태우고, 잠시 쓰다가 버리는 자원이 적어진다. 공유를 통해 바다에 플라스틱을 덜 버리고, 매립지에 쓰레기를 덜 버릴 수 있다. 공구 대여 서비스, 남는 물건을 팔거나 나눠 주는 과정을 돕는 온라인 서비스, 이웃에게 잔디깎이나 수레를 빌려주는 일(그러면 고마워서 답례로 빵을 주거나 우리 집 개를 돌봐줄지도 모른다)처럼 가진 것을 조금이라도 나누면 주는 사람과 받는 사람 모두의 삶이 더 풍요로워진다.

풍족하게 가진 것을 남들에게 베풀거나 다른 사람에게 받으면 즐겁다. 게다가 날마다 시간을 나누고, 서로 돕고, 선물을 주고받고, 귀 기울여 이야기를 들어주면 공동체를 이룰 수 있다. 공동체야말로 진짜 보물이다. 공동체의 일원이 되면 편안한 마음으로 소속감을 느끼고 필요할 때 도움을 받을 수 있다. 절약은 완벽하게 자립해서 홀로 지내는 고독한 방랑자가 된다는 뜻이 아니다. 물질적 소유물 이상을 줄 수 있고 그 이상을 즐길 수 있다는 사실을 안다는 뜻이다. 사실, 경제적 상호 의존은 '더 많을수록 더 좋다'에서 '충분하면 만족스럽다'로 바꾸는 데 중요한 열쇠다.

절약은 우리가 추구하는 균형이다. 내가 사는 세상에서 효율적으로 행복을 거둬들이는 일이다. 올바른 사용('right use'라는 말은 도덕적으로 옳다는 뜻인 'righteous'와 발음이 같다)은 다시 말해 돈과 시간, 에너지, 공간, 소유물을 현명하게 관리하는 것이다. 오트밀죽이 너무 뜨겁지도 않고, 너무 차갑지도 않고 딱 적당하다는 동화 속 소녀 골디락스의 말이 정확하다. 절약이란 너무 많지도 않고, 너무 적지도 않고 딱 적당한 것이다. 아무것도 낭비하지 않는다. 사용하지 않고 내버려두지도 않는다. 말끔한 기계와 같다. 단순하지만 우아하다. 마법의 단어, 충분함과 같다. 충만하고 배울 수 있고 이바지할 수 있는 삶을 위한 출발점이다.

이 사실을 염두에 두고 절약 방법을 함께 알아보자. 인색하게 굴라거나, 임시변통으로 견디라거나, 각박한 구두쇠가 되라는 말이 아니다. 창의적인 절약, 삶의 에너지를 쓸 때마다 만족감을 최대한으로 얻는 삶의 방식을 알아보자는 말이다.

이제 당신은 돈이 삶의 에너지라는 사실을 배웠으니, 즐겁지도 않고 사용하지도 않을 것에 돈을 낭비하는 일이 어리석게 느껴질 테다. '돈의 가르침 2'의 계산을 떠올려 보라. 당신이 40세라면, 당신의 은행 계좌에는 삶의 에너지가 356만 532시간 남아 있을 것이다. 지금은 많아 보일지도 모른다. 하지만 인생 막바지에 이르러서는 그 시간이 너무나 귀하게 느껴질 것이다. 이 시간을 알차게 보내면 나중에 후회하지 않을 것이다. 우리는 직업을 통해 수입을 최대한 늘리는 일과 우정, 인맥, 기술 등 다른 형태의 재산을 쌓는 일 사이에서 평생 균형을 잡아야 한다.

결국 창의적인 절약은 자존감의 표현이다. 절약은 물질적 소유물에 투자하는 삶의 에너지를 존중하는 일이다. 신중하게 소비해서 삶의 에너지를 아끼는 것이야말로 최고로 자기를 존중하는 일이다.

6단계: 지출 최소로 줄이기

이 단계에서는 삶의 에너지(돈)를 똑똑하게 사용하고, 지출을 의식적으로 줄이거나 없앤다.

다음에 나오는 각 항목을 선택지라고 생각해 보라. 흥미롭거나 고무적인 항목은 자세히 살펴보고, 나머지는 지나쳐도 좋다. 다양한 내용을 실어두었지만, 당신에게 모든 항목이 알맞지는 않을 것이다. 필요에 따라 받아들이거나, 버릴 것들을 구분하고 나의 삶에 왜 그 항목이 필요한지를 생각해 보자.

기억하자. 여기서 밝히는 아이디어는 기회이지, 의무가 아니다. 절약은 즐거움을 위한 일이지, 인색함을 위한 일이 아니다. 행복하게 저축하기를. 아니, 행복하게 절약하기를!

돈을 절약하는 확실한 방법 한 가지

남들에게 잘 보이려고 애쓰지 마라

다른 사람의 시선에 지나치게 신경 쓸 필요는 없다. 시간과 돈을 끝없이 낭비할 뿐만 아니라, 남들 역시 남들에게 잘 보이려고 애쓰느라 당신의 노력을 알아차리지 못한다. 이것도 그나마 나은 경우다. 최악의 경우, 당신이 자기를 앞지른다는 사실에 분개한다.

소스타인 베블런Thorstein Veblen이 1899년에 《유한계급론》을 출간했을 때는 이 책이 큰 반향을 일으키지 못했다. 하지만 베블런이 만든 용어 '과시적 소비'는 우리 문화의 핵심으로 자리 잡았다. 베블런 책의 서문에서 사회 평론가이자 작가 스튜어트 체이스Stuart Chase는 베블런의 이론을 이렇게 요약했다.

"지금 시대와 이전의 모든 시대에서 최저 생계선보다 더 위에 있는 사람들은 사회가 준 잉여를 대개 유용한 목적으로 사용하지 않는다. 자기 삶을 확장하고 더 현명하고 지적이고 이해심 있게 살려고 하는 대신, 잉여가 있다는 사실을 다른 이들에게 자랑하려고 하며 (…) 자아를 부풀리는 즐거운 일에 돈과 시간, 노력을 헛되게 낭비한다."[2]

과시적 소비가 인류의 다양한 문화에서 나타나는 진화적 일탈이라고 해서 반드시 이 관습의 덫에 빠질 필요는 없다. 요즘은 소셜 미디어 때문에 비교에서 벗어나기가 더 어렵다. 친구들이 이국적 장소에서 보낸 휴가, 고급 레스토랑에서 즐긴 식사, 새로 산 장난감 등을 은근히 자랑하는 게시물을 자꾸 올리기 때문이다. 남들에게 멋져 보이려고 애쓰는 일을 멈추면 수천 달러, 어쩌면 수백만 달러를 아낄 수 있다. 꼭 남들에게 잘 보여야 한다면, 창의적인 DIY 프로젝트나 여행 꿀팁으로 돈을 얼마나 절약했는지, 혹은 리조트에 가는 대신 캠핑하면서 아름다운 자연을 어떻게 경험했는지 보여주는 것도 좋은 방법이다.

돈을 절약하는 확실한 방법 열 가지

1. 쇼핑하지 마라

쇼핑하지 않으면 시간은 물론 돈도 안 쓸 수 있다. 물론, 정말로 필요한 물건이 있다면 가게에 가서 사야 한다. 하지만 단순히 쇼핑이 목적이 되어서는 안 된다.

예전에는 이 제안을 따르기가 정말 간단했다. 직접 가게에 가지 않으면 아무것도 살 수 없었다. 하지만 이제는 휴대 전화만 톡톡 두드리면 세상의 거의 모든 물건을 며칠, 심지어 몇 시간 안에 집 앞까지 배달받을 수 있다. 쇼핑을 적극 즐기지 않더라도 온라인 세상에 접속하면 광고에 끊임없이 노출된다. 광고는 나의 욕구와 필요를 갈수록 정확하게 겨냥하고, 휴대 전화 화면과 소셜 미디어 피드와 메일함에는 내 돈을 아껴준다는 '관련성 있는' 상품으로 넘쳐난다. 한때 신성불가침의 영역이었던 뉴스 콘텐츠가 기사처럼 보이는 유료 광고와 뒤섞여 있다. 이런 할인 혜택을 현명하게 활용하면 필요한 물건을 저렴하게 살 수 있지만, 차를 타고 쇼핑몰까지 갈 필요가 없어지면서 불필요한 물건에 돈을 낭비하기도 훨씬 쉬워졌다.

오프라인 쇼핑도 살펴보자. 2014년에 미국 성인 1000명을 대상으로 수행한 전화 설문 조사에 따르면, 응답자 중 75%가 충동구매를 경험한 적 있다고 답했다. 충동구매란 매장에 들어갈 때는 물건을 살 의사가 없었지만 갑작스럽게 욕구가 일어나서 물건을 구입하는 일을 가리킨다. 구매를 가장 크게 자극하는 요소는 대체로 흥분이었지만, 남성은 취했을 때, 여성은 지루하거나 슬플 때 물건을 사는 경향이 있었다. 아울러 남녀 모두 화났을 때 물건을 산다고도 대답했다. 응답자 절반은 청구서가 도착하면 후회한다고 말했다.[3]

쇼핑은 어쩌다 온 국민이 가장 좋아하는 여가 활동이 되었을까?

쇼핑은 필요한 상품과 서비스를 구매하는 단순한 행동이 아니며, 우리는 무수히 많은 욕구를 쇼핑으로 충족하려고 한다(하지만 너무나 자주 쇼핑해야 하므로 당연히 욕구를 충족하지 못한다). 이런 욕구에는 훌륭한 업무 성과에 대한 보상, 우울감 퇴치, 자존감 향상, 과시, 지위 향상, 양육 따위가 있다. 쇼핑몰의 경우, 사교 활동과 시간 관리라는 욕구도 더해야 한다. 소비는 우리가 가장 좋아하는 황홀경이자, 국가에서 허락한 중독이 아닌가 싶다.

그렇다면 어떻게 해야 할까? 쇼핑을 보상이나 휴식, 오락거리로 이용해서는 안 된다. 홍보 이메일 수신을 거부하거나, 적어도 기본 메일함에 필터를 설정해서 당신을 유혹하는 제안에 노출되지 않도록 하자. 미디어를 구석구석 잘 파악해서 내가 소비하는 콘텐츠에 누가 비용을 대는지 알아보라. 그러면 숨은 광고를 알아챌 수 있다. 가장 중요하게는 필요한 것만 사는 습관을 들여야 한다. 이는 근육을 단련하는 일과 같다. 평소에 절약 근육을 단련하자. 시간이 지나면서 근육이 튼튼해지면 타깃 광고에 휘둘리지 않을 것이다. 그러면 돈뿐만 아니라 더 많은 것을 아낄 수 있다. 정신 건강은 물론 영혼까지 살릴 수 있다.

2. 분수에 맞게 생활하라

이 개념은 지나치게 구식이라 대체 무슨 의미인지조차 모르는 사람도 있을 것이다. 분수에 맞게 생활한다는 것은 내 형편에 살 수 있는 것만 신중하게 사고, 제때 갚을 수 있다는 확신이 없다면 빚을 지지 않고, 만일을 대비해서 늘 돈을 저축해 둔다는 뜻이다. 이런 생활 방식은 신용 거래가 늘어나기 전인 몇 세대 전만 해도 꽤 유행이었다. 분수에 넘치는 생활에는 장단점이 있다.

장점으로는 당장 원하는 것을 모조리 가질 수 있다. 단점으로는 그 대가를 이자로 평생 치러야 한다. 자동차부터 주택, 휴가까지 신용으로 사면, 구매 가격의 세 배를 내야 할 때가 많다. 올해 하와이에서 2주 머무는 일이 내년에 4개월 정도 더 일해서 비용을 갚을 가치가 있을까? 신용카드를 전부 없애야 한다는 말이 아니다. 당장 갚을 수 없는 돈이라면 신용카드를 쓰지 않는 편이 좋다는 말이다. 뜻밖의 곤경을 만난 사람에게는 신용카드가 생계를 이어갈 방법이 된다는 사실을 우리도 잘 안다. 하지만 필요와 사치를 구분해서 빚을 최소로 줄이는 것이 중요하다.

형편에 맞게 생활하려면 돈이 생길 때까지 기다렸다가 물건을 사야 한다. 그러면 이자 비용을 피할 수 있다. 게다가 기다리는 시간 동안 결국에는 원하지 않는 물건이었다는 것을 깨달을지도 모른다. 소득 수준에 맞는 생활의 좋은 점은 가진 것을 마음껏 쓰고 즐기며 충만한 만족감을 얻는다는 것이다. 산 지 10년이나 지났지만 여전히 멋진 차든, 무척 아끼는 코트든, 오래된 집이든 말이다. 또한 경제적으로 어려운 시기가 닥쳐도 견뎌낼 수 있다. 어려운 시기가 나에게 결코 오지 않을 것이라고 생각하지 말자.

3. 가지고 있는 것을 잘 관리하라

우리 모두 오래도록 잘 유지하려고 하는 것이 하나 있다. 바로 우리 몸이다. 증명된 건강 관리법을 잘 따르기만 해도 돈을 많이 아낄 수 있다. 예를 들어서 치아를 잘 관리하면 치과 진료비 수천 달러를 절약할 수 있다. 맛이 아니라 에너지로 판단했을 때 내 몸에 맞는 음식을 먹으면 수천 달러짜리 값비싼 수술을 받지 않을 수 있다. 목숨을 구한다는 장점은 말할 것도 없다.

이 원칙을 소유물 전체에 적용해 보라. 찢어진 옷을 수선하고, 낡은 신발 밑창을 바꾸고, 컴퓨터의 낡은 하드 디스크를 교체하거나 메모리RAM를 추가하라. 정기적인 엔진 오일 교체는 자동차 수명을 늘리는 데 도움이 된다고 한다. 공구를 깨끗하게 청소하면 최상의 성능을 유지할 수 있다. 머리카락 뭉치에 막혀서 고장 난 헤어드라이어와 진공청소기가 얼마나 많은가. 냉장고 코일에 달라붙은 먼지를 털면 에너지도 아끼고 냉장고도 살릴 수 있다. 생명체와 달리 기계는 스스로 치유할 수 없다. 우리야 가끔 두통이 느껴지더라도 무시하면 어느새 사라질 것이다. 하지만 컴퓨터나 차에서 나는 이상한 소리를 무시했다가는 심각한 손상이 생길 수 있다.

우리는 오랫동안 지나치게 많은 것을 소유한 채 지낸 탓에 가진 것을 잘 유지해야 한다는 생각이 더는 머릿속에 떠오르지 않는다. "언제든 더 많이 있으니까"라고 스스로에게 말한다. 하지만 더 많이 가지려면 돈이 든다. 게다가 길게 보면 더 많이 얻기 어려울 수 있다. 우리는 대체가 아니라 수리를 생각하도록 뇌를 재구성해야 한다.

4. 닳아서 못 쓸 때까지 사용하라

당신이 정말로 헤져서 못 입을 때까지 옷을 입었던 적은 언제가 마지막인가? 패션 산업(과 지루함)만 없다면 우리 모두 기본적인 옷 몇 벌을 오랫동안 즐길 수 있을 것이다. 당신이 소유한 물건을 살펴보라. 당신은 휴대 전화와 가구, 주방용품, 침구류를 그저 더 나은 디자인을 가진 물건으로 바꾸고 있는가? 아니면 낡아서 못 쓸 때까지 쓰고 있는가? 물건을 고작 20%만 더 오래 사용하기로 해도 돈을 얼마나 많이 절약할 수 있을지 생각해 보자. 침구를 3년마다 바꾼다면 4년으로, 차를 4년마다 새로 산다면 5년으로 교체 주기를 늘려보라. 겨울마다 코트를 새로 산다면, 3년에 한 번씩만 사도 괜찮지 않을까 고민해 보라. 그리고 새 코트를 사기 직전에 스스로 물어보자. "입고 다니는 데 아무 문제 없는 코트가 이미 여러 벌 있지 않나?"

물건을 버리기 전에 그 물건의 일부나 전부를 활용할 다른 방법이 있는지 찾아보면 돈을 절약할 수 있다. 낡은 행주와 옷은 걸레로 쓰면 된다. 오래된 잡지는 훌륭한 미술 재료가 된다. 인터넷에는 일상용품을 재활용하는 데 도움이 되는 창의적 DIY 생활 꿀팁이 가득하다.

이미 절약하고 있는 사람들에게 한 가지 주의점을 알려주겠다. 닳아서 못 쓸 때까지 사용하라는 말은 넌더리 날 때까지 사용하라는 뜻이 아니다. 계속 만지작거려야 불이 들어오고 이미 수리하려고 애써 봤지만 별 소용 없는 조명등이 있다면, 1년 더 쓰려고 힘들여 봤자 삶의 에너지를 낭비할 뿐이다. 차를 정비하는 데 드는 시간(또는 비용)이 차를 타고 다니면서 얻는 이득보다 더 크다면 새 차를 사라. 탄력을 잃은 러닝화 때문에 무릎이 아프다면, 무릎 수술을 받기보다 새 러닝화를 (할인가로) 사는 편이 더 경제적일 것이다.

5. 스스로 해결해 보라

당신은 자동차 전구나 간단한 부품을 교체할 수 있는가? 배관 누수를 고칠 수 있는가? 세금 신고는 직접 처리하는가? 선물을 손수 만드는가? 자전거 타이어를 교체할 수 있는가? 각종 재료로 케이크를 굽는가? 책장을 만들 수 있는가? 가구를 수리할 수 있는가? 정원을 가꾸는가? 웹사이트를 디자인할 수 있는가? 가족의 머리카락을 잘라 주는가? 당신만의 비영리단체를 세울 수 있는가?

예전에는 삶이 더 단순했고, 아이들이 부모님에게 기본적인 생활 기술을 배웠다. 요즘에는 대체로 다른 사람들이 제공하는 상품과 서비스를 소비한다. 이런 추세를 뒤집으려면, 전문가를 고용하기 전에 스스로 물어보자. "내가 직접 할 수 있을까? 어떻게 하면 배울 수 있을까? 알아두면 유용한 기술일까?" 메이커 혁명maker revolution(일상에서 손수 창의적 만들기를 실천하고 경험과 지식을 공유하려는 문화-옮긴이) 덕분에 DIY가 다시 유행하고 있다. 전자 제품, 직물, 목재, 전선 등을 재치 있게 재활용할 수 있는 공방이 곳곳에 생겨나고 있다.

물론, 전자 제품 기술이 너무 발전해서 DIY족이 무언가 수리하려고 내부를 열어보는 법조차 알아내기 어렵다. 예전에 자동차는 뒷마당 정비공이 수리할 수 있는 기계였다. 요새 자동차는 무엇이든 직접 처리하며 움직이는 컴퓨터가 되었고, 때로는 스스로 주행하기도 한다. 이제는 자동차를 정비하려면 전문 기술자가 필요하다.

몇 년 전, 젊었던 티나는 의사인 남편 찰스와 함께 피지에서 몇 달을 살았다. 그때 티나는 피지 원주민이 자기들을 존경한다는 데 당혹감을 느꼈다. 원주민의 존경심을 낮춰보려고 애썼지만, 아무 소용 없었다. 그러던 어느 날, 티나는 피지 사람들이 생활에 필요한 물건은 무엇이든 직접 만들고 고칠 수 있어서 티나와 찰스가 갖고 있는 트랜지스터라디오와 시계, 타자기를 만들었다고 생각한다는 사실을 알아챘다. 피지 원주민은 티나와 찰스가 물건을 전혀 만들 줄 모르며 다른 사람이 그 물건을 만들었다는 사실을 이해하지 못했다.

기본적인 생활 및 생존 기술은 여러 웹사이트, 책, 온라인 강좌, 성인 교육 강좌, 세상 만물을 만들고 고치는 법을 알려주는 보물 창고인 유튜브를 통해 배울 수 있다. 고장을 기술을 갈고닦을 기회로 활용할 수 있다. 내가 할 수 없거나 하지 않기로 한 일이라면, 다른 사람을 고용해서 해결을 요청하고 곁에서 지켜보며 거들면 된다. 고장 난 물건을 고치느라 투자한 에너지 모두 앞으로 알아야 할 정보를 알려줄 뿐만 아니라 실수를 예방하고 비용을 줄이는 데 도움이 된다. 물론, 지금은 수리보다 교체가 훨씬 더 저렴하지만, 호기심을 느끼거나 기술을 익히고 싶거나 미래 세대가 나의 쓸모없는 물건을 처리할 모습에 거부감이 든다면 온라인 세상으로 들어가서 배울 수 있다.

어느 파이어족은 겨울에 난방 시스템이 고장 났던 사연을 들려줬다. 업체 세 군데에서 수리공을 보내 문제를 진단하고 견적을 냈다. 각 업체는 무엇이 문제인지 확실하게 알려줬지만 안타깝게도 업체마다 진단과 해결책이 서로 달랐다. 그래서 그는 직접 조사하고 미로처럼 복잡한 파이프를 곰곰이 생각한 후, 자기 분석과 가장 가까운 진단을 내린 업체를 선택했다. 그래서 불필요하고 어쩌면 문제만 일으켰을 작업에 수백 달러를 낭비하지 않을 수 있었다. 더욱이 수리공이 작업할 때 곁에서 관찰하며 더 간단한 작업을 직접 처리한 덕분에 실수를 피하고 (값비싼) 시간을 아낄 수 있었다.

6. 필요를 예측하라

구매를 미리 계획하면 비용을 상당히 아낄 수 있다. 사전에 숙고하는 시간이 충분하다면 필요한 물건을 더 저렴한 가격에 살 수 있다. 내년에 필요할 것 같은 물건 목록을 써보자. 해당 품목의 브랜드, 기능, 일반적인 가격대를 찾아보라. 즐겨 찾는 할인 판매 사이트나 온라인 소매업체, 항목별 광고 사이트에서 필요한 품목을 구매할 수 있을 때나 가격이 변동될 때 알림을 보내도록 설정하자. 좋은 상품을 놓치지 않으려면 할인가에 살 수 있도록 미리 대비하는 편이 좋다. 최고의 할인 상품은 며칠이나 몇 시간, 심지어 몇 분 만에 사라진다. 주요 공휴일 무렵의 계절 할인 행사도 놓쳐서는 안 된다. 특히 지역 신문에 계속 광고를 내는 오프라인 매장을 눈여겨보자. 자동차나 컴퓨터, 휴대 전화처럼 값비싼 품목의 경우, 내년 모델이 출시되기 직전까지 기다리면 올해 모델을 대폭 할인받을 수 있다. 자동차 왼쪽 뒷바퀴 타이어가 아직 굴러갈 때 상태를 지켜보거나, 다음번 비행기를 언제 타야 할지를 알기만 해도 필요를 예측할 수 있다.

단기적으로 보아도 동네 슈퍼마켓이나 편의점에서 물건을 사면 돈이 많이 든다. 저녁 간식이 필요할지, 주중에 우유가 떨어질 것 같은지, 화장지가 부족할 것 같은지 등 필요를 예측하면 동네 슈퍼에 가서 필요한 물품을 사야 할 번거로움을 덜 수 있다. 그 대신 대형 마트에서 쇼핑할 때나 사무용품점에 들릴 때 같이 사면 되고, 온라인으로 구매해도 좋다. 그러면 장기적으로 비용이 상당히 절감된다.

필요를 예측하면 절약을 위협하는 가장 커다란 위험 요소인 충동구매를 막을 수 있다. 3시 5분에 집을 나설 때 필요를 예상하지 못한 물건이라면, 3시 10분에 동네 구멍가게의 가징거스 핀 코너에 섰을 때도 필요하지 않은 물건일 것이다. 미리 계획한 쇼핑 목록에 있는 물건만 사야 한다는 말이 아니다(물론 충동적인 쇼핑광에게는 나쁘지 않은 생각이다). 외출해서 물건을 살 때는 깐깐하고 솔직해야 한다는 말이다. 왼손잡이용 장난감이나 캐시미어 스웨터에 군침을 흘리며 "이게 필요할 것 같은데"라고 말하는 것은 이미 필요를 예상하고 그 상품이 할인 중이라는 사실을 아는 것과는 다르다. 당신도 파킨슨의 법칙Parkinson's law(시간이나 자원이 많을수록 업무가 불필요하게 복잡해지거나 미뤄지는 경향-옮긴이)을 들어봤을 테다. 이 법칙을 쇼핑에 적용한다면? 욕구는 충동적으로 사고 싶은 것을 모조리 포함할 때까지 팽창한다.

7. 가치와 품질, 내구성, 다용도, 가격을 조사하라

물건을 사기 전에 조사하라. 신뢰할 수 있는 사이트와 온라인 쇼핑몰의 후기와 댓글, 순위 평가를 읽어야 한다. 나에게 가장 중요한 기능은 무엇인지 파악해야 한다. 싸게 사는 것에만 집착해서 무조건 가장 싼 제품을 사지 말자. 20년 동안 매일 사용할 물건이라면 내구성이 중요할 것이다. 구매하는 각 품목에 들이는 비용을 줄이면 돈을 확실하게 절약할 수 있다. 하지만 5년 후에 교체해야 하는 30달러짜리보다 10년 동안 쓸 수 있는 40달러짜리를 산다면 길게 봐서 20달러를 절약하는 것과 마찬가지다. 다용도 역시 중요한 요소다. 10달러짜리 물건 하나가 서로 다른 5달러짜리 물건 네 개를 사용할 때와 같은 기능을 낸다면 10달러를 아낄 수 있다. 튼튼한 냄비 하나가 밥솥, 슬로우 쿠커, 더치 오븐, 튀김기, 스파게티 조리기 등 특수 용도로 쓰는 가전제품 대여섯 가지를 대신할 수 있다(아마 대신해야 할 것이다). 그러므로 실제로 사용할 물건이라면 내구성과 다용도 기능을 갖춘 제품을 구매해야 돈을 절약할 수 있다.

예리한 안목을 키워서 구매하려는 제품을 꼼꼼히 살펴보면 품질을 평가할 수 있다. 옷의 이음매가 튼튼한가? 가장자리의 마감 처리는 어떤가? 내구성 좋은 원단인가? 전자 기기가 나사로 단단하게 고정되어서 사용하기에 문제없는가? 소재는 강한가, 약한가? 가구는 못과 스테이플러, 나사 중 무엇으로 조립되었는가? 등등을 파악할 수 있다면 이제 당신은 전문가나 다름없다. 산림 관리인이 쓰러진 나무를 보고 나이와 역사를 읽듯이, 소재를 보고 물건의 예상 수명을 가늠할 수 있다.

8. 더 저렴하게 구매하라

필요한 물건을 더 저렴하게 구매하는 방법은 여러 가지다.

첫 번째는 비교다. 어디에서 물건을 살지 정할 때는 가격과 편의성, 다양한 선택지, 지역 경제 지원, 환경과 사회 정의 같은 가치 사이에서 균형을 고려해야 한다. 온라인 쇼핑몰 대신 동네에서 개인이 경영하는 소매점에 돈을 더 많이 주고 물건을 살 의향이 있더라도, 돈을 얼마까지 더 낼 수 있을까? 이를 결정하려면 가격을 비교해야 한다. 여러 쇼핑 사이트의 가격을 동시에 확인할 수 있는 메타 검색 사이트나 브라우저 부가 기능을 활용해 보자. 온라인으로 재고를 확인할 수 없는 지역 매장이라면, 직접 전화해서 재고 현황, 주문 가능 품목, 최저 가격을 알아보라. 오프라인 매장이든 온라인 매장이든 대체로 최저가에, 즉 근처 가게나 엄선한 온라인 소매업체보다 더 낮은 가격에 맞춰주겠다고 제안할 것이다. 일부 소매업체는 구매 후 일정 기간 내에 동일 상품을 더 저렴하게 파는 곳을 발견하면 차액을 환불해 주기도 한다. 고가 상품을 살 때는 가격과 조건을 영리하게 비교하는 일만으로도 수천 달러를 절약할 수 있다.

두 번째는 흥정이다. 현금으로 결제하면서 할인을 요구할 수 있다. 흠이 약간 있는 상품을 할인해 달라고 요청할 수도 있다. 세일이 내일 시작되거나 어제 끝났다면 세일 가격으로 살 수 없는지 문의해 보자. 이미 할인된 상품일지라도 추가 할인이 가능한지 물어보자. 여러 품목을 동시에 살 때도 할인을 요구할 수 있다. 언제 어디서든 할인을 요구해 보자. 모험하지 않으면 아무것도 얻을 수 없다. 흥정은 오랜 전통이다. 모든 소비재의 정가는 대개 부풀려져 있다. 새 차를 살 때 아무 정보도 없이 무턱대고 가서 흥정하지 않아도 된다. 딜러의 청구서 가격과 그달의 혜택을 온라인으로 확인할 수 있으므로 공정한 가격에서 더 쉽게 흥정을 시작할 수 있다. 나는 새 차를 살 때마다 약 150킬로미터 이내에 있는 모든 딜러에게 전화해서 늘 정가보다 30~50% 할인된 가격으로 샀다.

2017년에 자동차 판매장에서 중고 도요타 선레이더 캠핑카를 발견한 적이 있다. 이 클래식카의 가치와 희소성을 알았던 터라(더욱이 캠핑할 때 텐트를 치는 생활은 이제 끝났다는 사실도 알았던 터라) 시승해 봤다. 언덕길을 오를 때 엔진이 털털거리고 퉁퉁거렸지만, 구식 내연 기관에 관한 지식이 있어서 어떻게 고쳐야 할지 정확하게 알았다. 그 차는 침수로 인한 손상이 있었고 도어 래치도 작동하지 않았다. 나는 얼굴을 찡그린 채 차를 몰고 돌아왔다. "안 되겠네요. 이런 골칫덩어리는 사고 싶지 않아요." 딜러는 내게 어느 정도 가격이면 사겠냐고 물었다. 나는 차에서 내리며 반값을 말했다. "좋아요!" 딜러가 대답했다.

동네 철물점부터 옷 가게까지, 어느 가게에서든 할인을 요구해도 손해 볼 일은 없다. 내가 최근에 새 러닝화를 사러 나갔던 일이 좋은 예시다. 정가 95달러짜리 운동화가 특별 진열대에 가격표 없이 놓여 있었다. 내 발에 딱 맞았다. 점원에게 얼마냐고 물었더니, "39달러 99센트입니다"라는 대답이 돌아왔다. "30달러는 안 될까요?" 그는 재고를 살펴보더니 "28달러에 드릴게요"라고 대답했다. 이런 전략은 가게 주인이 즉시 결정을 내릴 권한이 더 큰 개인 운영 매장에서 가장 효과적이다. 그러니 체인점에서 더 싸게 판다면, 동네 개인 매장에 가서 최저가를 흥정해 보자.

중고도 좋은 대안이 될 수 있다. 중고 구매에 대한 당신의 태도를 다시 생각해 보라. 우리는 대체로 '중고' 주택에 살고 있다. 다른 사람이 당신의 집을 짓고 샤워기, 변기, 냉장고 등을 설치했을 것이다. 새 차를 산 첫해에 가장 크게 들어가는 비용은 자산 가치 소모 비용으로, 평균을 내면 구매가의 약 20%에 달한다. 몇 년, 심지어 몇 달 된 차를 사면 수천 달러를 아낄 수 있다.

그렇다면 다른 상품은 어떨까? 이베이eBay와 크레이그리스트Craigslist(미국과 전 세계 여러 나라에서 서비스하는 온라인 벼룩시장-옮긴이) 같은 온라인 사이트는 중고품을 찾기에 좋다. 소셜 미디어 앱은 사용하지 않은 물건이 있는 사람과 그 물건이 필요한 사람을 연결해 주는 장터가 되기도 한다. 새 가구 역시 자동차처럼 가치가 빠르게 떨어지므로 중고 거래 사이트에서 새것처럼 깨끗한 소파나 식탁 세트를 사면 확실하게 큰돈을 아낄 수 있다. 중고품 가게에서 쇼핑하기가 부담스럽다면, 위탁 판매점을 고려해 봐도 좋다. 가격이 더 비싼 대신 품질이 더 좋은 경우가 많다.

중고품 교환 모임과 벼룩시장이 아직 열리는 지역도 있다. 이런 곳에 나가면 약삭빠른 행상(구매자는 주의하라)부터 별의별 수집가, 멀리 이사하기 전에 물건을 처분하려는 가족까지 온갖 판매자가 상품을 진열해 놓고 있다. 차고 세일이나 온라인 중고 거래 사이트에서 싼 물건을 찾을 때는 그저 "엄청나게 싸다!"라는 이유만으로 필요 없는 물건을 더 모으지 말고, 실제로 필요한 물건을 사서 돈을 아낄 수 있는지 확인하자.

"누군가의 쓰레기는 다른 사람에게 보물이다"라는 옛말을 보면 프리사이클 네트워크Freecycle Network나 바이 낫싱 프로젝트Buy Nothing Project를 통해 한 푼도 쓰지 않고 중고품을 구하는 방법이 떠오른다. 주택 리모델링 과정에서 떼어낸 크고 낡은 창문은 매립지로 가는 대신 농부의 온실로 활용된다. 개인이 직접 만나서 물건을 주고받는 네트워크는 두 사람과 지구 모두에 이롭다.

9. 욕구를 다른 방식으로 충족하라

대체 원리는 욕구를 채우는 방법이 수백, 수천 가지라고 말한다. 더불어 전통적인 경제학은 더 많은 물건, 더 나은 물건, 이전과는 다른 물건이 있으면 거의 어떤 욕구든 충족할 수 있으며 여기에는 신용카드 한 장만 있으면 된다는 믿음을 심어준다. 하지만 검소한 즐거움은 가격이 저렴하니까 덜 즐거워야 한다는 법이 있을까? 기분을 끌어올리는 데 가장 좋은 방법은 무엇일까? 항우울제? 달리기? 인지 치료? 환경 바꾸기? 재미있는 영화 보러 가기? 더 어려운 상황에 놓인 사람 돕기? 당신에게 가장 잘 맞는 방법은 무엇인가? 전략이 단 하나뿐인가, 아니면 여러 가지인가? 기력이 바닥났을 때 무엇에 의지하는가? 휴식? 운동? 쇼핑이나 상담 치료? 보다시피 욕구와 욕구 충족을 위한 전략 사이에는 차이가 있다.

예를 들어서 자유는 기본 욕구지만, 나한테 '자유'가 곧 '여행'을 의미한다면 내가 진정으로 찾는 것은 무엇일까? 이 핵심 욕구 뒤에는 어떤 가치관이나 욕망이 숨어 있을까? 대체로 새로움과 자극을 찾고 싶다는 욕망, 때로는 기운을 모조리 빼앗아 가는 일상에서 벗어나고 싶다는 욕망일 테다. 목적을 위해 투지를 불태우는 평소와는 달리 목적 없는 게으름. 새로운 언어와 문화, 지식 배우기, 새로운 사람들 만나기, 스트레스를 덜 받고 더 느린 속도로 지내기, 편협함을 박차고 나가 다른 생각의 바다에서 헤엄치기, 새로운 음식 맛보기, 장거리 비행 중 소설에 푹 빠지기, 도시를 떠나 일상의 기쁨을 갉아먹는 회의와 결정에 참여하지 않기.

그런데 새로운 경험을 하기 위해 꼭 먼 곳까지 여행해야 할까? '대체'라는 절약 전략은 즐거움을 깎아내리는 것이 아니다. 대체는 더 적은 비용으로, 아니 아무 비용도 들이지 않고 원하는 것을 얻는 방법이다. 판에 박힌 일상에서 벗어나고 싶다면 엄격한 기준(말끔하게 집 청소하기), 부담스러운 책임(도와달라는 부탁을 매번 들어주기), **뿌리** 깊은 습관(스스로 할 수 있는 일은 절대 다른 사람에게 맡기지 않기)을 놓아줄 수도 있다. 휘발유 가격이 비싸다면, 차로 하루 안에 갈 수 있는 가까운 곳으로 여행을 떠나보는 건 어떨까? 캠핑카를 타고 150킬로미터 정도 떨어진 공원에 가도 숲이나 바닷가를 찾은 듯한 느낌이 들 테고, 온갖 매혹적인 냄새와 풍경에 휩싸일 것이다. 집 근처에 머무르면 뒷마당 안에서, 또는 뒷마당 울타리 너머에서 아름다운 꽃밭이나 이웃과 마주할 것이다. 오래 머무를수록 내가 있는 곳의 세세한 기쁨이 더욱 분명하게 보인다. 대체는 박탈이 아니다. 창의력을 발휘하는 일이다.

창의적인 대체는 우리가 새 물건을 사면서 추구하는 것이 감정 상태를 바꾸는 일이라는 사실을 일깨운다. 예를 들어 우리는 배가 고프면 음식을 먹어서 만족감을 느끼려고 한다. 외로우면 동호회에 가입하거나 데이트하며 유대감을 느끼려고 한다. 지루하면 영화를 보러 가거나 잡지를 읽거나 여행을 떠나서 활력을 느끼려고 한다. 우리 욕구는 대부분 물질적이지 않다. 대체는 이렇게 말한다. "쇼핑하고 싶은 마음이 들 때, 그 욕구가 어디에서 비롯했는지 되짚어 보고 그 욕구를 채우는 데 소비보다는 창의성이 더 낫지 않을지 고민해 보라." 도넬라 메도스Donella Meadows는 자신의 저서인 《한계를 넘어Beyond the Limits》에서 이런 욕구의 핵심을 파헤친다.

"사람들은 거대한 자동차가 아니라 존중이 필요하다. 옷으로 가득 찬 옷장이 아니라 매력적이라는 느낌이, 설레는 흥분과 다양성, 아름다움이 필요하다. 전자 기기가 아니라 삶에서 가치 있는 일이 필요하다. 정체성, 공동체, 도전, 인정, 사랑, 기쁨이 필요하다. 이런 욕구를 물질로 채우려고 하면, 결코 해결할 수 없는 진짜 문제에 대한 가짜 해결책만 끝없이 바라게 된다. 그로 인한 심리적 공허함이 물질적 성장을 향한 욕망의 주요 원동력이다."[4]

대체는 제한이 아니다. 대체는 해방이다. 고정 관념과 습관을 내려놓고, 현실의 풍요로움을 바라보고, 코앞에 펼쳐진 즐거움의 뷔페에서 원하는 것을 고르는 일이다.

10. FI 프로그램의 아홉 단계를 따르라

이미 전 세계 수십만 명이 FI 프로그램을 성공적으로 실천했다. 이들은 각 단계를 전부 거치면서 돈과 물질세계에 대한 경험이 변화한다는 사실을 깨달았다. 절약은 유용한 팁이 아니라 변화다. 가벼운 쇼핑 중독이 사라진다. 자기 부정과 방종 모두 자기 인식으로 이어지고, 결국 더 커다란 즐거움이 뒤따른다. 당신은 이 프로그램을 팁이나 조언으로 활용할 수 있고, 각 단계를 따르며 마법 같은 힘을 확인할 수 있다. FI 프로그램은 돈과 물질에 대한 총체적 접근 방식이며, 당신이 세상을 보는 방식을 바꿔서 습관까지 바꾼다. 모든 단계가 중요하다. 각 단계는 시너지 효과를 발휘해서 당신이 분발하도록 자극한다.

기본적인 절약 방법

인색함 대신 현명한 절약

이 책의 초판에서는 '확실한 절약 방법의 기본'이라는 내용이 들어 있었다. 하지만 시대가 변했고, 우리가 신뢰했던 제안 일부가 효능을 잃었다.

숱한 블로거와 팟캐스터, 유튜버가 날마다 새로운 아이디어와 팁을 내놓는 데다, 검소하고 단순한 삶에 초점을 맞춘 책도 수없이 나오고 있다. 가성비 여행부터 저렴한 요리법까지, DIY 집수리부터 주택 건설 방법까지, 손수 식량을 재배하는 방법부터 나만의 생태 마을 만들기까지 주제도 다양하다.

무엇보다도 내가 살면서 스스로 생각해 내는 전략이 다른 사람들의 조언보다 훨씬 더 강력할 수 있다는 사실을 명심하자. 다음 이야기를 찬찬히 생각해 보라.

해리는 벽에 걸어놓은 그래프를 보며 청소부와 정원사를 고용해서 집을 관리하던 습관을 재고했다. 하지만 일상적인 집안 관리를 전부 직접 맡을 준비는 되어 있지 않았다. 그래서 해리는 놀라운 해결책을 떠올렸다. 가족이 커다란 식당을 전혀 사용하지 않는다는 사실을 눈치챈 것이다. 집에 딸린 공간이라 가구를 넣어 놓고는 잊어버린 채 다들 거실에서 식사했다. 파이어족의 사고방식으로 바뀐 해리는 식당을 리모델링해서 원룸으로 만들 수 있겠다고 생각했다. 식당을 원룸으로 바꾼 후, 숙식을 무료로 제공받는 대가로 정원 관리와 집안일을 도맡을 부부를 들였다.

이렇게 창의적인 절약 방법은 '힌트와 팁' 목록에 전부 담을 수 없다! 그래도 간단한 지침은 낡은 사고방식을 깨고 창의적으로 생각하는 데 큰 도움이 될 수 있다. 당신이 돈을 절약하고 자유를 찾을 수 있도록 파이어족 사고방식의 실제 사례와 팁을 소개하겠다.

빚과 살림 관리

절약의 기본 원칙은 빚을 피하는 것이다. 다들 돈을 손에 쥔다는 특권을 얻으려고 직장에서 시간을 보내지 않았나. 그런데 왜 다시 힘들게 번 돈을 내줘야 할까? 왜 빚이라는 족쇄를 질질 끌며 인생이라는 길에서 절뚝거려야 할까?

나를 포함해 전부 현금으로 결제하며 살아가는 사람도 있다. 하지만 큰 비용이 드는 필수품(대학 진학, 주택 담보 대출, 자동차 구입) 때문에 빚을 진 사람들은 가능한 한 빨리 갚는다는 절약 규칙을 따른다.

안타깝게도 돈을 빌리기에 가장 쉬운 방법인 신용카드와 단기 대출은 수많은 사람에게 재정 파멸을 불러온다. 도둑질이나 다름없는 고금리 대출에서 갚아야 할 잔액이 있다면 모조리 갚고 앞으로는 빚을 절대로 피해야 한다. 편리해서, 신용을 쌓으려고, 포인트를 적립하려고 신용카드를 써도 좋다. 하지만 매달 청구 대금을 낼 수 있어야 한다. 매달! 그럴 수 없다면 현금이나 직불 카드를 써야 한다. 자동차 구매 자금 대출이나 할부 구매도 마찬가지다. 금리가 없거나 낮으며 꾸준히 상환할 여력이 된다면 고려해 보라. 아니라면 은행에서 대출받아 이자와 수수료를 내는 대신, 일단 돈을 모으자.

가치가 상승하거나 소득 증대에 도움이 되는 자산을 대출금으로 살 수 있다면, 이런 부채는 투자로 볼 수 있다. 매달 안정적으로 주택 담보 대출금을 갚을 수 있고 부동산 가격이 꾸준히 오르는 지역에 산다면(호황과 불황이 반복되거나 부동산 경기가 침체한 지역이 아니라면), 낮은 고정 금리로 주택 담보 대출을 받는 것이 현명한 투자가 될 수 있다. 특히 대출 이자 납부에 세금 공제를 받을 수 있다면 더욱 좋다. 하지만 대다수가 빚 없이 집을 소유한다는 생각에서 위안과 자유를 얻을 것이며, 대출금을 빠르게 상환하기에 가장 좋은 방법을 찾아야 한다.

청년은 더 나은 삶을 위한 교육을 받으려고 학자금 대출을 받는 경우가 많다. 이를 미래 재정을 위한 투자로 볼 수 있지만, 누구도 이렇게 큰 부담을 안고 사회로 나가고 싶어 하지 않는다. 최대한 장학금을 받도록 노력해서 학자금 대출은 피하자. 그럴 수 없다면 빠르게 대출금을 갚고 이자에 대한 세액 공제를 받자.

돈을 빌린다면 매달 상환하는 것이 매우 중요하다. 그렇지 않으면 신용 등급이 떨어질 것이다. 신용 등급이 낮으면 원하는 집을 사거나 아파트를 임차하는 데 어려움을 겪을 가능성이 있고, 심지어 신용 카드 이자율도 높아질 수 있다.

많은 신용 조합과 은행이 온라인 뱅킹에 가입하면 기본적인 은행 업무를 무료로 처리해 주며, 이자를 약간 주기도 한다. 신용 조합은 외부 주주를 위해 이윤을 창출하는 것이 아니라 회원에게 서비스를 제공하는 것이 목적이므로 예금 수수료가 가장 낮고 이자율이 가장 높은 경향이 있다. 어느 은행을 이용하든, 초과 인출이나 수표 부도는 피해야 한다. 수수료가 상당히 부과되기 때문이다. 온라인 뱅킹의 무료 기능을 이용해서 잔액 부족 알림을 받고, 지출 내역을 추적하고, 공과금 자동 이체를 설정하자.

살 곳 마련하기

'돈의 가르침 3'에서 말했듯이, 주거비는 대체로 월별 가계부에서 가장 비용이 많이 나가는 항목이다. 도시화 때문에 사람들이 물가가 비싼 도시에 더 많이 몰려가서 산다. 주거 문제에 창의적으로 접근하면 비용을 크게 줄일 수 있다. 우선 비용이 덜 드는 지역으로 이사하거나, 동거인을 구하는 건 어떨까(소셜 미디어와 생활 정보 사이트 덕분에 그 어느 때보다 쉬워졌다)? 지금 직장에 다니면서 재택근무를 할 수도 있다. 더 작은 집도 고려해 보라. 1973년에 신축 단독 주택의 평균 면적은 154제곱미터였지만 2015년에는 250제곱미터로 늘어났다.[5] 정말로 그렇게 공간이 많이 필요한지 자문해 보라. 20~30제곱미터 정도로 좁디좁은 집은 당신에게 적합하지 않을지도 모른다. 하지만 적당히 아담한 집은 당신의 필요를 채우면서도 난방, 냉방, 청소를 신경 써야 할 공간이 작다. 공동 주거 단지 같은 공동체 생활도 고려해 보자. 가치관이 같은 사람들과 삶을 공유하면서 생활비도 아낄 수 있다. 마음에 드는 동네를 발견했다면, 아직 매물로 나오지 않았지만 세 들어 살 만한 집을 찾아보는 건 어떨까? 이미 집이 있다면, 사용하지 않는 공간을 세놓는 방안을 고민해 보라. 집을 살 계획이라면 두 세대용 주택도 알아보자. 한쪽에서 생활하고 다른 층이나 공간은 세를 주면 매달 갚아야 하는 주택 담보 대출금을 크게 줄일 수 있다. 기술 발달로 거의 어디에서나 일할 수 있는 직종이 생겨난 덕분에 캠핑카에서 사는 사람과 장소에 구애받지 않는 근로자(디지털 유목민)는 전 세계를 누비며 자신이 원하는 곳에서 지낼 수 있다. 더욱이 한곳에 정착할 때보다 생활비가 적게 들 때가 많다.

레이철은 높은 연봉이 보장되는 직장에 다니고 있었지만 자신의 가치관에 부합하지 않는다는 생각에 괴로웠고, 날마다 출근을 해야 하는 상황에 지쳐 있었다. 그녀의 머릿속에는 매일 출근하지 않아도 된다면 하고 싶은 일에 관한 멋진 아이디어가 넘쳤다. 끊임없이 대안을 고민했고, 감옥 같은 직장에서 벗어날 방법을 궁리했다. FI 프로그램 과정에서 탈출로를 찾았지만, 그 길의 끝에서 빛을 밝힌 것은 레이철의 독창성이었다. 레이철은 집의 아래층만 쓰고 위층의 침실을 세놓으면 임대 수입으로 매달 나가는 주택 담보 대출금을 감당할 수 있다는 사실을 깨달았다. 그 즉시 위층을 임대하고 다른 창의적 전략도 몇 가지 더 실행한 끝에 생계를 유지할 만큼 돈을 충분히 모아서 직장을 떠날 수 있었다.

예술가 커플 카라와 리처드는 아파트 관리인으로 일했다. 두 사람이 지내는 공간은 가구를 다 갖췄지만 공짜였고, 출퇴근도 없었다. 잡일을 할 때 입는 헌 옷 몇 벌로 작업복을 대신할 수 있었고, 월급도 받았다. 이런 생활 덕분에 기존의 본업을 그만두고 예술 작업에 시간을 더 많이 할애할 수 있었다.

교통

인류 역사에서 거의 내내 사람들은 걸어 다니거나 동물이 끄는 수레를 탔다. 유목민의 채집 생활이 정주민의 농업 생활로 바뀌면서 대다수가 평생 집에서 5킬로미터 이상 벗어나지 않았다. 1860년대에 니콜라우스 오토Nikolaus Otto가 오늘날 당신의 자동차에 들어 있는 엔진에 대한 특허를 처음으로 얻기 전까지는 내연 기관이 존재하지 않았다. 겨우 150년 전의 일이다. 아무리 자동차가 흔해졌다지만, 지구상에서 자동차를 소유한 사람은 극소수에 지나지 않는다. 우리를 전 세계로 이끈 것은 엔진이 달린 자동차가 아니라 호기심이다. 그러므로 짧은 인생 동안 교통비를 절약할 방법을 고민하면서 더 넓은 시각으로 세상을 바라보자.

대체로 자동차는 집 다음으로 비싼 물건이다. 보험료, 등록비, 유지비, 수리비, 연료비, 감가상각비 등 자동차를 소유해서 해마다 들여야 하는 비용도 비싸다. 자동차를 사야만 한다면, 튼튼하고 연비가 좋은 차를 사서 잘 관리하며 최대한 오래 유지하라. 차를 오래 타는 편이 장기적으로 볼 때 새 차를 구매하는 것보다 거의 언제나 더 저렴할 것이다. 차를 덜 몰아서 천천히 소모하는 방법도 찾아보자. 카풀에 참여하고, 버스를 타고, 직장 근처에서 살고, 동네 가게에 갈 때는 걷거나 자전거를 타고 가자. 회사에 주 4일 근무가 가능한지 문의해 보라. 통근 비용도 줄고, 러시아워에 시달리지 않아도 된다. 도시에 산다면 대중교통, 차량 공유(개인 간 공유와 공유 업체 이용), 공유 자전거, 택시, 렌터카 등 여러 대안을 이용할 수 있다. 다양한 선택지와 비싼 주차비를 생각하면 대도시에서는 차를 소유하지 않는 편이 더 저렴하고 편리할 때가 많다. 대도시에 살지 않는다면, 두 번째 차를 소유하지 않을 방법을 찾아보자. 힘들게 번 돈을 절약할 수 있고, 다른 장점도 누릴 수 있다.

로즈메리는 계산기를 두드려 본 끝에 하나뿐인 차를 팔았다. 로즈메리가 사는 도시의 차량 공유 협동조합에 가입해서 일주일에 한 번씩 철물점과 슈퍼마켓 등 먼 곳에 있는 가게에 물건을 사러 갈 때 자동차를 빌려 탔다. 한 달에 한 번 주말을 시골에서 보낼 때와 일주일에 한 번 장을 볼 때 차를 빌리는 편이 차를 소유해서 들여야 하는 보험료, 등록비, 월 할부금, 수리비, 유지비에 비하면 훨씬 저렴하다고 판단했다. 가끔은 친구의 차를 타고 함께 캠핑을 떠났다. 자연과 교감하는 즐거움에 인간적인 우정까지 더해졌다. 두 사람이 함께하자 즐거움은 두 배로 늘고, 비용은 절반으로 줄었다. 자동차 처분은 훌륭한 결정이었다.

주택 리모델링 업자인 테드는 여분으로 있는 자동차 두 대(오래된 픽업트럭과 험하게 몰아도 되는 낡은 차)가 작업 현장으로 도구와 자재를 운반하는 데 유용하다고 합리화했다. 두 차의 시장 가치가 크지 않아서 그냥 유지하는 편이 더 저렴하리라고 생각했다. 하지만 잘못된 판단이었다. 테드는 매달 가계부를 쓰면서 예비 차량을 소유하고 유지해서 얻는 편리함보다 지출되는 비용이 훨씬 더 크다는 사실을 깨달았다. 새 변속기 구매 비용, 보험료, 면허 비용을 계산했더니 더 적은 비용으로 추가 트럭을 한 대 빌릴 수 있었다. 테드는 자동차 두 대를 모두 팔았다.

건강 관리

미국의 의료비는 매우 비싸므로(건강 보험이 잘 되어 있는 나라에서도 큰 병에 걸리면 금전적 부담이 크다) 건강을 잘 관리하는 편이 우리 몸과 지갑 모두에 좋다. 최고의 기본 건강 보험은 건강한 식단, 운동, 충분한 휴식, 낮은 스트레스다. 새로운 의학 연구는 매번 기존 연구와 상충하는 것 같지만, 신뢰할 만한 권고 사항은 꾸준히 실천하자. 예방

검진과 검사, 라이프 코칭, 정신 건강 검진, 헬스장 회원권 등 보험에서 제공하는 혜택도 있다면 최대한 활용해야 한다. 별다른 건강 문제가 없다면 공제액이 많고 보험료가 낮은 보험 상품을 선택해서 비용을 아낄 수 있다. 질병 예방은 의사를 가장 비싸게 만나는 방법인 응급실 방문을 피하게 돕는다. 질병의 싹을 미리 없애면 엄청난 의료비 지출을 막을 수 있다.

건강 보험이 없다면 예방은 물론이고 치료에 드는 비용을 꼼꼼하게 비교해야 한다. 보건소의 검진 프로그램을 잘 살펴보라. 기본적인 혈액 검사와 검진을 무료나 적은 비용으로 받을 수 있는 경우가 많다. 또한, 똑같은 시술이나 치료 서비스를 제공해도 병원이나 의사에 따라 가격이 천차만별이다. 나에게 맞는 적절한 치료와 합리적인 비용을 지불하기 위한 병원을 찾아서 반드시 가격을 비교해 보자.

미국에서는 수술비와 건강 보험료가 비싼 탓에 해마다 수백만 명이 고가의 의료 시술을 받으러 다른 나라로 떠난다. 페이션츠 비욘드 보더스Patients Beyond Borders 같은 단체는 의료 관광객이 다른 나라에서 필요한 의료 서비스를 받도록 도와준다. 해외에서는 똑같은 시술을 미국보다 20~90% 저렴하게 받을 수 있다. 하지만 의료 관광의 경우, 매수자 위험 부담 원칙을 반드시 유념해야 한다. 귀국했는데 합병증이 생겼다면 미국에서 비싼 비용을 내고 치료받아야 할 수도 있다. 그러면 저축한 돈이 모두 날아갈지도 모른다.

공유/물물 교환

여러 연구가 공동체 활동 참여는 행복과 절약으로 가는 길이라는 사실을 꾸준히 입증했다. 빠르게 공동체를 이루고 돈을 아끼는 방법으로는 앞서 언급한 승차 공유나 물품 대여 같은 소유물 공유가 있다. 대안 지역 통화, 베이비시팅 조합, 시간 은행(이웃을 도우며 시간 화폐를 쌓고 도움이 필요할 때 그 시간 화폐를 사용하는 시스템-옮긴이)처럼 공동체 내 거래를 중개하기 위해 특별히 고안된 시스템도 있다. 이웃 간 연락 앱으로 동네 주민끼리 서로 돕는 네트워크를 만들어도 좋다. 시간 은행을 통해 서로의 시간을 맞바꿔도 좋다. 예를 들어 이웃집에서 공짜로 머리카락을 자르는 대신 이웃을 병원에 데려다주거나 컴퓨터 작업을 도와줄 수 있다. 당신이 가진 기술과 필요한 서비스를 생각해보라. 창의력을 발휘한 나눔 활동은 모두에게 이득이며, 그 과정에서 공동체라는 보너스를 얻는다.

식사

아무리 검소하게 살더라도 우리 대다수는 음식에 어느 정도는 돈을 써야 한다. 지출 내역을 기록하기 시작하면 외식비로 얼마나 드는지 알아차릴 것이다. 외식하는 대신 집에서 요리하고 친구들과 즐겁게 시간을 보낸다면 확실하게 돈을 아끼고 건강을 지킬 수 있다. 텃밭을 가꾸면 식료품비를 아끼는 데 도움이 된다. 특히 유기농 농산물을 주로 사 먹는다면 효과가 더욱 크다.

식료품비를 절약하는 방법은 여러 가지다. 뻔한 방법도 있고, 그렇지 않은 방법도 있다. 뻔한 팁을 말해 보자면 장보기 목록을 만들고 목록에 없는 물건은 사지 않기, 동네 슈퍼마켓에서 할인하는 품목 알아 놓기, 쿠폰 잘라서 모으기(또는 온라인으로 사기), 간편 식품 피하기, 대량 구매하기가 있다. 제철 음식을 먹으면 돈도 아낄 수 있다. 2월에 복숭아, 9월에 딸기를 먹겠다고 고집하지 않으면 식료품비를 대폭 줄이고 더 맛있으면서도 지속 가능한 방식으로 생산한 음식을 즐길 수 있다.

주간 식료품비에서 대체로 가장 비싼 품목은 육류와 술, 카페에서 사 먹는 커피다. 이런 식품을 얼마나 소비하는지 꼼꼼하게 살펴보고, 소비량을 줄이거나 더 싼 가격으로 살 수 있게 노력해 보자.

통신과 오락

해마다 휴대 전화 요금, 통신 데이터 요금, 케이블과 인터넷(혹시 예비로 구식 유선 전화까지 있을까?), 음악과 동영상 스트리밍 구독, 즐겨 찾는 뉴스 사이트, 신문과 잡지 구독에 돈을 얼마나 쓰는지 생각해 보자. 한때 비교적 단순했던 것이 지금은 아주 복잡하고 값비싸졌다. 어떻게 하면 이 괴물을 길들여서 필요한 것을 얻을 수 있을까?

우선, 비싼 휴대 전화 약정 요금에 묶여 있다면 계약을 갱신하지 말자. 지금 내는 금액의 4분의 1 정도밖에 안 되는 요금제도 있으며, 온 가족이 휴대 전화를 사용한다면 해마다 수천 달러를 아낄 수 있다. 선불 요금제를 이용한다면 사용하지 않는 통화량이나 데이터에 요금을 내지 않아도 된다. 와이파이가 있는 집이나 직장에서 하루 내내 있다면, 휴대 전화 데이터를 끄고 필요할 때만 켜자. 전화와 문자 메시지 대신 인터넷 메시지와 통화 앱을 사용해 보자. 무약정 요금제에 가입한다면 더 나은 요금제를 찾았을 때 언제든 위약금 없이 바꿀 수 있다. 공기계에 적용할 수 있는 요금제라면 중고 휴대 전화를 구매해서 쓸 수 있다. 작년에 출시된 플래그십 모델 휴대 전화가 올해에는 수백 달러 더 싸다. 휴대 전화가 일상에 자리 잡았음에도 불구하고 아직도 비싼 유선 전화를 쓰고 있다면 계약 해지를 고려해 보자.

텔레비전과 영화는 어떤가? 비싼 케이블이나 위성 방송 요금제를 공중 무선 통신 안테나와 스트리밍 서비스로 대체하는 코드 커터cord cutter(코드 연결을 끊는다는 의미로, 기본 텔레비전 방송 서비스를 이용하지 않고 인터넷으로 방송을 보는 소비자-옮긴이)를 본받자. 거주 지역에 따라 무선 통신 안테나를 사용하면 케이블이나 위성 방송보다 더 뛰어난 화질과 음질로 지역 채널 방송을 무료로 시청할 수 있다. 무료 스트리밍 콘텐츠도 많고, 영화나 드라마 시리즈를 대여해서 봐도 좋다. 유료 스트리밍 서비스를 구독해야 한다면, 충분히 조사해서 필요와 취향에 가장 잘 맞는 서비스를 골라보자. 음악 스트리밍 서비스도 마찬가지다.

관심 있는 언론 사이트, 잡지, 신문을 유료 구독으로 지원하는 일도 중요하지만, 이런 정보와 시각을 무료로 제공하는 곳도 있으므로 서비스 비용을 반드시 고려해야 한다. 인쇄 매체와 관련해서 공공 도서관은 한 세대 전보다 훨씬 더 나은 자원을 제공한다. 요즘은 지역 도서관의 여러 분관에서 책을 쉽게 빌릴 수 있으므로 대출할 수 있는 책 종류가 늘어났다. 게다가 도서관 대다수가 디지털 서비스도 제공하므로 다운로드할 수 있는 전자책과 오디오 북을 집에서 빌릴 수 있다. 이 모든 자료가 여전히 무료이며, 이미 당신은 세금으로 그 비용을 냈다.

잠시 떠나기

돈을 더 명쾌하게 관리하고 삶이 더 만족스러워질수록 '떠날' 필요가 줄어들 것이다. 집 근처에서 휴식하는 선택지도 생각해 보자. '스테이케이션staycation'처럼 아예 집에서 휴가를 보내는 것도 좋다. 집을 사거나 빌리려고 일하는 시간을 생각하면, 일주일 동안 집에서 쉬고 집의 아름다움을 만끽할 권리가 있다. 정말로 잠시 벗어나고 싶다면, 어떤 장소든 괜찮다. 5킬로미터 떨어졌든, 500킬로미터 떨어졌든 '벗어난' 곳이니까. 내게 진정으로 무엇이 필요한지 생각해 보라. 당일치기 여행과 뒷마당에 놓을 새(혹은 중고) 해먹이 일반적인 한 주일짜리 여행만큼 만족스러울지도 모른다. 캠핑 역시 저렴한 비용으로 휴식을 즐기고 아름다운 자연을 경험하는 방법이다.

더 멀리 떠나더라도 저렴하게 여행하는 방법은 많다. 비행기를 탄다면, 가장 효과적인 여행 검색 엔진을 써서 제일 싼 요금을 찾아보자. 날짜와 시간, 장소를 유연하게 설정하고, 공개되지 않은 초특가 항공권을 찾아주는 사이트에서 가격 알림 메시지를 받아보라. 운이 좋다면 일반 항공권 가격의 절반 정도에 구할 수 있다. 자제력이 있다면, 시스템을 교묘하게 이용해도 좋다. 신용카드를 만들어서 항공사 마일리지나 호텔 포인트, 현금을 모은 후 해지해 보자. 숙박 시설을 찾을 때는 카우치 서핑couch surfing(배낭 여행객을 위한 커뮤니티로, 여행 중 다른 사람 집에서 공짜로 묵을 수 있다-옮긴이), 아파트나 방 단기 임대, 호스텔 등을 고려해 보라. 이런 방식은 호텔에 묵을 때보다 현지인이나 다른 여행객과 더 친밀하게 지낼 기회가 되어준다.

우프World Wide Opportunities on Organic Farms, WWOOF를 시도해도 좋다. 유기농이나 지속 가능 경작 농장에서 일을 돕는 대신 숙식을 제공받는 자원봉사 활동이다. 어디를 가든 관광객이 몰리는 곳은 피하고, 현지인이 가는 곳에서 식사하고, 가능하면 걷거나 대중교통을 이용하라. 여행지를 더욱 생생하게 경험하면서 비용도 아낄 수 있다.

이국적인 곳으로 떠나고 싶은 사람도 있을 것이다. 그런데 당신의 고향을 이국적으로 여기는 사람도 있을지 모른다. 집을 맞바꾸도록 중개해 주는 거주지 교환 사이트에서 프랑스 프로방스 주민과 미국 로드아일랜드주 프로비던스 주민이 만나 서로의 집으로 떠날 수 있다. 과학 연구 단체나 봉사 단체와 함께하는 자원봉사 휴가도 고민해 보자. 시골 마을에서 지내며 학교를 짓거나 질병 치료법을 찾는 일이 쇼핑하기, 사진 찍기, 기념품 사기, 다른 사람들 앞지르기보다 더 낫다. 집주인 대신 집을 관리하며 숙박할 수도 있다.

실제로 영리한 파이어족들은 물가가 낮은 나라에서 몇 달 동안 지내며 출근하지 않고도 부족한 수입을 보충하기도 한다. 주거비, 교통비, 식비 등 주요 생활비가 훨씬 덜 들 뿐만 아니라, 여행의 즐거움을 일상에서 누릴 수 있다.

소유물 보호하기

FI 프로그램의 각 단계를 실천하다 보면, 틀림없이 훨씬 더 의식 있는 소비자로 거듭날 것이다. 이 기술은 물건을 살 때 모든 면에서 도움이 되지만, 보험에 가입할 때 특히나 유용하다. 보험 상품에 돈을 쓰기 전에는 내가 무엇을 사는지 정확히 이해해야 한다. 차량의 중고차 시장 가치나 상태를 볼 때 지금 들고 있는 종합 보험과 자차 보험이 가치가 있을까? 도둑맞는다면 무엇으로도 대신할 수 없는 가보에 대한 보험을 들었는가? 부양할 가족이 없는데 생명 보험에 정말로 가입해야 할까? 각 보험 증권을 꼼꼼하게 검토해서 가치를 최대한 얻고 있는지 확인해 보라. 증권 내용을 완전히 이해하지 못한다면, 평판 좋은 보험 설계사가 기꺼이 설명해 줄 것이다.

캐시와 랭던 부부는 월별 가계부를 작성하고 검토하다가 주택 보험 항목에서 멈칫했다. 두 사람은 캐시의 할머니에게서 물려받은 보석류 때문에 달마다 6달러를 내고 있었다. FI 사고방식으로 생각했을 때, 이 귀중한 보물은 무엇으로도 대신할 수 없었다. 다른 무언가로 대신하고 싶지도 않았다. 그 보석은 두 사람을 과거와 이어주기 때문에 특별했다. 그렇다면 매달 나가는 6달러는 무엇을 위한 것일까? 위안을 얻기 위한 돈일까? 계산에 밝았던 랭던은 경제적으로 독립하겠다고 계획한 시점에 매달 이자로 6달러를 받으려면 원금이 얼마나 필요한지 계산했다. 그 숫자(1000달러)가 너무나 명확해서 둘은 결국 보험을 해지했다.

보험 해지에 관해 더 이야기해 보자면, 아이린과 쿠엔틴은 한 푼이라도 내기 전에 일찍 결정했다. 돈이 바닥날지도 모른다는 불확실성을 관리하고자 장기 요양 보험을 고려했지만, 비용 때문에 망설여

졌다. 그래서 장기 요양 보험 대신 자가 보험을 선택하고, '살던 곳에서 노후 보내기', 즉 요양 시설 대신 집에서 머물며 건강을 돌보고 몸과 마음 모두 활동적으로 지내면서 위험을 줄이기로 했다. 아울러 자녀가 없기에 휠체어를 타더라도 괜찮을 대규모 다세대 공동 주택 단지에서 지내기로 했다.

마이클 필립스Michael Phillips와 캐서린 캠벨Catherine Campbell의 책《노년을 위한 단순한 삶 투자Simple Living Investments for Old Age》[6]는 노화가 쇠퇴 과정이라는 통념을 깨고, 오래도록 건강하게 살기 위한 전략 네 가지를 제시한다.

첫 번째는 적극적인 건강 관리다(단순히 약을 먹고 보험에만 의존하는 노인이 되어서는 안 된다). 두 번째는 새로운 친구, 특히 젊은 친구를 사귀고 공동체에 참여하기다. 이 두 가지는 내가 살아 있으며 가치 있다는 사실을 날마다 일깨운다. 세 번째는 소유물을 단순하게 정리하고, 내면과 주변의 불가피한 변화를 마지막 한계가 아닌 다음 모험으로 여기기다. 마지막은 자가 소유와 충분한 수입을 얻는 등 전통적 투자에 집중하기다(충분함을 넘어서 지나치게 많아서는 안 된다). 필립스와 캠벨은 자동차든 집이든 몸이든 우리가 소유한 것을 지키는 일에 더 많을수록 더 좋다는 사고방식을 적용하지 말라고 조언한다. 어떤 것은 지키는 데 너무나 많은 시간과 걱정, 돈이 들어간다. 무엇을 지켜야 할지, 어떻게 지켜야 할지 신중하게 고민해 보자.

우아하면서도 검소하게 나이 드는 일에 관해 생각하기에 너무 늦은 때도, 너무 이른 때도 없다.

자녀 양육

미국 농무부Department of Agriculture는 미국 가정이 자녀를 18세까지 양육하는 데 드는 비용(대학 비용은 제외)이 평균 23만 달러 이상이라고 추산한다. 믿기 어려운 수치지만, 양육비를 줄이는 데 성공한 파이어족 부모도 많다.

대개 부모가 검소한 생활의 모범을 보여야 한다. 부모가 지출을 줄인다면, 자녀도 따라 할 것이다. 자녀가 지출을 줄이지 않겠다고 고집을 부린다면, 평소보다 용돈을 더 많이 줘보자. 그리고 이 용돈으로 옷과 다른 필수품을 스스로 사야 한다고 설명해 보라. 파이어족 부모 상당수는 자녀가 원하는 물건을 사는 데 자기 돈을 써야 한다는 사실을 깨달으면 금세 검소하고 알뜰하게 변한다고 말한다.

야외 활동이 지저분하고 위험하다고 생각하는 부모는 아이들이 텔레비전을 보고 컴퓨터 앞에서 놀게 내버려둘 때가 너무 많다. 자연에서 뛰놀면 끝없는 즐거움과 호기심을 느낄 수 있을 뿐만 아니라 대체로 비용도 나가지 않는다. 자녀에게 야외 활동을 향한 애정을 심어주는 일은 평생 이어질 선물이지만, 이런 부모는 점점 적어지고 있다.

생활 속에서 돈 대신 창의력을 활용해도 좋다. 예를 들어 생일 파티에는 직접 케이크를 만들고, 물풍선 던지기처럼 매력적이지만 저렴한 옛날 놀이를 알려줘 보자. 핼러윈 파티에는 손수 만든 의상이 준비하기에도 재미있고 훨씬 더 오래 기억에 남는다. 갖가지 창의적 방법을 시도했는데도 아이가 바람직하지 않은 물건을 계속 원한다면, 며칠 후에 다시 이야기하자고 제안해 보라. 일시적인 소원은 대개 지나가 버린다. 하지만 아이가 특정 물건을 재차 요구한다면, 정말로 간절한 바람일 가능성이 크다. 그러면 아이에게 그 물건을 사줄지 말지, 어떻게 사는 게 좋을지 함께 고민해 보자.

옷 교환이나 나눔 행사로 아이들 옷값을 아낄 수 있다. 이제는 가족이 아니더라도 옷을 물려주고 받을 수 있다. 온라인 공유 네트워크와 지역 모임을 통해 작아진 옷을 쉽게 바꿔보자. 아기 침대, 장난감, 아기 욕조 등 육아용품 전부 가능하다.

요새는 베이비시터 비용이 외식비보다 훨씬 더 비쌀 수 있다. 또래 자녀를 둔 다른 부부를 찾아서 매주 데이트와 아이 돌봄 역할을 맞바꿔 보자. 이번 주는 당신이 그 부부의 아이를 돌보고, 다음 주는 그 부부가 당신의 아이를 돌봐주는 방식이다. 당신은 격주로 배우자와 데이트하면서 베이비시터 비용을 전혀 내지 않을 수 있고, 자녀는 매주 친구들과 놀 수 있어 좋아할 것이다. 자녀 돌봄 협동조합에 가입하는 방법도 있다.

캐시와 랭던 부부는 두 자녀의 대학 진학 비용을 아끼기로 했다. '아이들이 원하는 대학에 들어갈 수 있게 우리가 10년 더 일하는 게 과연 합리적일까?' 이렇게 생각한 두 사람은 자녀에게 4년제 주립 대학 학비만 지원하기로 했다. 만약 다른 주에 있는 대학교나 아이비리그 대학에 진학하고 싶다면, 자녀가 직접 일하거나 장학금을 받아서 차액을 벌어야 할 것이다.

자녀가 지원하고 진학할 대학을 결정할 때 비용이 중요한 요소라고 몇 해 앞서 미리 알려주자. 검소한 생활 방식에는 이점이 여럿 숨어 있는데, 적은 수입과 자산에도 만족한다면 대학 재정 지원을 더 많이 받을 수 있다. 수많은 파이어족은 기부금이 쏟아져 들어오는 사립 대학이 소득 기준 장학 지원금을 충분히 제공하므로 결국 등록금이 공립 대학과 비슷한 수준이거나 심지어 더 낮다는 사실을 잘 안다. 이 사실을 유념하고 대학교의 순 학비 계산 사이트를 활용해 각 대학에서 소득 기반 지원금을 얼마나 주는지, 이 지원금에서 장학금과 근로 장학금, 대출의 비율이 얼마나 되는지 파악해 보라. 자녀가 합격할 수만 있다면, 아이비리그 대학의 등록금이 가장 저렴할 수도 있다.

물건 버리기

FI 프로그램을 따른다면 집에 가져오는 물건 중 쓰레기로 버려지는 것은 거의 없을 것이다. 돈과 맺은 관계를 바꾸고자 나선 대다수가 1단계에서 확인한 불필요한 물건을 정리하고자 차고 세일을 열고 짭짤한 이익을 거둔다. 온라인 경매 사이트에 물건을 올리기도 하고, 기부하기도 한다(세금 공제 혜택도 있다).

음식물 쓰레기는 정원에 파묻거나 퇴비 보관함에 넣거나 지렁이에게 먹이로 주면 비옥한 흙으로 되돌아온다. 선진국에서는 타이어뿐만 아니라 종이, 알루미늄, 강철, 유리, 판지 폐기물도 재활용할 수 있다. 뉴욕시 같은 일부 도시에서는 음식물 쓰레기 퇴비화 프로그램을 도입하기도 했다.

쓰레기를 보물로 만들 방법도 계속 찾아보자. 쓰레기를 처리하는 비용을 줄이는 효과는 미미할지도 모른다. 하지만 혹시 모르는 일이다. 먼지를 덮고 지하실에 잠든 물건 가운데 엄청난 가치를 지닌 물건이 있을 수도 있다(그럴 것 같다면 감정을 받아보자).

선물과 축하

선물하기는 대체로 사랑을 표현하는 중요한 방법이다. 그런데 선물에 담는 사랑을 줄이지 않으면서도 비용을 줄일 수 있다. 바로 이때 4단계의 세 번째 질문이 숨은 선택지를 드러낸다. 만약 돈을 벌기 위해 일할 필요가 없다면, 다른 (그리고 더 저렴한) 선물을 주겠는가? 우리 문화에서 선물을 가장 크게 주고받는 행사는 생일과 크리스마스다. 연말연시 축하 행사가 과하게 느껴진다면, 당신 자신과 가족에게 맞는 선물의 범위를 정해보라. 빌 맥키번Bill McKibben의《100달러 휴일Hundred Dollar Holiday》7을 참고하면 유용할 것이다. 일부 파이어족은 크리스마스에 자녀에게 장난감을 하나만 사주겠다고 약속하는 대신 자녀가 원하는 장난감을 선택하게 해준다.

에이미와 짐은 크리스마스에 충족 곡선의 실제 사례를 확인하고는 곧바로 이 전략을 세웠다. 아이들은 처음에 선물을 하나, 둘, 셋 받을 때 기뻐서 함성을 질렀지만, 그 이후로는 충족 곡선이 줄곧 내리막이었다. 받은 선물을 가지고 노는 대신 계속 선물을 뜯어봐야 한다는 강박관념에 사로잡혔다. 마지막에는 지쳐서 짜증을 부렸으며 마음에 드는 선물이 하나도 없다고 투덜거렸다.

물건 대신 마사지, 아기 돌봄, 집밥 같은 서비스 선물은 일 년 내내 유용한 아이디어다. 차고 세일에서 선물을 사서 아껴뒀다가 적절한 때에 선물해도 좋다. 받고도 한 번도 쓰지 않은 물건이든, 차고 세일에서 산 새 물건이든 '다시 선물하기'는 요즘 들어 더 너그럽게 받아들여진다. (하지만 그 물건을 선물한 사람에게 다시 선물하지 않도록 주의하자. 최근에 누가 이런 실수를 저지르는 바람에 친구가 길길이 날뛰었다.) 새 선물과 중고 선물을 모두 재활용하기에 좋은 마지막 방법은 '비밀 산타' 파티다. 파티 참석자가 포장한 선물을 하나씩 가져와서 다른 선물과 교환하는 방식이다.

'모두에게 따뜻한' 크리스마스가 다가오자, 어설라는 마음이 가라앉았다. 부모, 형제자매, 시부모, 조카까지 선물을 스무 개 넘게 사야 했기 때문이다. 어설라는 깊이 고민한 끝에 건전한 재정 상태와 정신 건강을 유지할지, 아니면 '늘 그래왔던 대로' 똑같이 할지 선택할 수 있다는 것을 깨달았다. 숨을 깊이 들이마시고 가족 구성원 한 명 한 명에게 편지를 써서 사랑을 보냈고, 크리스마스 선물을 주고받지 않겠다는 마음을 전했다. 저항에 부딪힐 줄 알고 마음을 굳게 먹었지만, 돌아온 것은 존중이었다. 참고로 어설라는 결혼식도 직접 준비했다. 친구들의 도움을 받아서 케이터링, 손님 접대, 심지어 예식 진행까지 손수 해결했다.

선물하고 축하할 때 절약하는 '힌트와 팁'을 몇 가지 소개했지만, 가장 중요한 것은 어설라가 한 일이다. 현실을 직시하고, 내가 진정으로 원하고 필요한 것에 관한 진실을 말하고, 솔직하고 존중하는 마음으로 관습에 용감하게 맞서야 한다. 이는 인색함이 아니라 현명한 태도다. 언제든 무엇이든 원하는 대로 하고 그 결과는 개의치 않겠다는 욕망은 '자유세계'의 근본 흐름인 듯하다. 하지만 앞서 살펴보았듯이, 이런 자유는 자주 상당한 대가를 불러온다. 반대로 의식 있는 태도는 돈을 훨씬 더 많이 절약하게 돕고, 그래서 시간도 훨씬 더 많이 아끼게 해준다.

동반자와 함께하기

절약 전략을 실천하는 사람들은 새로운 절약 방법을 발견할수록 삶이 더 흥미롭고 즐거워진다는 사실을 잘 안다. 적어도 운 좋게 같은 가치관을 공유하며 당신의 영리한 전략을 칭찬하는 사람을 만난다면, 크게 자랑할 수 있다. 그런 동반자는 당신의 기분과 능력을 모두 북돋아 주지만, 낭비를 부추기는 사회에서 혼자 검소한 생활을 실천하면 외톨이처럼 느껴질 것이다. 당신은 변화하고 싶지만 배우자나 연인은 (아직) 그럴 마음이 없다면, 생각이 비슷한 사람이나 모임을 찾아서 지원과 영감을 얻어보자. 다행히도 블로거와 실무자가 모인 전 세계의 파이어족 공동체, 다양한 온라인과 오프라인 플랫폼을 통해 가치관이 비슷한 친구와 연인을 훨씬 쉽게 찾을 수 있다.

앤 해비그와 프레드 엑스는 온라인의 '단순한 삶' 토론 게시판에서 만났다. 두 사람은 소박한 가치관과 삶을 향한 열망이 같았다. 하지만 예전에는 달랐다. 컴퓨터 과학 석사 학위를 딴 프레드가 더 젊었던 시절, 차고에는 '장난감'이 가득했고 빚이 쌓여만 갔다. 프레드는 늘 지쳐 있다는 데 지쳤다. 그때 《돈에 끌려다니지 말고 따라오게 하라》에 관한 신문 기사를 읽고 책을 사서 주말 내내 푹 빠져 읽은 후, 유급 노동에 영영 작별을 고하겠다고 다짐했다. 당시 27살이었던 프레드는

35살이 되자 '은퇴'하고 검소하면서도 멋지게 살았다. 그 과정에서 집을 팔았고, 중고품 가게에서 물건을 샀고, 셋집으로 이사했고, 직접 요리했고, 여행하고 요트를 타고, 유럽 환경 단체에서 월급은 3분의 1이지만 기쁨은 두 배인 일자리를 얻어 더 즐겁게 지내기 시작했다. 앤은 몇 년 동안 친환경 가치를 실천하려고 노력했지만, 결국에는 돈 때문에 지루한 인터넷 회사 직원으로 몇 차례나 돌아가고 말았다.

이 책은 삶이 달라질 수 있다는 믿음을 확인해 주었고, 달라지는 방법을 보여줬다. 앤은 꾸준히 지출을 줄이면서 저축을 늘렸고, 지금은 시간제로 일한다. 프레드와 함께 샌프란시스코의 주거용 보트에서 살고 함께 여행하며, 다른 사람들이 돈 문제를 생각해 보도록 돕는 자원봉사에도 참여한다. 앤의 말을 들어보자.

"지금 하는 일 대부분은 돈을 안 받고도 했을 거예요. 철인 3종 경기 훈련, 자전거 옹호 단체 활동, 기타 연습에 들일 시간도 충분하죠. 여기서 5년 동안 차 없이 지냈지만, 이제는 차가 생겨서 더 멀리 떠날 수 있어요. 프레드도 아주 가끔 경주에 나가서 돈을 벌어요. 돈이 필요해서 하는 건 아니에요. 우리는 같은 가치관을 바탕으로 끈끈한 관계를 이어나가고 있고, 서로를 위한 시간도 충분히 마련해요. 사는 게 정말 좋아요!"

프레드와 앤은 우리의 소비가 지구에 영향을 미친다는 사실을 잘 알며, 지출할 때 이를 염두에 둔다. 그러면 양심을 지키면서도 지출을 줄이는 데 도움이 된다.

돈을 절약하는 1001가지 확실한 방법

1년 동안 월별 가계부를 작성하면 15~30가지 지출 항목에 개별 내용을 1001가지 정도 적을 것이다. 이렇게 지내면 무엇을 사든 제품의 품질이나 삶의 질을 떨어뜨리지 않고도 비용을 줄일 가능성이 매우 크다. 다른 사람의 검소한 생활 비법을 따르는 대신, 내 삶의 에너지를 존중하는 자세가 길을 알려줄 것이다. 당신이 돈을 얼마나 절약했는지 알고 나면, 우리가 차고 세일이나 무료 나눔으로 얻은 물건으로 집을 꾸밀 때만큼이나 신날 것이다. 절약 전략을 찾아내는 영리함과 창의력이 당신에게 힘을 실어줄 것이다.

그래서 우리는 이를 '창의적 절약'이라고 부른다. 자, 지금 당신 앞에 백지를 한 장 놓고 덜 쓰면서도 더 사랑하며 살아가는 1001가지 방법을 직접 적어보자.

돈을 절약하는 백만 가지 확실한 방법

당신의 생각을 조심하라. 명상을 수련하는 사람이라면 우리 귀 사이에 있는 회백질이 정신없이 날뛰는 원숭이처럼 아무 관련 없는 생각을 1초에 최소 하나씩 끊임없이 쏟아낸다는 사실을 잘 알 것이다. 단 11.6일 만에 백만 가지가 넘는 생각이 들 것이고, 그중 대부분은 욕망과 관련 있을 것이다.

부처는 욕망이 모든 고통의 근원이라고 말했다. 욕망은 모든 쇼핑의 근원이기도 하다. 앞으로 욕망 백만 가지를 의식한다면, 만족스러운 결과를 가져다주지 않는 것에 돈을 쓰지 않을 기회도 백만 번 얻을 것이다. 우리는 광고 때문에 물건을 사지 않는다. 다른 사람들의 기대 때문에 물건을 사지도 않는다. 텔레비전 때문에 물건을 사지도 않는다. 우리의 생각 때문에 물건을 산다. 그 녀석을 조심하라. 녀석은 당신의 지갑을, 그리고 훨씬 더 많은 것을 위험에 빠뜨린다.

돈을 쓰기 전에 다음의 열 가지 항목을 되새겨보자.

1. 쇼핑하지 마라.

2. 분수에 맞게 생활하라.

3. 가지고 있는 것을 잘 관리하라.

4. 닳아서 못 쓸 때까지 사용하라.

5. 스스로 해결해 보라.

6. 필요를 예측하라.

7. 가치와 품질, 내구성, 다용도, 가격을 조사하라.

8. 더 저렴하게 구매하라.

9. 욕구를 다른 방식으로 충족하라.

10. FI 프로그램의 아홉 단계를 따르라.

머니 토크를 위한 질문

철저한 개인주의 전략은 지출을 줄이며 만족감을 높이는 데 실패한다. 소비주의 때문에 우리가 어떻게 미쳐가는지 의식하면서 사람들과 대화를 나누고, 필요한 태도와 실용적 팁을 얻어보자.

- 소유물과 소비 방식을 통해 누구에게 좋은 인상을 남기거나 즐겁게 해주고 싶은가?
- 어떻게 돈을 절약하는가? 어떤 대상에 돈을 아끼는가? 그렇게 돈을 아낄 때 어떤 기분인가?
- 무척 좋아하는 물건 한 가지에 관해 이야기해 보라. 어떤 점이 좋은가?
- 쇼핑할 때 친구를 데려가서 그 장소가 어떤 곳인지, 어떤 기분이 드는지, 무엇을 사는지 설명해 보라.
- 당신의 가징거스 핀(안 사고는 못 배기는 물건)은 무엇인가?
- 닳아서 못 쓸 때까지 썼던 마지막 물건은 무엇인가?

일의 목적이
무엇인지 알아차려라

Your Money or Your Life

돈은 당신의 모든 '돈 문제'를 해결해 줄 것이다.

하지만 당신의 '내면의 문제'까지 해결해 주지는 않는다.

Money will solve all your money problems

but it won't solve your inner problems.

_나발 라비칸트 Naval Ravikant

일과 임금, 삶의 에너지 소중하게 여기기

앞에서는 돈을 더 의식적으로 지출해서 삶의 에너지를 소중히 여기는 일에 관해 이야기했다. 이번에는 시간을 통해 삶의 에너지를 소중하게 여기는 법을 다루겠다. 당신은 가장 소중한 자산인 삶을 팔아서 그만한 가치를 얻고 있는가? 일이 당신의 삶에 도움이 되는가?

때로는 당연한 것에 의문을 품어야 진실에 이를 수 있다. 지금 우리가 탐구할 질문은 '일이란 무엇인가?'다. 흔히 일은 생계를 위해 하는 활동이라고 말한다. 하지만 일을 이렇게 정의하면, 우리 삶을 빼앗긴다. 자기 직업을 존중하면서 나머지 삶은 소홀히 하는 사람들이 있다. 반대로 억지로 일을 참고 견디다가 저녁과 주말에 보상받으려는 사람들도 있다. 집에서 일하면서도 휴식 시간이 전혀 없는 사람도 있다. 계약직이나 프리랜서 등 임시직을 선호하는 긱 이코노미gig economy를 따라 여러 직업을 조각조각 이어 붙이는 사람도 있지만, BYOBBe your own boss(스스로 보스가 되어라) 태도가 깨어 있는 시간을 모조리 집어삼킨다. 자기 일을 사랑하지만 이사회, 감독관, 자금 지원자, 투자자가 자기 비전을 제약한다고 느끼는 사람도 있다. '일은 돈을 위해 하는 활동'이라는 정의는 여가에 하는 '일'이 가치가 낮다는 의미이기도 하다. 우리는 삶의 에너지를 소중하게 여기지 못하고, 변화를 일으키는 데 무력감을 자주 느낀다. 이제 일에 관한 우리의 정의 자체가 문제인지 아닌지 탐구해 보자.

당신은 직장 안팎에서 삶의 에너지를 얼마나 잘 활용하고 있는가? 당신의 일은 당신의 삶을 소비(소모, 파괴, 낭비)하고 있는가? 당신은 삶을 사랑하며, 직장 안팎에서 매시간을 소중히 사용하는가? 계속 말했듯이, 삶의 에너지는 귀중하다. 삶의 에너지는 한정되어 있고 되돌릴 수 없으며, 삶의 에너지에 관한 선택은 지구에서 우리가 보내는 시간의 의미와 목적을 드러낸다.

지금까지 당신은 충족감과 가치관에 맞춰서 지출을 조정해 삶의 에너지를 소중하게 여기는 법을 배웠다. 이제는 일에 투자한 시간에 대한 보상(사랑이나 돈)을 극대화해서 삶의 에너지를 소중하게 여기는 법을 배울 차례다.

일이란 무엇일까?

돈과 마찬가지로, 일에 관한 우리의 생각 역시 모순되는 신념과 생각, 감정의 조각으로 이루어져 있다. 우리는 부모로부터, 혹은 문화, 미디어, 삶의 경험에서 이런 개념을 받아들였다. 아래에 실린 여러 인용문은 일의 정의가 품은 모순을 잘 보여준다.

20세기에 커다란 영향력을 미친 경제학자 E. F. 슈마허E. F. Schumacher는 이렇게 말했다. 인간 노동의 목적 세 가지는 다음과 같다.

"첫째, 필요하고 유용한 재화와 서비스를 제공하는 것. 둘째, 모두가 선한 청지기처럼 자기 재능을 발휘하고 완성하도록 하는 것. 셋째, 타인에게 봉사하고 타인과 협력하며 우리의 타고난 자기 중심성에서 벗어나는 것."[1]

미래학자이자 경제학자인 로버트 시어벌드Robert Theobald는 이렇게 정의했다. "일은 사람들이 하고 싶지 않은 활동으로, 돈은 일의 불쾌함에 대한 보상으로 정의된다."[2]

작가이자 배우 스터즈 터컬Studs Terkel은 저서 《일Working》의 첫머리를 이렇게 연다. "이 책은 일을 다루므로 본질상 폭력(육체뿐만 아니라 정신에도 가해지는 폭력)을 다루는 책이다. 사고뿐만 아니라 궤양에 관한 책, 주먹다짐뿐만 아니라 아귀다툼에 관한 책, 개를 발로 차는 것뿐만 아니라 신경 쇠약에 관한 책이다. 가장 중요하게는 (어쩌면 가장 덜 중요하게는) 일상의 굴욕에 관한 책이다. 다친 채 돌아다니는 우리 대다수에게는 하루를 살아남는 것만으로도 승리다. (…) 일은 매일의 양

식뿐만 아니라 매일의 의미를, 돈뿐만 아니라 인정을, 무기력보다는
놀라움을 찾는 여정이다. 즉, 월요일부터 금요일까지 죽어가는 것이
아니라 일종의 삶을 찾아 나서는 여정이다."[3]

반대로 20세기 시인 칼릴 지브란Khalil Gibran은 "일은 눈에 보이는
사랑"이라고 말했다.[4]

일이란 무엇일까? 축복일까, 저주일까? 시련일까, 승리일까? 우리
는 돈을 다시 정의했던 것처럼 일을 다시 정의하려고 한다. 일에 관
해 일관되게 진실이라고 말할 수 있는 내용을 찾아보자.

일의 역사

먼저 '일'의 역사를 간략하게 살펴보자. 역사를 통해 우리만의 이
야기를 만들어갈 새 기회를 찾을 수 있다. 일에 관한 우리의 개념은
어디에서 비롯됐을까? 우리는 왜 일할까? 일은 우리 삶에서 어떤 위
치를 차지할까?

일의 일일 최소 필요량

우리 인간은 누구나 기본적인 생존을 위해 어느 정도 일해야 한
다. 하지만 얼마나 일해야 할까? 일에도 '일일 최소 필요량'이 있을
까? 수렵 채집 문화에서 현대까지 연구한 여러 자료에 따르면, 일의
최소 필요량은 성인이 된 이후로 평생 하루에 약 3시간이라고 한다.

《석기 시대 경제학Stone Age Economics》의 저자 마셜 살린스Marshall Sahlins는 칼라하리 사막에 사는 쿵족Kung 남성이 서구의 영향으로 일상이 바뀌기 전까지 일주일에 이틀에서 이틀 반 동안 사냥했고, 주당 평균 15시간 일했다고 밝혔다. 여성도 매주 거의 같은 시간 동안 먹을거리를 채집했다. 사실, 여성 한 명이 하루 일하면 가족에게 사흘 동안 먹일 채소를 얻을 수 있었다. 남녀 모두 일 년 내내 며칠 일하고 그다음 며칠 동안 쉬면서 오락을 즐기고, 수다를 떨고, 축제를 준비하고, 다른 이들을 방문했다. 먼 과거의 주당 근무 시간은 오늘날의 은행 근무 시간보다 훨씬 짧은 듯하다.[5]

이런 수치는 우리가 하루에 3시간만 일해도 생존할 수 있다고 시사한다. 산업화 이전 시대에는 이런 노동 패턴이 타당했을 것이다. 일이 가족과 함께하는 시간, 종교 행사, 놀이와 뒤섞였던 그 시절에 삶은 더욱 온전했다. 그런데 '노동 절약' 산업 혁명이 도래했고, 삶은 '일'과 '일이 아닌 활동'으로 나뉘었다. 그리고 일은 평범한 사람들의 하루를 그 어느 때보다 더 많이 잡아먹었다.

19세기에 '평범한 사람들'은 당연히 지나치게 긴 노동 시간에 반발하며 노동 시간 단축을 위해 투쟁했다. 노동자를 옹호하는 이들은 노동 시간이 줄어들면 피로도가 낮아지고 생산성이 높아질 것이라고 주장했다. 줄어든 노동 시간은 성숙해 가는 산업 혁명의 자연스러운 표식이라고 말했다. 하지만 대공황 동안 이 모든 변화가 멈췄다.[6] 주당 근무 시간은 20세기로 전환될 무렵 60시간에서 대공황기에 35시간으로 급격히 줄었지만, 이후 대부분 40시간으로 고정되었고 최근 몇 년 사이에는 50시간, 심지어 60시간으로 늘어났다. 왜 그럴까?

생명, 자유, 임금을 추구할 권리?

대공황기에 자유 시간은 실직과 같은 말이 되었다. 경기를 부양하고 실업률을 낮추려는 뉴딜 정책은 주 40시간 노동제를 확립했고 정부를 최후에 의지할 수 있는 고용주로 정립했다. 노동자는 자유 시간이 아닌 고용이 곧 시민권(생명과 자유, 임금을 추구할 권리)이라고 교육받았다. 벤저민 클라인 허니컷Benjamin Kline Hunnicutt은《끝없는 노동Work Without End》에서 '완전 고용full employment' 원칙을 설명한다.

"대공황 이후, 노동 시간 단축을 경제 성장과 생산성 향상의 자연스럽고 지속적이며 긍정적인 결과로 생각하는 미국인은 거의 없었다. 여가 시간 증가는 오히려 경제를 고갈시키고 임금에 부담을 주며 경제 발전을 저해한다고 여겼다."[7]

'성장은 좋다'와 '완전 고용' 신화는 자본주의 핵심 가치로 자리 잡았다. 이 신화는 여가가 즐거운 자유 시간이 아니라 돈을 주고 사야 하는 상품이라고 설파하는 '완전 소비' 복음과 절묘하게 맞아떨어졌다. 지난 반세기 동안 완전 고용은 더 많은 '가처분 소득'을 지닌 소비자가 더 많아졌다는 것을 의미했다. 이는 이윤 증대로 이어지고, 다시 사업 확장으로, 다시 더 많은 일자리로, 다시 더 많은 가처분 소득을 지닌 더 많은 소비자로 이어진다. 맨 처음에 살펴봤듯이, 소비는 '발전'이라는 수레바퀴를 계속 굴린다.

이처럼 우리의 (우리 사회의) 여가 개념은 급격하게 변했다. 교양을 쌓는 데 쓰일 일상 요소로 여겨지던 여가는 이제 두려움의 대상으로 바뀌었고, 대공황 시절 실업을 떠올리게 했다. 여가의 가치가 떨어지면서 일의 가치가 올라갔다. 광고업계가 성장하고 사회가 완전 고용을 추구하면서 대중은 갈수록 일하는 데, 돈을 많이 벌어서 자원을 더 많이 소비하는 데 관심을 보였다.

이런 상황에 맞서서 21세기 초에 자유 시간 운동이 생겨났다. 영화감독 존 드 그라프John de Graaf는 "시간을 되찾자Take Back Your Time" 캠페인을 시작하며 과로에 시달리는 미국인을 위해 근무 시간을 단축하고 휴가 기간을 연장해야 한다고 주장했다. 근로 시간 단축과 충분한 여가가 실제로 노동자의 생산성을 향상한다는 연구 결과도 수두룩하기에, 여가 시간 연장을 옹호하는 이들은 하루 8시간 근무를 신성하게 여기는 문화적 가정에 반대한다.

새롭게 떠오르는 슬로푸드 운동Slow Food movement 역시 일중독 생활 방식에 도전장을 던진다. 이 운동은 음식 섭취가 단순히 혼자서 컴퓨터 앞에 앉아 패스트푸드를 게걸스럽게 먹어 치우고 다음 생존 경쟁을 위한 연료를 몸에 공급하는 일 이상이라고 주장한다. 식사는 함께 어울려서 즐겁게 대화하며 시간을 보내는 일이다. 간단히 말해, 식사는 우리를 문명인으로 만든다.

일의 새로운 의미

허니컷은 지난 반세기 동안 우리가 직장 밖의 삶에 의미를 부여하는 가족과 문화, 공동체라는 구조를 잃었다고 지적한다. 전통적인 의례, 사교 행사, 함께 어울리는 소박한 즐거움은 일하지 않는 시간을 보내는 틀을 마련했고, 사람들에게 목적의식과 소속감을 심어줬다. 집단과 장소에 소속되는 경험이 없다면 여가는 외롭고 지루할 것이다. 직장 밖의 삶이 활력과 의미를 잃었기 때문에 이제 일은 목적을 위한 수단이 아니라 그 자체로 목적이 되었다. 허니컷은 이렇게 밝힌다.

"의미, 정당화, 목적, 심지어 구원까지도 전통적인 철학이나 신학이 아니라 일에서 추구하게 되었다. 사람들은 오래된 종교적 질문에 새로운 방식으로 대답했으며, 그 대답은 갈수록 노동과 경력, 직업, 전문 기술의 관점에서 제시되었다."[8]

앨리 혹실드Arlie Hochschild는 2001년 저서 《시간의 구속Time Bind》에서 이제 가족이 세 가지 일을 해야 한다고 말한다. 직장에서 하는 일, 가정에서 하는 일, 사무실에서 보내는 시간이 크게 늘면서 망가진 관계를 회복하는 일이다. '가족 친화적' 정책을 도입한 기업조차 직장에서 더 오래 일하는 직원에게 (생산성이 더 높든 낮든) 은근히 보상을 제공한다. 심지어 집은 정신없이 소란스러워진 탓에 사무실에서 더 오래 일하고 싶다는 죄책감 어린 욕망이 들기도 한다. 사무실이 더 안락하니까![9]

퍼즐의 마지막 조각은 프로테스탄티즘 윤리가 부상하면서 일에 대한 종교계의 태도가 변화한 현상이다. 이전에는 일이 세속적이었고 종교가 신성했다. 하지만 이제 일은 구원을 얻기 위한 무대가 되었고, 성공적인 재정 생활은 곧 성공적인 종교 생활의 증거가 되었다.

이렇게 우리가 사는 21세기까지 흘러왔다. 그러는 동안 임금을 주는 직업은 무수히 많은 역할을 떠맡았다. 이제는 직업이 원래 종교의 영역이었던 기능을 수행한다. 일은 '나는 누구인가?', '나는 왜 여기에 있는가?', '이 전부는 무엇을 위한 것인가?'처럼 영원히 반복되는 질문에 대한 답을 찾는 곳이다. 게다가 일은 가족의 기능까지 떠맡아서 '내 사람들은 누구인가?'와 '나는 어디에 속하는가?' 같은 질문에도 답을 내놓는다.

이제 직업은 짜릿한 로맨스와 진실한 사랑을 선사해야 한다. 우리는 동화 속 백마 탄 왕자님처럼 욕구를 채워주고 멋진 삶으로 나아가도록 고무하는 백마 탄 직업이 존재한다고 믿는 것 같다. 이 매력적인 직업을 통해 지위, 의미, 모험, 사치, 존경, 권력, 힘겨운 도전, 환상적인 보상까지 모조리 가질 수 있으리라고 믿는다. 우리는 저마다 딱 맞는 일이 필요하다. 사실, 순전히 시간만 따지고 보면 우리는 배우자보다 일에 더 집착하는 듯하다. 더 나아지든 나빠지든, 부유해지든 가난해지든, 아플 때든 건강할 때든, 죽음이 우리를 갈라놓기 전까지 함께하겠다는 맹세는 배우자보다 직장에 더 어울려 보인다. 집-도로-직장이라는 순환 고리에 우리를 묶어두는 존재는 백마 탄 직업이라는 환상이 아닐까. 우리는 두꺼비에게 거푸 키스하며 언젠가 잘생긴 왕자를 껴안기를 바라는 공주와 같다. 우리 직업이 바로 그 두꺼비다.

오늘날 청년은 훨씬 더 험난한 시류를 거슬러 헤엄치고 있다. 휴대 전화와 노트북 때문에 언제든 고용주와 부업(본업의 틈새에 끼어든 두 번째, 세 번째 직업)의 부름에 응답할 수 있게 24시간 내내 대기해야 한다. 본업만으로 수입이 충분하지 않으면, 기운차게 여러 가지 부업을 하며 돈을 이리저리 모아도 학자금 대출을 갚고 부모님 집 지하실에서 탈출하기 어렵다. 청년층이 여러 직업을 병행하는 일을 '허슬 hustle(이 단어의 기본적인 뜻은 '과감히 분투하다'나 '힘내서 일을 해치우다'다-옮긴이)'이라고 부른다는 사실을 보면, 이들이 성장하고 성공하는 데 에너지가 얼마나 많이 필요한지 알 수 있다.

청년층은 자기가 끝없는 허슬의 신세계에서 살아간다는 사실을 너무나 잘 안다. 물살을 거슬러 헤엄칠 용기가 있어야 버틸 수 있는 가혹한 신세계다. 직업이 정체성이고 경력이 안전장치이자 연금이던 구식 컨베이어 벨트는 이제 산산이 부서졌다. 이런 현상이 청년을 '백마 탄 직업 증후군'에서 벗어나도록 도울까? 아니다. 언제나 허슬 중인 청년은 언제나 '일하는 중'이다. 심지어 데이트마저 다음 취업 기회를 위한 인맥 쌓기가 될 수 있다.

우리는 산업 혁명으로 승리했을까?

우리 조상이 하루 3시간 일하고 나머지 시간에는 사교와 의례, 축하, 게임의 즐거움을 만끽했던 시대와 비교하면, 우리는 너무나 다른 세상에 살고 있다. 이런 변화가 가치 있었을까? 우리는 물리적 세계를 정복하는 데 창의력과 독창성을 쏟아부어서 분명히 엄청난 것을 얻었다. 과학과 기술, 문화, 예술, 언어, 음악 모두 발전해서 우리에게 무수히 많은 축복을 가져다주었다. 바흐의 음악이나 페니실린을 버리고 시간을 완전히 되돌리고 싶은 사람은 거의 없을 것이다. 하지만 잠시 멈춰서 우리가 나아간 방향을 평가해야 한다. 우리는 여전히 올바른 길로 가고 있을까? 오늘날의 직장과 고용 시장을 간단히 살펴보자. 우리는 지금 어디에 있을까? 우리가 원하는 곳에 있을까?

- 일부 노동자는 하루하루가 반복적이고 단순하고 너무 쉬워서 따분한 업무로 가득해 능력 이하의 일을 한다고 느낀다. 이런 업무는 창의력이나 지성을 발휘할 여지가 거의 없다. 반대로 다른 노동자는 기업의 인원 감축 때문에 일자리를 유지한 소수의 운 좋은 직원이 책임을 더 많이 떠안아야 하는 상황에서 과로한다고 느낀다. 스타트업 분야는 서부 개척 시대와 같다. 자금이 풍부한 신생 기업이 하룻밤 사이에 생겨나 젊은 직원에게 무료 급식과 탁구대 같은 주요 혜택을 제공하며 치열한 업무 환경과 균형을 맞춘다.
- 사회 정의, 기후 변화, 소비 사회의 해로운 부작용에 관한 인식이 높아지면서 일부 노동자가 마음속으로 갈등을 빚고 있다. 이들은 경제적으로는 일자리가 필요하지만, 윤리적으로는 직장의 제품이나 서비스를 지지하지 않는다.
- 더는 노후 보장이 확실하지 않다. 미국에서 확정 급여형 퇴직 연금을 제공하는 기업은 단 7%밖에 되지 않는다. 기업의 25%는 401(k)(매달 퇴직금 일정량을 회사가 적립하되 직원이 관리 책임을 지

므로 회사가 퇴직금 지급을 보장하지 않는 미국의 퇴직 연금 제도다-옮긴이) 같은 '확정 기여형' 퇴직 연금에 현금을 일부 지급하는 혼합형 제도를 시행한다. 확정 급여형은 근로자가 퇴직 후 받는 퇴직 급여를 미리 정해놓고 기업이 적립금을 운용하는 형태고, 확정 기여형은 기업이 부담하는 퇴직 연금 적립금을 미리 정해놓되 근로자가 퇴직 후 받는 연금 급여는 적립금 운용 실적에 따라 변하는 형태다.[10] 나머지 기업은 은퇴 이후를 위한 저축을 근로자의 몫으로 다시 돌리고 있다. 심지어 장기적으로 국가의 사회 보장 안전망이 안전한지 의구심을 품는 사람도 있다. 물론, 숱한 사람이 이 책을 펼치게 된 이유가 바로 이런 현실이다. 당신은 무슨 일이 벌어지든, 노후 생활을 온전히 당신의 힘으로, 당신의 계획표에 따라 관리하고 싶을 테다.

◆ 뉴욕에 본사를 둔 비영리 연구 단체 컨퍼런스 보드Conference Board의 2014년 보고서에 따르면, 미국인 대다수는 직장 생활에 불만을 갖고 있는 것으로 나타났다. 1987년의 첫 조사에서는 근로자 61.1%가 자기 일을 좋아한다고 응답했지만 이 숫자가 최고점이었다. 역대 최저점은 2010년에 기록했는데, 근로자 가운데 42.6%만 자기 일을 좋아한다고 답했다. 만족도가 가장 크게 떨어진 항목 두 가지는 고용 보장과 건강 보험으로, 두 항목 모두 1987년 이후 최소한 11포인트 감소했다. 같은 고용주와 장기간 근속할 가능성이 작아지고, 건강 보험 납부액과 급여 공제금이 점점 더 커졌기 때문이다.[11]

우리는 이 정신 나간 세상에서 죽어가는 데 지쳐버린 듯하다. 자기 일을 좋아하더라도, 운이 좋아서 취업 복권에 당첨되더라도, 직업 생활이 만족스러운 50%에 속하더라도 우리는 여전히 백마 탄 직업 증후군에 시달린다. 일이 결코 채워줄 수 없는 욕구를 채우려고 애쓴다. 그러다 눈을 감기 직전에 '왜 직장에서 그렇게 많은 시간을 보냈을까?' 하고 후회할지도 모른다.

일의 목적은 무엇일까?

다음과 같은 질문을 몇 가지 고민하며 우리가 일과 맺은 가장 개인적이고 심오한 관계를 탐구해 보자.

- 당신은 돈을 벌기 위해 왜 하필 그 일을 하는가?
- 당신이 침대에서 일어나 일터로 가게 만드는 원동력은 무엇인가?
- 경험으로 미루어 볼 때, 당신이 보수를 받으면서 하는 직업의 목적은 무엇인가? (직장 생활을 하는 배우자나 가족에게 부양을 받고 있다면, 그 '가장'이 일하는 이유를 고민해 보라. 당신이 과거에 겪었던 직업 경험을 떠올려도 좋다. 은퇴했거나 실직 상태라면 이전 직업을 생각해 보자.)

이제 보수를 받는 노동의 다양한 목적을 살펴보고 무엇이 당신에게 적용되는지 살펴보라.

[돈 벌기]

♦ 자기 자신과 가족을 부양하기 위해

♦ 미래를 대비해서 저축하기 위해

♦ 자선 활동에 참여하기 위해

♦ 경제적 독립을 이루기 위해

[안정감 느끼기]

♦ 직장에서 안정적인 자리를 얻기 위해

♦ 복지 혜택을 받기 위해

[전통 지키기]

♦ 특정 직업을 대대로 이어오는 집안의 전통을 잇기 위해

♦ 가족에 대한 의무를 다하기 위해

♦ 모두가 일하기 때문에

[봉사하기]

♦ 자기 몫을 다하기 위해

♦ 타인과 사회, 세상에 이바지하기 위해

♦ 기술을 활용해 다른 사람들을 돕기 위해

[학습하기]

♦ 새로운 기술을 배우고 인간으로서 성장하며 자신의 시장 가치

를 높이기 위해

- 자극받고 도전하기 위해
- 혁신하고 창조하기 위해

[권력 얻기]

- 다른 사람에게 영향을 미치기 위해
- 어떤 일의 결정 과정과 결과에 영향을 미치기 위해
- 잘 보이고 싶은 사람들에게 존경과 칭찬을 받기 위해
- 자기 분야에서 성공과 명성을 얻기 위해

[사회생활 하기]

- 동료와 즐겁게 소통하기 위해
- 다른 사람들과 교류하며 더 큰 공동체에 소속감을 느끼기 위해
- 회사 전 직원이 참석하는 행사에 참석하기 위해

[시간 관리하기]

- 시간을 체계적으로 관리하고 삶에 질서 있는 리듬을 부여하기
  위해

일에는 서로 다른 기능이 두 가지 있다는 사실을 눈치챘는가? 일에는 물질적이고 재정적 기능(다시 말해 돈 벌기)과 개인적 기능(감정적, 지적, 심리적, 영적 기능)이 있다.

원래 질문은 '보수를 받는 노동의 목적은 무엇일까?'였다. 사실, 보수를 받는 일의 목적은 단 하나, 바로 돈을 버는 것이다. 이 목적만이 일과 돈 사이의 유일한 진짜 연결 고리다. 그런데 보수를 받는 노동의 또 다른 '목적'에는 다른 유형의 보상도 있다. 이 보상은 분명히 매력적이지만, 보수와 직접적인 관련은 없다. 이런 보상은 보수가 없는 활동에서도 똑같이 받을 수 있다.

중산층 이상의 노동자가 보수를 받는 직업과 관련해서 느끼는 스트레스와 혼란, 실망은 임금 자체 때문이 아닐 때가 많다. 우리는 일정 수준의 편안함을 넘어서면 돈이 더 많더라도 더 만족스럽지 않다는 것을 잘 안다. 그렇다면 직업의 문제는 아마 자극, 인정, 성장, 기여, 상호 작용, 의미를 바라는 우리 욕구를 채우지 못한다는 사실일 것이다. 앞서 언급한 컨퍼런스 보드의 직무 만족도 조사 결과도 이 의견을 뒷받침한다. 직업을 만족스럽게 하는 요소는 급여가 아니라 성장 잠재력, 소통 창구, 일에 관한 관심, 인정이다. 만약 보수가 있는 직업에 이런 요소를 기대하지 않고 돈을 버는 것 외의 목적은 전부 무급 활동에서 충족할 수 있다고 여긴다면 어떨까?

이런 깨달음은 일과 맺은 관계를 다시 검토하는 데 매우 중요하다. 일에는 두 가지 측면이 있다. 하나는 돈에 대한 우리의 욕구와 욕망이다. 우리는 돈을 벌어서 기본적인 욕구를 채우기 위해 일한다. 다른 측면은 우리가 삶에서 달성하고 싶은 여러 긍정적 목표와 관련 있다. 자기 자신과 가족을 부양할 만큼, 심지어 일을 두 가지나 병행하면서 돈을 벌지 못하는 수백만 명에게는 이 두 번째 측면이 와닿지 않는다는 사실에 유의하자. 미국은 유급 휴가를 보장하지 않는 선진 국이며, 유급 휴가를 받는 저임금 노동자는 절반도 채 되지 않는다.[12]

일과 임금의 연결 고리 끊기

일의 진짜 문제는 우리가 지나치게 많이 기대한다는 사실이 아니라, 일과 보수를 받는 노동을 혼동한다는 사실에서 비롯한다. '일'을 단순히 생산적인 활동이나 목적의식이 있는 활동으로 다시 정의하고 보수를 받는 노동을 여러 활동 가운데 하나로 여긴다면, 식탁에 음식을 올리고 집을 마련하기 위해 하는 일이 의미와 목적, 성취감을 줘야 한다는 잘못된 생각에서 벗어날 수 있다. 일과 돈의 연결 고리를 끊어야 균형을 맞추고 온전한 정신을 되찾을 수 있다.

인간이 느끼는 충족감은 직업이 아니라 삶의 전체적인 모습, 즉 삶의 본질에 관한 내면의 감각, 타인과 맺은 관계, 의미와 목적을 향한 갈망에서 생겨난다. 일과 임금을 분리하면, 돈을 버는 것부터 가족을 사랑하는 것까지 삶의 모든 부분을 '진정한 나 자신'이라는 전체로 통합하는 문을 열 수 있다. 우리가 온전하다면 행복해지려고 애써 소비할 필요가 없다. 행복은 우리가 타고난 권리다.

당신이 급여를 받고 다니는 직장을 좋아하든 싫어하든, 일과 임금을 분리하면 삶의 에너지라는 귀중한 자산을 소중하게 여기는지 더욱 분명하게 확인할 수 있다.

'돈의 가르침 2'에서 삶의 에너지를 설명하며 마흔인 사람에게는 앞으로 약 35만 시간이 남아 있다고 했던 말을 기억하는가? 여기서 3분의 1을 수면에, 15%를 몸과 집을 가꾸는 활동(요리, 청소, 집수리, 자질구레한 잔일)에 쓴다면 시간 통장의 잔고가 50% 정도 남는다. 이 시간이 우리가 가진 전부다. 당신의 삶에서 시간보다 더 가치 있는 것은 없다. 일과 임금을 분리한다는 것은 삶의 모든 순간을 중요하게 여긴다는 의미다. 따라서 의무에 따르는 시간이 아니라 바라는 대로 쓸 수 있는 시간을 더 많이 확보하는 것이야말로 정말로 가치 있는 목표다.

일과 임금 사이의 연결 고리를 끊는 것은 돈이 단지 삶의 에너지와 맞바꾸는 대상이라는 인식만큼이나 우리 삶에 커다란 영향을 미친다. 돈은 삶의 에너지다. 돈의 가치는 외부의 정의가 아니라 우리가 투자하는 것에서 생겨난다. 마찬가지로 보수를 받는 노동은 오로지 우리가 돈을 받는다는 사실에서만 내재적 가치를 얻는다. 그 외 나머지 활동은 모두 경제적 필요 때문에 해야 하는 일이 아니라 우리 자신을 표현하는 일이다. 일과 임금 사이의 연결 고리를 끊으면 궁극적으로 나 자신의 자질과 가치, 자존감을 다시 얻을 수 있다. '일'을 삶의 목적에 따르는 모든 활동으로 다시 정의할 수 있다. 삶을 되찾을 수 있다.

일과 임금의 연결 고리를 끊는 인식의 놀라운 영향

이런 관점에서 보면, 보수를 받는 노동이 마치 죽어가는 길처럼 느껴지는 이유가 명확해진다. 당신은 직장에서 돈을 버는 것 외에는 삶의 목적에 들어맞는 활동을 전혀 하지 않을 것이다. 하루 8~10시간, 주 5일, 1년에 50주, 인생의 40년 이상. 이런 숫자를 보면 수많은 질문이 피어오른다. 최고의 충족감을 느끼려면 돈이 얼마나 많이 필요할까? 당신의 직업은 그 정도 소득을 보장하는가? 당신의 가치보다 못한 일을 하며 필요한 액수보다 적은 돈을 벌고 있는가? 아니면 만족감을 느끼려고 필요한 것보다 훨씬 더 많이 벌고 있는가? 필요보다 더 많은 돈의 목적은 무엇인가? 만약 아무런 목적도 없다면, 직장에서 보내는 시간을 줄이고 더 중요한 일에 쏟을 시간을 늘리고 싶지는 않은가? 혹시 목적이 있다면, 그 목적이 당신의 가치관과 매우 명확하고 긴밀하게 연결되어서 직장에서 보내는 시간이 즐거운가? 즐겁지 않다면 무엇을 바꿔야 할까?

일과 임금의 연결 고리를 끊고, 보수를 받는 노동과 일을 별개로 여기고, 일이란 삶의 목적을 성취하는 활동으로 재정의하는 것의 영향을 함께 살펴보자.

연령대의 양극단에 있는 사람들은 이미 일과 임금을 분리해서 바라보지만, 그렇다고 반드시 자율권을 더 얻지는 못했다. 대다수의 밀레니엄 세대는 주식 시장 가치가 절반으로 폭락했던 2008년 금융 위기 이후에 직장 생활을 시작했다. 부모 세대가 거둔 성과를 기대하며 대학에 진학하고 빚을 졌다면, 자유 낙하 중인 경제 상황과 기회가 줄어드는 전통적인 취업 시장을 맞닥뜨렸을 것이다. 이들이 직접 회사를 차리거나, 악착스럽게 부업을 뛰거나, 계약직이나 프리랜서로 일하는 것도 당연하다. 몇 달 만에 틈새시장이 생기고 채워졌다가 사라지며 빠르게 변화하는 세상에 뛰어들려면 자기 자신을 브랜드로 만드는 것도 당연하다. 코딩 프로그래머, 블로거, 앱 디자이너, 기업가는 무보수로 장시간 일하고도 빈손일 때가 많다. 그러니 밀레니엄 세대가 이 책과 경제적 독립 가능성에 다시 관심을 보이는 상황이 별로 놀랍지 않다. 이미 이들의 삶은 다채롭다. 돈을 버는 일도 있고, 취미도 있고, 열정을 쏟는 대상도 있고, 남달리 별난 버릇도 있다.

연령대의 정반대에 있는 베이비붐 세대 대다수는 의지할 데가 오직 사회 보장 연금뿐인 상태로 연금 수령 연령에 접어들고 있다. 이들 역시 임시직과 임시직이 아닌 일로 돈을 버는 법을 알아내야 한다. 퇴직 소득이 충분하다면 손주들과 놀아줄 수 있다. 그렇지 않다면 다른 사람의 아이와 놀아줘야 할 것이다. 그래야 돈을 벌 수 있다. 그동안 내내 한 회사에서만 일했다면, 정력과 매력을 쏟아야 노인 차별이 만연한 세상에 당당히 나설 수 있다. 밀레니엄 세대는 이런 매력이 많다. 하지만 베이비붐 세대는 그렇지 않다.

그러니 중장년층 직장인인 당신, 일과 임금을 분리하는 것의 이점을 생각해 보라. 이 책은 돈과 맺은 관계를 바꾸도록 영감을 줄 것이며, 조기 은퇴로 당신을 이끌 수 있다. 적어도 걱정을 안는 대신 자유를 누리는 은퇴로 이끌 것이다.

다음과 같이 일의 정의를 바꾸면 어떤 이점이 있는지 알아보자.

1. 선택의 폭이 넓어진다

당신이 교사 자질을 타고났지만, 돈을 더 벌 수 있다는 생각에 (돈이 꼭 필요하다고 확신하며) 컴퓨터 프로그래머가 되었다고 가정해 보자. 옛날 사고방식을 따른다면, 누군가 무슨 일을 하냐고 물을 때마다 "저는 컴퓨터 프로그래머입니다"라고 대답해야 할 것이다. 이처럼 내면과 외면이 오랫동안 어긋나면 어떤 결과가 찾아올까? 그저 약간 불만스러우면서도 그 이유도 모른 채 지낼 것이다. 병에 걸릴 수도 있다. 우리 친구 한 명은 콘서트 피아니스트가 되겠다는 꿈을 포기하고 프로그래머가 되었다가 원인 모를 병에 걸려서 거의 1년 동안 장애를 안고 살았다. 아니면 어울리지 않는 직업에 대한 보상을 얻으려다가 신용카드 고지서에 파묻혀 버릴지도 모른다.

우리는 단지 생계를 위해 컴퓨터 프로그램을 만든다는 이유만으로 자기가 컴퓨터 프로그래머인지 아닌지 따져보는 질문을 자주 놓친다. 일과 임금의 연결 고리를 끊으면 다른 선택지가 열린다. 무슨 일을 하냐는 질문을 받으면 "저는 교사입니다. 하지만 지금은 돈을 벌려고 컴퓨터 프로그램을 만들고 있죠"라고 당당히 말할 수 있다. 진정한 자기 모습을 인정하면 자기가 '경력'을 어떻게 구성해 왔는지 재평가할 수 있다. 돈을 모아서 다시 대학교에 들어가 교사 자격증을 따거나 프로그래밍 작업 시간을 줄이고 주말마다 교육 봉사를 할 수 있다. 아니면 컴퓨터 프로그래밍을 가르칠 수도 있다. 일과 임금을 분리하면 서로 구분해 두었던 삶의 다양한 부분을 자유롭게 풀어놓고 이리저리 옮기면서 더 잘 맞는 패턴으로 배치할 수 있다.

도나는 성공의 사다리를 오르려고 노력했지만, 고된 노동이 자신의 예민한 감수성과 잘 맞지 않는다는 사실을 깨달았다. 의사였던 도나는 건강에 해로운 시스템, 즉 주당 100시간 넘는 노동과 수면 부족, 다른 활동을 할 여유가 거의 없는 시스템에서 건강을 증진하려고 애써야 했다.

레지던트 시절과 의사 생활 초기에는 일이 너무나 많아서 돈에 관해 고민할 시간도, 돈을 어떻게 쓸지 생각할 시간도 없었다. 다른 의사와 결혼했더니, 의식 없는 생활이 두 배가 되었다. 도나와 남편은 집과 차, 이국적인 투자 상품을 모았다. 지출 내역을 기록하는 작업은 상상도 할 수 없었다. 두 사람은 재정에 깨어 있는 것을 돈 걱정을 하는 것과 혼동했고, 의사로 일하며 매일 걱정이 이어지는 삶 또한 당연하다고 여겼다.

하지만 도나가 화려한 의사로 지내는 날은 오래 이어지지 않았다. 두 아이가 탄생하자 도나는 무엇이 가장 중요한지 다시금 깨달았다. 의료 사업을 떠나 돌봄에 집중할 수 있는, 아울러 균형 잡힌 직업을 원했다. 도나는 갖가지 '혜택'을 갖춘 안정적인 병원을 그만두고 자기 가치관을 반영하는 병원을 열었다. 여성이 근무하며 여성을 진료하는 병원이었다.

그 무렵, 도나는 1984년에 나온 최초의 FI 오디오 강좌를 들었다. 열정에 휩싸인 도나는 남편에게 곧장 달려가서 스스로 고민하던 질문을 던졌다. "돈을 벌기 위해 일할 필요가 없다면 뭘 하고 싶어?"

"그게 무슨 말이야?" 남편이 대답했다. "난 내 일이 좋아."

"하지만 비용을 충당하려고 누구에게도 돈을 달라고 요구할 필요가 없다면 어떨 것 같아?"

남편은 대답하지 못하고 바로 자러 갔다. 끝내 남편도 FI 강좌를 듣기는 했지만, 새로운 직업 생활에 도나만큼 열의를 태우지 않았다. 도나는 FI 프로그램의 각 단계를 밟기 시작했고, 남편과 잘 맞지 않는다고 생각했다. 그리고 자기만의 삶을 살고자 실천에 나섰다.

도나는 새롭게 키운 통찰력으로 자기 병원을 재평가하기 시작했다. 모든 직원이 일반적인 의료 전문가 같은 길고 고된 근무 시간을 바라지 않았지만, 적은 수입에 적응하는 데 어려움을 겪었다. 의사 대다수는 값비싼 시술로 돈을 충당했다. 도나는 병을 미리 막는 예방을 선호했지만, 경제적 문제 때문에 계속 예전 방식으로 돌아가야만 했다. "진료를 다르게 하거나 아예 하지 않거나, 둘 중 하나야." 도나에게 경제적 독립이란 돈과 일, 의미, 목적에 관한 낡은 사고방식에서 벗어나는 과정 전체를 의미했다. "건강한 의료 행위가 돈을 덜 번다는 뜻이라면, 그렇게 하지 뭐!"

이런 일을 겪은 사람은 도나만이 아니다. 뉴 아메리칸드림 센터 Center for a New American Dream에서 전국 조사를 시행했더니, 미국인 거의 절반이 스스로 삶의 변화를 시도했고 그 결과로 수입이 줄었다. 이들은 변화에 만족하며, 수입을 줄이기로 한 주된 동기는 스트레스 감소, 삶의 균형, 더 많은 자유 시간 확보라고 응답했다.

2. 내면의 목소리에 따라 일할 수 있다

우리 대다수는 삶의 많은 부분에서 마치 중국 식당에서 요리를 고르듯이 외부의 기준에 따라 자기 역할과 페르소나를 선택하며 살아간다. 직업 항목에서 '소방관'을, 아내 항목에서 '금발에 파란 눈'을, 자녀 항목에서 '두 명'을, 스타일 항목에서 '캐주얼'을, 자동차 항목에서 '도요타'를, 정치 성향 항목에서 '공화당'을, 주택 항목에서 '아파트'를 선택하며 자기 삶이 꽤 잘 짜여 있다고 생각하는 사람도 있을 것이다.

다재다능한 자아를 '직업'이라는 네모난 구멍에 끼워 맞추다 보면, 삶이란 정해진 목록에서 선택지를 고르는 것이라는 생각이 강해진다. 예술가나 기업가가 아니라면, 대개 다른 사람의 계획과 목표에 맞춰서 일하고 보수를 받기 마련이다. 직업 세계에는 미묘하지만 만연한 무책임함이 존재한다. 언제나 남의 명령에 따른다는 느낌, 윗사람의 비위를 맞추려고 애쓴다는 느낌이다. 대기업 직원은 자기가 성실히 따르는 업무 계획을 누가 처음에 만들었는지 감조차 잡지 못한다. 기업은 우리의 일뿐만 아니라 우리의 개인성까지 사들인다. 누가 누구와 대화할지, 무엇을 입을지, 다양한 직급의 직원이 어디에서 점심을 '먹을지', '눈에 들기' 위해 초과 근무를 얼마나 해야 할지를 비롯해 일상의 선택 수백 가지에 관한 암묵적인 문화 규범을 도입한다. 돈을 벌기 위해 하는 일이 곧 나 자신이라고 생각한다면, 결국 직장에서 가장 잘 살아남을 수 있는 양식을 따를 것이다. 하지만 나 자신과 직업을 분리하면, 일과 임금을 분리할 때처럼 잃어버린 자아를 되찾을 수 있다. 나 자신과 나의 가치관, 믿음, 진정한 재능, 관심사를 파악하면 내면의 목소리에 따라 일할 것이다. 나 자신을 포기하지 않고도 말이다.

마거릿은 타인의 가치관을 따르는 삶(외부에서 내면으로 향하는 삶)에서 자기 가치관을 발견하고 실천하는 삶(내면에서 외부로 향하는 삶)으로 바꾸는 중이다. 결혼해서 자녀를 둘 낳은 뒤 이혼했고, 책임감이 강한 싱글맘으로서 가족을 부양할 돈을 최대한 많이 벌고 싶었기에 교사 생활을 그만두고 공인 재무 설계사가 되었다.

마거릿이 금융 상품을 팔면 수수료를 받는데, 일부 상품은 다른 상품보다 수익성이 더 좋았다. 마거릿은 본인의 이익과 고객의 이익 사이에서 갈등하다가 스트레스로 복통을 앓았고, 어떻게든 금융 상품 판매를 중단해야 한다고 생각했다. 그리고 정말로 판매를 그만두자 몸은 좋아졌지만 재정 상태가 나빠졌다.

그러다 기쁘게도 아이비와 함께 파이어족 지원 그룹(FI 프로그램 참여를 약속한 스무 명)을 시작했다. 모두 프로그램의 각 단계를 밟으면서 마음의 속삭임을 기꺼이 따랐다. 이 속삭임은 저마다 조금씩 달랐다. 예를 들어 어느 여성은 '자기 삶의 에너지를 존중'하기 시작한 후 평범함이라는 늪에 자기 재능을 낭비하고 있다는 사실을 발견했다. "이렇게 괴로운 걸 감내할 만큼 돈을 충분히 주지 않더라고요." 그녀는 직장을 그만두고 저축한 돈으로 생활하며 다른 일을 찾았다.

3. 단순한 임금 노동자가 아니라 삶의 설계자가 된다

산업 혁명 이전에는 대다수가 농부였다. 이들은 일상에서 필요한 것을 거의 전부 만들고 유지하고 고칠 줄 알았다. 산업 혁명 이후, 특히 정보 기술 혁명 이후로 우리는 필요한 것을 얻기 위해 재능의 작은 조각을 파는 데 시간을 대부분 쓴다. 일자리를 잃어서 소득이 사라지더라도 주택 담보 대출과 자동차 할부금, 신용카드 대금은 여전히 남는다. 하지만 일과 임금을 분리하면 '나머지 시간'이라는 중요한 부분을 소중히 여길 수 있다. 농부나 주택 건설업자처럼 무엇이든 해내던 시절로 돌아갈 사람은 거의 없겠지만, 무급 노동을 존중하는 법을 배울수록 빚이 줄어들 가능성이 커진다. 수리 기술을 배우거나, 직접 테라스를 짓거나, 웹사이트를 운영하거나, 블로그를 시작할 수 있다. 돈벌이를 그만두면 직업을 잃을 수는 있어도, 일 자체를 완전히 잃지는 않는다.

아울러 놀이가 결국 돈벌이로 바뀔 수 있다. 직장에서 기술을 배워 일상에서 써먹거나 훗날 돈벌이가 될 삶의 교훈을 배울 수 있다. 또는 직장에서 특정 분야의 기술을 속속들이 배우면 직장을 그만두고 재미를 위해, 혹은 벌이를 위해 그 기술을 활용할 수 있다. 직장은 학교가 된다. 학교는 놀이터가 된다. 일은 자기표현이 된다. 급여를 받든 아니든, 내가 스스로 사장이 되어 나만의 길을 개척할 수 있다.

4. 은퇴 생활에 활력이 생긴다

은퇴는 일을 그만둔다는 뜻이 아니다. 돈을 벌기 위해 일하는 것을 그만둘 수 있다는 뜻이다. 우리 모두 쓸모 있는 사람이 되기를 바라고, 우리의 기여를 다른 사람들에게 인정받고 싶어 한다. 보수를 받으며 일해야만 훌륭해지고 존경받고 의미 있게 이바지할 수 있다면, 누가 은퇴하고 싶을까? 일자리에서 내쫓겨 한물간 존재가 되고 싶은 사람은 아무도 없다. 일과 임금을 분리하면, 어떤 자리에서 어떤 활동을 하든 나는 가치 있는 존재가 된다. 더불어 훨씬 일찍 은퇴해서 다른 사람들에게 더 많이 베풀 수도 있다.

5. 무보수 활동을 존중하게 된다

낸시는 저녁마다 아직도 처리하지 않은 일이 많이 남은 할 일 목록을 보면서 "하루가 어떻게 지나갔는지 모르겠네"라고 말하는 데 지쳤다. 낸시는 돈이 전부 어디로 사라지는지 알아내려고 지출 내역을 추적해서 기록하고 있었다. 시간도 똑같이 추적할 수 있을 것 같았다. 일주일 동안 15분마다 무엇을 했는지 기록했다. 그러다가 대수롭지 않게 여겼던 활동, 즉 청소와 요리, 쇼핑, 가족 간 대화에 시간 대부분을 쓰고 있다는 사실을 알아차렸다. 낸시의 '공식' 할 일 목록에는 회의, 업무 메일 답장 등 직업 관련 내용만 있었다. 낸시의 시간을 거의 다 차지하는 다른 활동은 목록에 전혀 오르지 못했다. 만약 돈을 받고 남의 집을 청소한다면 그 일도 목록에 올랐을 터였다. 하지만 자기 집 청소는 할 일 목록에서 찾아볼 수 없었다. 이 사건으로 낸시는 보수를 받는 노동만 존중받는다는 사실을 깨달았다. 이제 낸시는 무슨 일이든 전부 목록에 올리고, 임금을 받든 아니든 자기가 해낸 일을 전부 자랑스럽게 여긴다.

무보수 활동은 대개 가치 없는 활동으로, 다시 말해 유급 노동보다 가치가 낮다고 여겨지지 않는가? 현대 문화에서는 돈을 벌기 위해 일하지 않고, 경력을 쌓지 않고, 취업하지 않으면 아무 가치 없는 존재라는 생각이 널리 퍼져 있지 않은가?

우리 내면의 활동, 자기 성찰과 자기 계발, 정서적이고 영적인 성숙은 유급 노동이나 집안일, 정원 돌보기만큼이나 무척 중요하다. 자기 자신을 알아가는 데도 시간이 필요하다. 성찰하고, 기도하고, 일관된 인생철학과 윤리 규범을 세우고, 개인적 목표를 정하고 진행 상황을 평가하는 데는 시간이 필요하다.

일과 임금을 분리하면, 나 자신을 직업과 동일시하면서 스스로를 지워버리는 고통을 없앤다.

6. 일과 놀이가 다시 하나가 된다

일은 진지하지만, 놀이는 경박하다. 일은 어른스럽지만, 놀이는 유치하다. 일은 유용하지만, 놀이는 무용하다. 치열한 체스 게임처럼 때로는 놀이가 일처럼 보이기도 한다. 프로 스포츠 경기처럼 때로는 일이 놀이처럼 보이기도 하고, 심지어 놀이로 불린다. 일이 꼭 놀이 같으면 (어느 정도 죄책감을 느끼며) "이 일은 너무 재미있어서 돈을 받으면 안 될 것 같아"라고 말하기도 한다. 그렇다면 일과 놀이의 차이를 어떻게 알 수 있을까?

일과 놀이 모두 경쟁적이기도 하고 협력적이기도 하다. 일과 놀이 모두 기술을 배우고 성취감을 얻을 기회를 준다. 일과 놀이 모두 강렬한 집중, 열중, 몰입 상태에 이르도록 돕는다. 사실, 어떤 활동에 온전히 몰두한 사람을 보면 겉으로는 그 사람이 돈을 받고 일하는 중인지 그냥 노는 중인지 알 수 없다. 이것이 일과 임금의 분리가 지닌 힘이다. 일과 임금의 연결 고리를 끊으면, 일과 놀이를 다시 연결해서 삶 전체가 즐거움으로 가득할 수 있다.

7. 여가가 더 즐거워진다

고대 그리스인에게 여가는 자기 계발을 위한 시간, 높은 목표를 추구하는 시간으로서 최고의 선이자 자유의 정수였다. 하지만 21세기 초를 살아가는 우리는 정말로 여가를 즐기며 진정으로 휴식할 수 없다. 심지어 여가는 다시 생산적인(즉, 진정한) 인간으로 돌아가기 전 몇 분간의 회복에 지나지 않는 양 '일을 중단한 시간time off'으로 부른다. 우리가 돈벌이와 우리 자신을 그토록 강하게 동일시하지 않는다면, 여가를 더 소중히 여기며 즐길 수 있다. 놀아도 괜찮다. 그늘에서 쉬면서 새소리를 들어도 괜찮다. 딱히 목적지를 정해두지 않고 산책해도 괜찮다. 전자 기기를 집에 두고 캠핑을 떠나도 괜찮다. 혼자 시간을 내어 활동한다고 해서 부끄러워하지 않아도 된다. 늘 무언가를 하기보다는 그저 존재하는 것 자체를 즐겨도 좋다. 내 직업이 곧 나 자신이 아니라는 사실을 안다면, 여가가 정체성의 위기로 느껴지지 않는다.

직업이 하루의 매 순간과 너무나 밀접하게 관련된 탓에 우리가 제대로 의식하지도 못하고 불만스럽게 여가를 보내는 게 아닐까 싶다. 직장에서 몰래 휴대 전화로 친구가 보낸 문자 메시지, 소셜 미디어, 최근 심야 코미디 프로그램의 콩트 영상을 보면서 보내는 초미니 휴가를 생각해 보라. 일과 임금을 분리하면 직장에서는 집중해서 일하고, 여가에는 내가 선택한 활동에 온전히 집중할 수 있다.

8. '올바른 생계'에 관한 시각이 달라진다

'올바른 생계right livelihood'는 보수를 받는 노동이 진정한 소명이나 직업이 될 방법을 찾는 이상적 상태다. 훌륭한 생각이지만, 이 고귀한 노력에는 FI 프로그램이 깔끔하게 피해가는 함정이 존재한다.

당신이 소명 의식을 느끼는 일을 하고 돈을 받아갈 직장을 찾을 수 있다는 보장은 없다. 당신이 예술이나 연구, 사회 혁신, 기술 개발에 진척을 보여서 자금을 지원받기까지 몇 년이 걸릴 수도 있다. 크라우드 펀딩은 정부나 재단의 자금 지원을 오랫동안 기다리던 이들에게 혁신적인 해결책이 되어줬다. 하지만 런던의 크라우드 펀딩센터Crowdfunding Center에서 2015년에 발표한 보고서에 따르면, 플랫폼에 따라 펀딩 캠페인의 70~90%가 실패했다.[13] 이런 실패는 대체로 펀딩이 필요한 작업의 진정한 가치보다는 운이나 우연, 끈기, 인맥, 인종, 성별 및 여러 기타 요인과 관련 있다.

일에 열정을 쏟으면서 돈을 번다는 기대를 버리면, 열정적인 활동과 돈벌이 모두 더 성실하게 해낼 수 있다. 생활비에 댈 돈을 벌면서도 아무런 타협 없이 마음이 이끄는 대로 살 수 있다. 은퇴 후에도 좋아하는 일을 하겠다는 꿈을 품고, 이 꿈을 위해 FI 프로그램을 성실하고 결연하게 실천하겠다는 열정을 불태워 보자. 직장 생활이 천직을 찾는 준비 과정, 업무에 필요한 기술을 배우고 연마하며 인맥을 쌓는 기간이라고 생각해 보라. 좋아하지 않는 직장에 자리 잡았더라도, 좋아하는 일을 하며 돈을 버는 데 실패했더라도, 이것으로 끝이 아니다. 당신에게는 다음 단계가 남아 있으며 궁극적으로는 경제적 독립을 위해 준비하는 중일 뿐이다.

합기도 초보는 '굽혀지지 않는 팔'이라는 기술을 배운다. 마주 보고 선 상대의 빗장뼈에 손목 한쪽을 얹고, 상대가 두 손으로 내 팔꿈치를 잡아서 끌어 내리려고 해도 팔을 굽히지 말고 버텨야 한다. 하지만 아무리 애써도 팔이 대번에 구부러질 것이다. 이때는 긴장을 풀고, 소방 호스로 쏟아지는 물처럼 배의 중심에서 팔을 통해 무한으로 흐르는 에너지를 느껴야 한다. 그러면 상대가 용을 써도 팔이 구부러지지 않는다.

돈을 버는 데 집중하면, 내가 선택한 활동에 집중할 에너지를 빼앗기고 만다. 이때는 한 가지가 아니라 두 가지 일을 하는 셈이다. 굽혀지지 않는 팔 기술을 예로 든다면 상대에게 저항하는 데(돈을 버는 데) 집중할 수도 있고, 에너지를 무한대로 확장하는 데(소명에 전념하는 데) 집중할 수도 있다.

당신의 소명이 예술 창작이라고 가정해 보자. 이 소명에 상업이 개입하면 어떤 일이 일어날지 생각해 보라. 동물학자 데즈먼드 모리스Desmond Morris는 《예술의 생물학The Biology of Art》에서 유인원에게 '이윤 동기profit motive'를 부여하는 실험을 소개한다. 그는 우선 유인원에게 그림 그리는 법을 가르쳤고 유인원은 곧 아름다운 그림을 그려냈다. 유인원이 확실히 '예술'을 창작할 수 있게 되자, 작품을 만들 때마다 땅콩으로 보상했다. 그런데 보상 제도를 도입했더니 작품의 질이 빠르게 떨어졌고, 유인원은 땅콩을 얻으려고 서둘러 낙서하기 시작했다. '상업주의'에 예술 능력이 망가지고 만 것이다.[14]

보수를 받는 직업과 소명이 똑같아야 한다고 고집하면, 결국 초점이 소명에서 돈으로 기울어질지도 모른다. 하지만 경제적 독립을 달성하면 마음의 자유, 궁극적으로는 시간의 자유를 얻게 된다.

꿈꾸던 직장, 나에게 딱 맞고 내가 돈을 벌고 싶은 방식에도 딱 맞는 직장을 운 좋게 찾았다고 상상해 보자. 그런데 뜻밖의 사건, 새로운 경영진, 프로젝트 중단, 팀 해체와 같은 일이 터지면서 돈과 소명의 갈림길에 선다. 일과 임금의 연결 고리를 끊는다면, '진정한 일'이 무엇인지 명확하게 알고 새로운 상황에서 타협 없이 자유롭게 그 일을 할 수 있을지 평가할 것이다.

일의 재정의가 소득에 미치는 영향

이제 유급 노동의 본질적 목적이 급여라는 사실을 확인했으니(직업을 좋아하든 아니든), 소중한 삶의 에너지를 가치에 걸맞게 쓰고 있는지 살펴볼 차례다. 삶이 직업보다 더 중요하다는 사실을 배웠으므로 '목적을 달성할' 직업, 다시 말해 급여를 많이 주는 직업을 찾아야 할 것이다. 이제 FI 프로그램의 7단계를 살펴보자.

7단계: 소득 최대로 늘리기

7단계에서는 직업에 투자한 삶의 에너지를 소중히 여기고, 이 에너지를 가치관에 잘 맞는 높은 보수와 교환해서 소득을 늘린다.

월급을 받거나 갖가지 임시직으로 받은 돈을 모두 더해서 총수입을 계산해 보라. 당신은 귀중한 삶의 에너지를 투자하고 정당한 대가를 받고 있을까? 돈을 벌며 죽어가는 세상에서 벗어나는 열쇠는 삶의 에너지를 소중하게 여기는 것이다. 이제 당신은 돈이 단지 삶의 에너지와 맞바꾸는 대상이라는 사실을 잘 안다. 아울러 보수를 받는 노동의 목적은 돈이라는 사실도 깨달았다. 그렇다면 당신의 이성과 자존심은 가치관과 건강을 고려하면서도 돈을 최대한 많이 버는 일자리를 선택해야 한다고 말하지 않는가? 고지식하고 탐욕스러운 말로 들리겠지만, 이 목소리를 따라가다 보면 완전히 다른 방향으로 나아가게 될 것이다.

1단계부터 6단계까지 밟으면서 당신은 자신에게 충분함이 무엇인지 파악했고, 돈이 얼마나 있어야 미래에 충분할지도 최선을 다해 추측했을 것이다. 충분함을 '지금 가진 것보다 더 많이'로 여기며 끝없는 빈곤에 시달리는 대신, 충분하다고 여기는 액수와 수량이 생각보다 더 적다는 사실을 발견했을 것이다. 기억하자. 충분함은 생존을 위한 최소 조건이 아니다. 충분함은 지나치지 않으면서 충족감을 주는 정확한 조건이다.

앞에서 지적했듯이, 충분한 돈은 소득보다 훨씬 적을 때가 많다.

소득보다 적게 쓰면 직장에서 보내는 시간을 줄이면서도 충분한 돈을 벌 수 있다. 만약 한 달에 2500달러만 있어도 충분하고 시급이 25달러라면, 한 달에 100시간을 일해야 한다. 그런데 시급이 50달러라면, 한 달에 50시간만 직업에 투자해도 된다. 아니면 똑같이 100시간을 일하고 수입의 50%를 저축할 수 있다.

이제 우리는 산업 혁명 이전 인류가 누렸던 생활 방식으로 돌아가고 있다. 하루에 두세 시간씩 독립 계약자로 일하며 돈을 벌고, 나머지 시간은 휴식, 놀이, 자기 계발, 지역 사회 참여, 세계 봉사 등 하고 싶은 일을 할 수 있다. 만약 직장에서 더 많이 일하기로 선택한다고 해도, 그럴 만한 이유가 있어서 내린 결정일 것이다. 이제는 삶의 에너지를 소중히 여기기 때문이다. 누군가, 또는 무언가를 지원하고자 일을 더 하겠다고 결정할 수 있다. 빚에서 벗어나 경제적 자유의 특정한 측면을 경험하고자 내린 결정일 수 있다. 경제 상황과 관계 없이 안정적인 생활을 위해 저축을 늘리고자 했을 수 있다. 학교로 돌아가거나 전 세계를 여행하거나 경제적 독립을 이루는 등 삶의 다른 목표를 위해 그랬을 수 있다. 목표의 규모와 간절한 정도에 따라 직업에 투자하는 시간과 열정이 결정된다. 재정 목표를 달성하려는 열망 때문에 여러 직업을 병행하면서도 즐겁게 일할 수 있다. 하지만 단순한 일중독과는 달리, 추가 근무는 삶의 목적과 연결되어 목적 달성에 도움이 된다.

로즈메리는 일과 임금을 분리한 덕분에 직장 생활 외의 다른 목표, 여행부터 글쓰기 등을 다양하게 추구하게 되었다. 요양원의 활동 관리인 일자리가 마음에 들었지만, 그 일에 평생을 바칠 생각은 없었다. 지금 돈을 더 많이 벌수록 다른 목표를 더 빨리 달성할 수 있다는 사실도 분명했다. 로즈메리는 급여가 더 많지만 스트레스 역시 더 많을 가능성이 큰 직업을 찾는 대신, 다른 전략을 선택했다. 부업으로 오디오 복제 및 유통 회사의 전화 상담실에서 저녁과 주말에 몇 시간씩 일하기로 한 것이다. 근무 일정은 유연했고, 사람들도 친절했으며, 스트레스도 거의 없었고, 시급도 정규직과 비슷한 수준이었다. 그녀는 현재 주당 40시간 이상 일하고 있지만, 목표가 있기에 활기차고 기분 좋게 생활할 수 있다.

삶의 에너지를 소중히 여기고 최대한 높은 급여를 추구하는 일은 '더 많을수록 더 좋다'는 사고방식과 아무 상관이 없다. 돈이 곧 삶의 에너지라면, 소득을 늘릴수록 누릴 수 있는 삶의 에너지도 늘어난다. 실제 시급에 따라서 새 차의 비용이 1달 치 노동이 될 수도 있고, 6개월 치 노동이 될 수도 있고, 1년 치 노동이 될 수도 있다. 지위나 명예, 권력, 안정을 더 많이 얻고 싶어서 돈을 더 많이 바라는 것이 아니다. 우리는 돈으로는 그런 것을 살 수 없다는 사실을 잘 안다. 돈 걱정 없이 더 자유롭고 나답게 살 수 있도록 돈을 더 많이 원할 뿐이다. 마찬가지로, 자존심을 높이려고 돈을 더 많이 바라는 것도 아니다. 삶의 에너지를 소중히 여기고 자부심을 표현하기 위해 돈을 더 많이 바랄 뿐이다.

보수를 받는 직업의 새로운 선택지

이 시점에서는 여러 가지 창의적인 선택지를 고려할 수 있다. 수입을 늘리고자 부업을 병행하거나, 현재 일자리에서 연봉을 높이거나, 아예 이직하는 방법이 있다.

더 높은 급여: 태도 문제

수입 규모를 수동적으로, 심지어 운명론적으로 받아들이는 사람이 많다. 피해 의식에 사로잡혀서 행동하고, 외부 요인인 상사, 임금 규모, 실업 상황, 지역 경제 침체, 대통령의 경제 정책, 개발도상국 저임금 노동자와 경쟁 등등에 속수무책으로 휘둘린다. '좋은 직장을 구할 수 없어. 내 탓이 아니야. 불경기라서 어쩔 수 없이 쥐꼬리만 한 월급에 묶여 있는 거야'라는 식이다.

때때로 경제 현실이 혹독할 수 있지만, 본질상 우리 마음이 생각과 믿음을 현실로 만든다(그러므로 우리 스스로를 생각하는 방식에 큰 주의를 기울여야 한다). 태도는 수입 잠재력을 크게 제한하는 요소다. 자기 자신에 대한 태도('나는 그렇게 훌륭하지 않아'), 직장이나 고용주에 대한 태도('거기서 나를 붙잡았다니까'), 현재 상황에 대한 태도('요새는 일자리가 없어')가 문제다. 자기를 피해자로 여긴다면, 자기 자신을 불쌍하게 여기는 데 너무 열중한 탓에 비참한 운명을 바꿀 숱한 기회를 알아차리지 못할 것이다.

성공하려면 긍정적인 자존감, 직장에 이바지할 수 있다는 자부심,

업무에 대한 헌신, 고용주와 동료와의 협력, 업무를 제대로 수행하려는 의지, 개인적 정직성, 책임감을 키워야 한다. 우리는 삶의 에너지를 소중히 여기기 때문이다. 삶의 에너지를 소중히 여긴다면 직장 생활과 성과에, 또 원한다면 다른 직장을 구할 능력에 얼마나 큰 변화를 불러올지 생각해 보라. 어디에서 무슨 일을 하든 내 가치관을 성실하게 지키고 최선을 다하므로 업무에서 탁월한 성과를 추구할 것이다.

'돈의 가르침 6'에서 만난 목수 테드는 FI 프로그램을 실천하면서 작가가 되고 싶다는 열망을 되찾았다. 테드는 공군 집안에서 자랐고, 미시시피주 걸프포트에서 고등학교를 졸업한 후 텍사스주 오스틴으로 이사했다. 오스틴에서 직원 여덟 명을 고용해서 주택 리모델링 사업을 운영했지만, 석유 파동으로 사업이 완전히 무너졌다. 이혼과 함께 재산으로 밴 한 대밖에 남지 않았고(그래서 FI 프로그램 1단계가 매우 수월했다), 텍사스를 떠나 결국 오리건주에 정착했다. FI 프로그램을 실천한 지 1년도 채 되지 않아서 1년 치 생활비를 모았고, 그 덕분에 경제적 어려움에서 벗어났다. 그리고 1970년대 초 미시시피에서 베테랑 아프리카계 목수들과 침례교 교회를 지었던 경험을 바탕으로 오랫동안 마음속에 간직했던 이야기를 써보기로 결심했다.

글쓰기에 시간을 더 많이 할애하고자 리모델링 작업 비용을 훨씬 더 높게 부르기 시작했다. 그러면 계약이 대부분 성사되지 않을 줄 알았다. 그런데 놀라운 일이 벌어졌다. 테드의 과거 작업에 깊은 인상을 받은 사람들이 얼마를 부르든 기꺼이 돈을 내겠다고 한 것이다.

테드는 받는 돈만큼 값어치를 하고 싶었고, 목공 작업에 더욱 심혈을 기울였다. 그러자 뛰어난 장인 정신으로 명성을 떨쳤고, 일감이 밀려들었다. 테드는 일하는 시간이 줄었지만 수입이 늘어났으며, 불안감이 줄어들고 마음이 평온해졌다. 게다가 그에게는 글을 쓸 무한한 시간이 남아 있었다. 테드는 놀랐지만, 행운을 의심할 생각은 없었다.

파트타임 일자리를 통한 경제적 독립

테드는 우리가 보통 파트타임이라고 부르는 일을 선택했다. 그러나 이처럼 돈과 일에 관한 새로운 사고방식은 파트타임이라는 용어 자체를 새롭게 바라보도록 돕는다. 직업이 곧 정체성인 세상에서 파트타임으로 일하는 사람은 그저 파트타임으로 일하는 사람일 뿐이며, 그 파트타임 일자리만큼만 가치를 지닌다. 결국 파트타임으로 일하면 정규직의 여러 혜택을 희생하게 된다는 결론으로 이어진다. 회사가 제공하는 건강 보험이나 퇴직 연금 제도는 물론이고 승진 기회도 잃는다. 하지만 새로운 사고방식을 따를 때, 파트타임으로 일한다는 것은 다른 사람의 밑에서 돈을 벌고 그 돈으로 내 계획에 시간을 최대한 많이 투자한다는 뜻이다. 고용주에게 돈을 받고 그 가치를 제공하지만, 직장에서 하는 일로 내 가치를 정의하지 않는다.

사람들은 파트타임 근무 형태를 다양하게 변형했다. 주당 근무 시간을 단축하는 사람도 있다. 반년은 일하면서 돈을 벌고 나머지 반년은 예술, 여행, 자원봉사, 여가 활동으로 보내는 사람도 있다. 하루에 4시간씩만 일하고 하교한 아이들을 돌보는 사람도 있다. 상사에게 업무 시간을 조정해 달라고 하는 사람도 있다. 당연히 할 수 있는 요구다. 과감히 모험하지 않으면 아무것도 얻을 수 없다. 휴가 기간을 조정하거나, 주 24시간 근무로 바꾸거나, 업무 효율을 높일 수 있게 재택근무를 허락해 달라고 해보자.

지금 직업이 만족스럽다면?

지금 직업이 만족스럽더라도 이 새로운 관점(삶의 에너지를 소중히 여기기)으로 바라본다면 직장 생활이 즐거워질 뿐만 아니라 수입도 늘어날 것이다.

매디(프로판 트럭 기사 톰의 배우자)는 '고객의 재무 생활 전반을 책임지는 회계사'로서 사람들이 돈을 책임감 있게 관리하도록 돕는 일을 무척 좋아한다. 그런데 FI 프로그램을 실천하다가 자신의 재정 생활에서 맹점을 발견했다. 실제 시급을 계산했더니 시간당 90달러 수수료 중 순수익이 7.5달러에 지나지 않았던 것이다. 매디가 번 돈은 다 어디로 갔을까?

매디는 형편이 어려운 사람을 돕고 싶어서 저소득층에게 할인 혜택을 제공했고, 무급으로 초과 근무를 하며 남달리 애썼다. 월별 가계부를 작성해 보니, 경제적으로는 아무런 진전이 없었다. 자기 삶의 에너지를 소중히 여겨야 한다는 간단한 교훈을 그동안 잊고 살았던 것이다.

매디는 수수료를 23% 올리고 비서를 한 명으로 줄였다. 더불어 스스로 문제를 해결하는 방법을 배우려는 고객에게만 집중하도록 고객 수와 근무 시간을 모두 줄였다. 이렇게 변화를 거친 후 정확하게 원하던 고객 유형을 원하는 수만큼 받았고, 이제는 일하는 시간이 더 적어도 돈을 더 많이 벌고 있다.

직업이 없거나 바라지 않는다면?

전통적인 의미의 '직업'을 갖지 않거나 바라지 않는 사람은 다양하게 존재한다. 자영업자나 사업가일 수 있고, 잡역부나 반려견 산책 도우미, 부업으로 잡다한 일을 하는 예술가, 가정과 가족을 돌보는 배우자, 자급자족 농부 등일 수 있다. 계약직이나 프리랜서로 일하는 사람 가운데 일부는 상사 한 명 밑에서 한 가지 업무만 하며 복지 혜택을 받던 시절로 돌아가고 싶을지도 모르지만, 프리랜서와 단기 근무의 유동성에 적응한 이들도 있다. 일자리 대신 고객을 얻는 코치나 컨설턴트도 존재한다. 직장에서 받는 고정 급여와 원천징수 세금을 국세청에 신고하는 대신, 프리랜서나 기타 자영업자로서 프로젝트를 처리하고 받은 보수를 신고하는 이들이다. 물려받은 재산이나 복권 당첨 같은 독립적인 자산이 있어서 창작 활동이나 호기심 가는 활동, 봉사 활동 따위에 시간을 쏟는 사람도 있다. 물론, 점점 늘어나는 파이어족도 있다! 이들 중 누구라도 일과 임금의 연결 고리를 끊고, 이 새로운 관점이 돈을 버는 직업을 선택하는 데 미치는 영향을 살핀다면 큰 도움이 될 것이다.

그런데 부자들이 흔히 하는 방식대로, 다시 말해 돈으로 돈을 버는 방식으로 재산을 쌓으려는 사람이 요즘 늘고 있다. 단타 매매자부터 유망주 추천 컨설턴트, 개인 포트폴리오 관리인, 주택 개량 판매 사업자까지, 다른 직업이나 사업과 마찬가지로 이들도 시간과 관심을 투자해서 수익을 극대화한다. 우리가 지금까지 말한 관점에서 보면, 주식 단타 매매자는 중장비 기사나 실험 과학자, 교사, 록스타와 다를 바가 없다. 모두 직업이다. 이런 투자자가 대기업 직장인보다 수익을 더 많이 올리기도 한다. 과거에 계획했던 직업에서 벌었을 돈보다 더 많이 벌기도 한다. 때로는 실패하고 파산하기도 한다.

투자로 돈을 버는 일은 간호사나 부동산 중개인이 되어 돈을 버는 일과 마찬가지로 경제적 독립과 아무런 관련이 없다. 돈을 어떻게 벌든, 그 돈은 시간, 즉 삶의 에너지와 맞바꾼 대상이다. 투자자라는 직업도 다른 직업과 똑같은 기준으로 평가해야 한다. 즉, '내 실제 시급은 얼마인가?'라고 스스로 물어야 한다.

'돈의 가르침 8과 9'에서는 FI 네 가지 중에서도 투자와 관련된 요소인 경제 지능과 재정 건전성, 경제적 독립을 다루겠다.

가치관에 맞는 고소득 직업을 얻는 법

앞서 보았듯이, 백마 탄 직업이란 없다. 지금까지 만난 사람들은 본인 가치관에 더 잘 맞고 급여가 더 많은 일자리를 얻고자 자기 성찰, 위험 감수, 실험, 오랜 신념에 대한 도전 등을 겪었다. 이들은 삶이 직업보다 더 중요하다는 사실을 깨우쳐야 했다. 직업 때문에 숨막혔던 내면에 다시 숨통이 트일 공간이 필요했다. 어른스러움으로 가장한 지위와 진지함, 자만심 아래를 파헤치고 들어가 어린 시절에 품었던 비전을 다시 찾아내야 했다. 현재 직업이 본래 목적인 돈을 정말로 벌어다 주는지 진실을 마주해야 했다.

훌륭한 구직 가이드와 블로그가 많이 있으니, 주의할 점을 한 가지만 알려주겠다. P. T. 바넘P. T. Barnum이 말했듯이, 세상에는 언제나 속아 넘어가는 자가 있기 마련이다. 자동차나 냉장고를 살 때처럼 일자리를 구할 때도 빈틈이 없어야 한다.

니나는 결혼 생활을 청산하고 싱글맘으로 아이 넷을 키운 지 10년 만에 FI 프로그램을 시작했다. 오디오 강의를 들었고, 친구들과 함께 지내면서 생활비를 내지 않는 대신 집안일을 도맡았고, 얼마 안 되는 지출을 기록했다. 경제적 독립을 이루기로 마음먹고는 근처 모텔에서 객실 청소부 일자리를 구했다. 함께 사는 친구들에게 소식을 알리고 싶어서 설레는 마음으로 서둘러 집으로 돌아왔지만, 면접에서 깜빡 잊고 급여가 얼마인지 묻지 않았다는 사실을 깨달았다.

몇 달 후, 니나는 최저 임금보다 급여를 더 많이 주는 직장을 찾아 시애틀로 이사했다. 몇 주 지나지 않아 임시직 채용 에이전시를 통해 일자리를 구했다. 니나는 곧바로 벽에 그래프를 붙였고, 몇 달 만에 수천 달러 빚을 모두 갚았다. 니나는 진척 상황에 자극받았다. 임시직을 구할 때마다 실제 시급을 계산했다. 곧 수입이 두 배로 늘었지만, 거기서 멈추지 않았다. 병원에서 임시 직원으로 일하던 중 정규직이 되어 부서장의 행정 보조원으로 일할 기회를 붙잡았다. 시급은 17달러 이상으로 치솟았고, 복지 혜택도 받을 수 있었다. 이런 업무는 처음이었다. 하지만 아이를 넷이나 키웠는데, 의사 한 명이 대

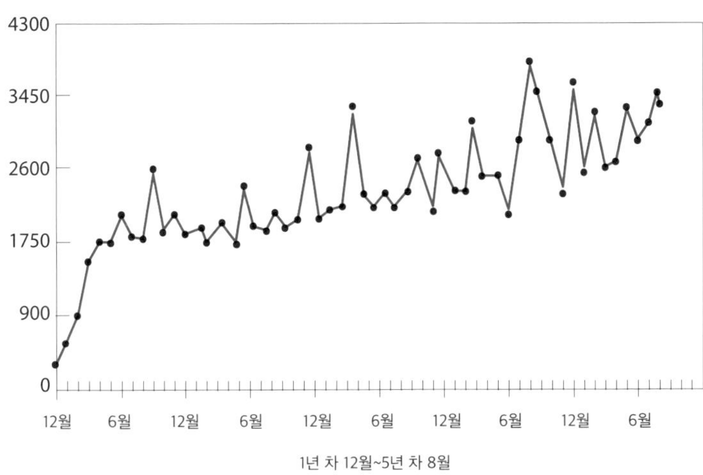

수일까?

니나는 안주하지 않았다. 벽에 걸린 그래프는 삶의 에너지를 더 비싸게 팔수록 자기 시간을 더 빨리 되찾을 수 있다고 날마다 일깨워 줬다. 어느 주말, 관심 있는 주제에 관한 콘퍼런스에 자원봉사자로 나가 있었다. 그런데 모든 직원이 특정 정책에 항의하며 자리를 박치고 나가는 사태가 일어났고, 니나가 사태를 해결하려고 발 벗고 나섰다. 새로운 이사를 물색하던 이사회에서 보기에 니나가 가장 확실한 선택지였다. 은퇴할 무렵 니나의 연봉은 4만 8000달러가 넘었다. 호텔 청소부에게는 상상도 할 수 없는 액수였다. 벽에 붙인 그래프의 맨 위에 종이를 더 붙여야 월급 액수를 표시할 수 있었다. 그야말로 굉장한 숫자였다(도표 7-1 참고).

니나는 삶의 에너지를 소중히 여기는 데 집중한 덕분에 수입이 네 배로 늘었다. 니나의 자아상은 '최저 임금 근로자'에서 '전무 이사'로 바뀌었다.

7단계에서는 간단히 삶의 에너지를 소중히 여기고 소득을 늘리면 된다. 보수를 받는 노동의 유일한 목적은 돈을 버는 것이기 때문이다. 탐욕이나 경쟁심 때문이 아니라 자존감과 삶에 감사한 마음에서 이렇게 행동해야 한다. 그러면 빚이 줄어들고, 저축과 자유 시간이 늘어나고, 직장 안팎에서 에너지가 많아지고, 마음도 더 평온해질 것이다.

머니 토크를 위한 질문

캠프파이어든 머니 토크든 둥그렇게 둘러앉아서 이야기를 나누면, 돈은 물론이고 더 큰 의미와 행복을 위해 보다 나은 결정을 내리는 방법을 배울 수 있다.

- ✦ 영혼을 팔거나 건강을 해치지 않고 수입을 두 배로 늘릴 방법이 있을까?
- ✦ 첫 직업은 무엇이었는가?
- ✦ 가장 좋았던 직업과 가장 나빴던 직업은 무엇이었는가?
- ✦ 돈을 받든 못 받든, 어떤 직업을 꿈꾸는가?
- ✦ 일이란 무엇일까? 우리는 왜 일하는가?

♦ 당신에게 일생의 업은 무엇인가?

♦ 돈을 벌기 위해 하는 일에서 좋은 점과 나쁜 점은 무엇인가?

돈의 가르침 8

경제적 독립에 불을 붙여라

Your Money *or* Your Life

절대 황금알을 낳는 거위를 죽이지 마라.

부자들은 거위를 키우고, 가난한 사람들은 잡아먹는다.

Never kill the goose that lays the golden eggs.

The wealthy feed the goose, while the poor eat it.

_보도 섀퍼 Bodo Schäfer

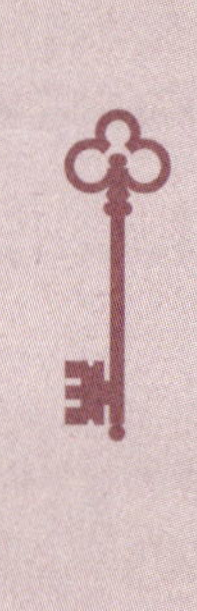

복리의 마법으로 부를 이룰 수 있을까?

지금까지 FI 프로그램의 1단계부터 7단계를 거치면서 지출을 대폭 줄이고, 수입을 대폭 늘리고, 빚을 갚고, 은행 계좌에 돈을 쌓아두기 시작했을 것이다. 예전이라면 저축한 돈을 휴가나 새로운 전자 기기 구매, 새집 계약에 썼을 테다. 하지만 각 단계를 거친 후에는 새로운 물건이나 경험을 사느라 가진 전부를, 아니 가진 것 이상을 쓰던 옛 습관이 잠잠해진다. 돈이 삶의 에너지라는 사실을 배웠고, 기쁨을 가져다주며 삶의 목적에 부합하는 곳에만 돈을 쓰겠다고 결심했기 때문이다. 이제 가징거스 핀은 대개 눈길을 끌지 못하고, 계산대를 통과한 몇 안 되는 가징거스 핀도 금세 빛 좋은 개살구로 보인다. '충분함'의 자유가 느껴진다. 이다음은 어떨까?

운이 좋다면, 성공한 루이 삼촌이나 로살리타 아줌마가 당신을 앉혀놓고 '복리의 마법'을 알려줄 것이다. 당신을 위해 돈이 스스로 일하기 시작한다는 개념이다. '젊을 때 부지런히 저축을 시작하면 복리의 마법으로 쉽쯤에 부자가 될 거예요'라는 말을 들어봤을 테다.

내가? 부자가 된다고?

이번 장에서는 바로 그 이야기를 하려고 한다. 다른 이야기도 할 것이다. 당신은 1단계부터 7단계까지 실천하면서 돈과 맺은 관계를 바꾸었다. 8단계와 9단계를 따르면 미래와 맺은 관계가 달라질 것이다.

성공한 루이 삼촌이나 로살리타 아줌마, 사촌 아치가 등장해서 저축한 돈을 쓰는 대신 투자하면 재산이 쌓인다고 설명한다. 돈이 돈을 벌어다 주는 것이다. 은행에 돈을 저축하면 이자를 받는다. 채권을 사면 이자를 더 많이 받는다. 주식 시장에서 보수적으로 투자하면 배당금을 받는다. 이제 그 이자와 배당금을 다시 투자해서 돈을 더 많이 벌어보자. "애, 그러니까 네 돈이 전부 알아서 해줄 거야. 너는 경제적으로 독립할 거고."

사실, 루이 삼촌이나 로살리타 아줌마는 지금 바로 당신 곁에 있다. 바로 당신이 벽에 붙인 그래프다. 당신의 재정 생활을 생각보다 더 똑똑하게 보여주는 이 간단한 그래프는 삶을 근본적으로 바꾸도록 도울 것이다. 그래프에 집중해 보라. 무슨 일이 일어나고 있는지 보기만 하면 된다. 지출선이 아래로 떨어지면서 수입선이 올라가고, 부채가 사라지고 저축이 늘어났을 것이다.

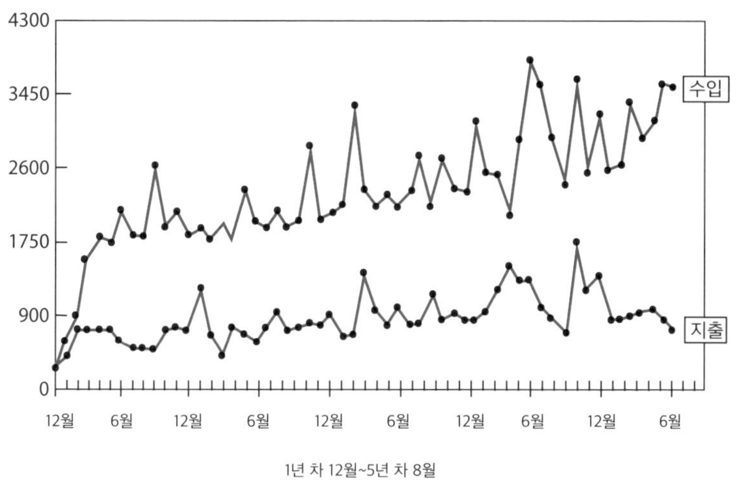

7장에서 본 니나의 그래프에서 수입선은 꼭대기까지 뻗어 나갔다. 이번에는 지출선도 더해서 다시 살펴보자(도표 8-1 참고). 일정한 리듬이 눈에 들어올 것이다.

니나는 오랫동안 빈곤의 늪에 빠져 있었기에 극복해야 할 '소비성 지출' 습관이랄 것이 없었고, 곧 한 달 총지출액이 약 950달러 정도에서 자리 잡았다. '돈의 가르침 7'에서 보았듯이 니나의 수입은 그래프 천장을 뚫고 올라갔다. 병원 이사직뿐만 아니라 지역의 소기업에서 시간제 업무까지 맡았기 때문이었다. 수입이 끝없이 늘어나는 니나의 그래프는 철저하게 검소한 사람의 삶을 고스란히 보여준다.

일레인의 그래프(도표 8-2)는 수입이 일정하고 지출이 많은 유형을 대표한다. 일레인은 FI 프로그램의 원칙을 성실하게 지켜서 지출

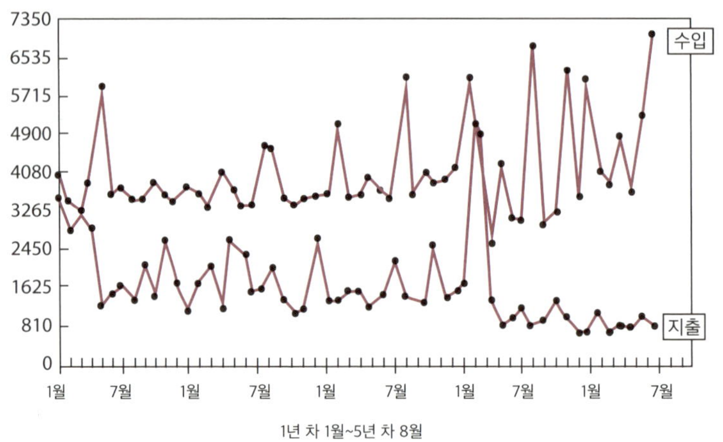

을 절반으로 줄였고, 그 과정에서 삶의 질과 자존감이 모두 높아졌다고 한다.

자본

두 그래프를 잘 보면 수입과 지출 사이의 격차가 커지고 있다. 이 격차가 바로 저축액이다. FI 사고방식으로 바꾸기 전에는 이 격차가 더 많은 지출로 이어졌을 것이다. FI 사고방식을 받아들인 후에는 이 저축액을 다른 시각으로 바라볼 것이다. FI 사고방식에서 이 격차는 '자본'이라고 불린다.

자본은 은행에 묵혀두는 돈이 아니라 돈을 벌어들이는 돈이다. 50달러든 500달러든, 자본은 소득을 창출할 수 있다. 당신은 8단계와 9단계를 실천하면서 경제적 독립이 상위 1%나 10%만을 위한 것이 아니라는 사실을 깨달을 것이다. 돈과 맺은 관계를 바꾸고 부를 충분히 쌓고 싶은 사람이라면 누구나 경제적 독립을 이룰 수 있다. 현명하게 투자하면 평생 불로소득을 얻을 수 있다. 8단계에서는 완전한 경제적 독립의 가능성이 열린다.

그래프에 새로운 선 추가하기: 월 투자 수입

자본이 만드는 소득은 직장에서 버는 소득과 성격이 다르다. 자본이 벌어들이는 소득은 정시에 출근했는지 아닌지, 고객에게 최종 프로젝트 이메일을 보냈는지 아닌지, 월 매출 목표를 달성했는지 아닌지와 관계없다. 이 돈은 투자를 거쳐 배당금, 이자, 임대 수익, 영업이익 등의 형태로 계속 들어온다. 월 총수입에 합치는 대신, 다음 공식으로 계산하고 그래프에 월 투자 수입을 나타내는 선으로 표시해보라.

8단계: 교차점 통과하기

매달 다음 공식을 총 누적 자본에 적용하고 그 결과를 그래프에 기록하라.

$$\frac{\text{자본} \times \text{현재 장기 금리}}{12\text{개월}} = \text{월 투자 수입}$$

간단히 말하자면 벽에 붙이는 그래프의 월 투자 수입선이 지출선을 '교차'해서 넘어가는 순간, 경제적 독립으로 향하고 있다고 보면 된다. 자세히 알아보자.

총 누적 자본은 현재 가진 돈(보통 저축 계좌에 넣어둔 돈) 가운데 지출할 계획이 없는 금액이다. 금리를 계산할 때는 당좌 예금 계좌의 이자율을 쓰면 안 된다. 미국 장기 국채(30년 만기)나 양도성 예금 증서의 현재 이율을 적용하라. 미국 국채 이율은 채무 상품의 현재 이율을 가장 잘 반영하는 지표다(채권을 꼭 사라는 말이 아니라, 국채 금리로 계산하라는 말이다). 이 이율은 장기 투자에서 기대할 수 있는 수익률의 보수적인 추정치다. 다만 이 이율을 자본에 적용한다고 해서 당장 그런 수익이 생긴다는 뜻은 아니다. 지금은 나중에 FI 포트폴리오에서 얻을 수입 유형을 미리 알아보고 예측하는 단계다.

여기서는 편의상 이율을 4%로 계산하자. 이 4%는 간단히 계산하기 위한 수치이지, 당신이 훗날 투자를 시작할 때 적용되는 이자율을 예측하거나 약속하는 수치가 아니다. 당신이 투자할 수 있는 상품은 다양하며, 결국 이런 상품이 예상 투자 수익률return on investment, ROI을 결정한다. 금융 세계에서 확실한 사실이 하나 있으니, 어떤 투자 상품이든, 즉 아무리 안전한 투자 상품이라도 수익은 오르락내리락 변동한다는 것이다. 지금은 숫자에 너무 신경 쓸 필요 없다. 그저 현재 금리를 써서 계산해 보자는 이야기다.

흥미롭게도 4% 이율은 전통적인 재무 계획에서 은퇴 소득을 계산할 때 중요한 수치다. 4%는 '안전 인출률safe withdrawal rate(모아놓은 은퇴 자금에서 최초로 인출하는 금액의 비율로, 이 이후는 4%를 기준으로 해마다 인플레이션에 맞춰 인출하는 금액을 조정한다-옮긴이)'로 평가한다. 주식과 채권 펀드가 섞인 투자 포트폴리오가 있다면, 은퇴 후 해마다 자본금에서 4%만 인출하는 것이 안전하다고 본다. 4% 규칙은 원금을 보존하고, 인플레이션의 영향을 줄여주고, 지출을 충당할 연간 소득을 제공한다. 이 숫자는 본질상 '골디락스' 개념과 다소 비슷하다. 해마다 원금에서 3%를 인출한다면 지출을 감당하기 어려울 수 있다. 반대로 해마다 5%를 인출한다면 원금이 너무 빨리 고갈될 수 있다. 다시 말하지만 4%는 일반적인 예시일 뿐, 구체적인 재무 지침이 아니라는 사실을 꼭 기억하자.

이번에는 투자 수익을 따져보자. 저축한 돈이 100달러 있다고 치자. 자본 100달러를 이자율 4%짜리 채권에 투자한다면, 다음과 같이 계산할 수 있다.

$$\frac{100 \times 4\%}{12} = 월\ 0.33$$

100달러를 투자하면 채권이나 양도성 예금 증서의 만기가 될 때까지 매달 0.33달러를 받는다. 원금 100달러는 그대로 남아서 결국 나에게 되돌아온다. 이제 시작일 뿐이다!

그래프를 만드는 첫 달에 저축액이 1000달러고 현재 장기 금리가 4%라면, 다음과 같은 등식이 나온다.

$$\frac{1000 \times 4\%}{12} = \text{월 3.33 투자 수입}$$

현재 저축해 둔 1000달러가 매달 3.33달러씩 수익을 낼 수 있다는 의미다. 물론, 이 돈을 자본으로 여기고 채권이나 비슷한 투자 상품에 투자할 때의 이야기다. 이 예시에서는 매달 그래프에 3.33달러를 기록하면 된다. (나나의 그래프에서는 어떻게 나타나는지 잠시 후에 살펴보자.)

높이 치솟는 수입선과 비교하면 미미한 금액이지만, 채권 만기가 될 때까지 매달 3.33달러(1년에 40달러)가 들어온다. 재미 삼아서 이 금액을 어떻게 쓸 수 있을지 구체적으로 상상해 보자. 1년에 40달러라면 몇 주 치 커피 원두를 살 수도 있고, 크리스마스에 근사한 저녁을 먹을 수도 있다. 물론 휴대 전화 요금에 보태도 좋다.

달마다 총 누적 저축액에 이 공식을 계속 적용해 보자. 예를 들어, 두 번째 달에 500달러를 더 저축했다면, 이전 총액인 1000달러에 더해서 다시 계산하면 된다.

$$\frac{1500 \times 4\%}{12} = \text{월 5.00 투자 수입}$$

그래프에 5달러를 표시하고 이전 달 표시 지점과 연결해 보라. 몇 달이 지나면 그래프에서 세 번째 선이 위로 올라가는 모습이 보일 것이다. 이 선이 월 투자 수입이다.

수입과 지출이 일정해지면 '결승선'의 위치, 즉 보수를 받는 노동

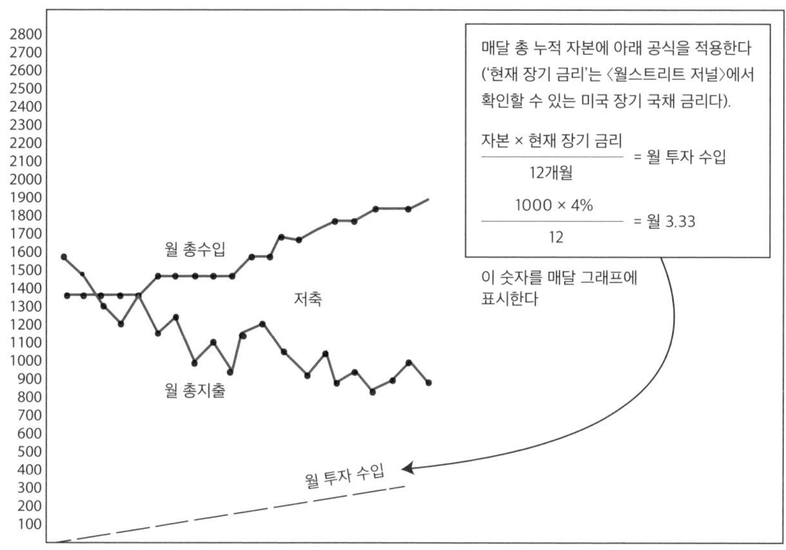

이 선택 사항이 될 때까지 얼마나 저축하고 투자해야 하는지 알 수 있다. 앞의 등식을 역으로 생각해 보라. 연평균 지출이 3만 6000달러, 즉 매월 3000달러를 지출하며, 은퇴 후 안전 인출률을 4%로 지킨다고 가정하자. 이런 수치를 바탕으로 경제적 독립을 선언하는 데 필요한 자산 규모를 계산할 수 있다.

$$\frac{3000 \times 12}{4\%} = 자산\ 총액\ 90만$$

이 경험 법칙을 간략히 요약한 미스터 머니 머스태치의 말을 들어보자. "연간 지출액의 25배를 버는 순간이 교차점이다. 사실상 4%

인출률을 무기한으로 누릴 수 있기 때문이다." 예를 들어서 연간 지출액이 3만 6000달러라면, 경제적 독립을 위해 총자산 90만 달러(3만 6000 × 25)가 필요하다.

'돈의 가르침 9'에서는 저축에서 투자로 전환하기에 알맞은 시점도 설명하겠다. 마침내 자신감이 생겨서 장기 채권에 5000달러를 투자한다고 가정해 보자. 이 투자 수익은 월 투자 수입에 포함된다. 그 다음에도 5000달러를 또 모아서 비슷하게 투자하고, 투자가 앞으로도 계속 이어진다.

니나의 그래프를 보며 투자 수입이 어떻게 나타나는지 살펴보자.

니나는 호텔 청소부로 일한 지 약 1년이 지나서야 월 투자 수입이 생기기 시작했다. 하지만 돈을 꾸준히 모아 자본으로 바꿔서 투자한 후로 월 투자 수입이 줄곧 늘어났다. 예를 들어, 4년 차 1월에는 월 투자 수입이 215달러이고 지출은 845달러였다. 이듬해 1월에는 월 투자 수입이 350달러가 되었고, 지출은 여전히 1000달러 미만이었다. 5년 차 2월을 확인해 보라. 월 투자 수입은 545달러이고, 지출은 아직도 950달러 선이다. 이 그래프에서는 투자 수입 증가뿐만 아니라 복리의 마법이라는 효과도 함께 보인다.

매달 원금에 일정한 금액만 추가하더라도(예를 들어서 월 저축액이 항상 500달러인 경우), 복리 때문에 월 투자 수입선은 앞으로 나아가는 대신 위로 올라간다. 이것이 바로 루이 삼촌이나 로살리타 아줌마가 알려줬을 복리의 마법이다. 복리란 이자 수입을 원금에 더하고, 그 총액에 다시 이자율을 적용한다는 뜻이다. 예를 들어보자.

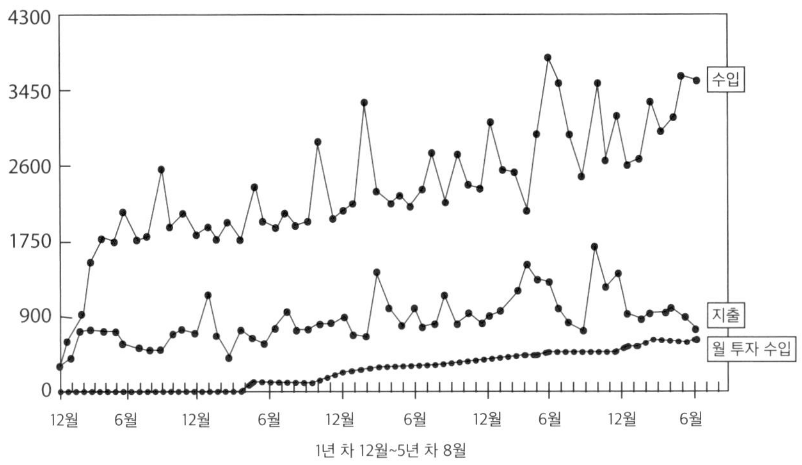

　　1년 차에는 100달러에 이자 4%를 적용해서 자본에 4달러를 추가한다.

　　2년 차에는 자본 104달러에 이자 4%를 적용해서 이자 4.16달러를 얻고 자본에 추가한다.

　　3년 차에는 자본 108.16달러에 이자 4%를 적용해서 이자 4.33달러를 얻고 자본에 추가한다.

　　4년 차에는 자본 112.49달러에 이자 4%를 적용해서 이자 4.50달러를 얻고 자본에 추가한다.

　　5년 차에는 자본 116.99달러에 이자 4%를 적용해서 이자 4.68달러를 얻고 자본에 추가한다.

　　이제 쉽게 이해가 가는가?

　　이런 기하급수적 성장은 매년 규모가 늘어나는 어느 시스템에나 적용된다. 무엇이든 7%씩 성장하면 10년 만에 두 배가 된다. 투자한 돈도, 인구도, 빚도 말이다! (요즘 신용카드 연체 이자는 12~24%다. 복리로 계산해 보라.) 더 보수적으로 4%를 적용하면, 100달러가 18년 후에 200달러로 불어난다.

니나의 그래프에서도 이런 상승 추세가 보인다. 대단하지는 않아도 꾸준히 증가하는 월 투자 수입선이 비교적 안정적인 월 지출선을 부지런히 쫓아가고 있다. 이것이 얼마나 중요한지는 잠시 후에 살펴보겠다. 지금은 매달 FI 프로그램의 각 단계를 실천하기만 해도 투자 수익이 증가했다는 사실에 주목하자. 당신에게도 똑같은 일이 일어날 것이다.

저축한 돈을 실제로 어디에 넣어야 할까?

돈을 모으는 동안, 먼저 은행 계좌에 유동성(즉시 사용할 수 있는) 현금을 마련해야 한다. 통념상 3개월 치 생활비(이상적으로는 6개월 치)에 해당하는 금액을 계좌에 넣어두면 좋다. 이때 나의 현금을 어디에 맡겨야 하는지도 중요한 선택이 된다. 당신은 은행을 고를 때 환경을 오염시키거나 직원을 차별하는 기업에 자금을 지원한 이력을 고려하는가? 아니면 집에서 가장 가까운 곳을 선호하는가? 혹은 신용 조합, 다시 말해 지역 조합원이 운영하는 금융 협동조합을 선택하고 싶은가? 이자율을 조금이라도 높이고자 전 세계 어디에서나 접속할 수 있는 온라인 은행으로 정하겠는가?

우리는 이 유동성 현금을 '쿠션cushion(실제로 '만일을 대비한 여유 자금'이라는 뜻이 있다-옮긴이)'이라고 부른다. 대다수는 '비상금'이라고 부른다. 아픈 부모님을 뵈러 고향에 가는 비행기 표를 사야 하거나 낡은 볼보 자동차의 헤드 개스킷이 터져서 새 차를 사야 할 때를 대비해 모아두는 돈이다. 현재 월급을 받는 대로 모조리 생활비로 나간다면, 반년 치 생활비를 저축하는 일이 불가능해 보이겠지만, 걱정하지 마라. FI 프로그램을 실천한다면 그 이상도 할 수 있다.

쿠션에서 한 걸음 더

곧 살펴볼 9단계에서는 자본을 지키면서 수익을 낼 가능성이 가장 큰 투자 수단을 알아볼 것이다. 조 도밍게스는 미국 국채를 추천했지만 현재 상황에서 국채 투자는 그리 효과적인 방식이 아닐지도 모른다. 따라서 《돈에 끌려다니지 말고 따라오게 하라》가 출간된 1992년 이후로 파이어족이 사용한 전략도 논의할 것이다.

당장은 유동성 현금을 늘리는 데 집중하고, 그다음에는 사다리형 만기 전략(만기가 서로 다른 상품을 여러 개 사서 위험을 낮추는 전략-옮긴이)을 써서 양도성 예금 증서를 사보라. 요즘의 파이어 이론을 따른다면 인덱스 펀드index fund(특정 주가 지수를 추종하며 소극적으로 자산을 운용하는 펀드-옮긴이)를 사도 좋다.

운이 좋다면 저축 기회를 손쉽게 찾을 것이다. 회사에 퇴직 연금 제도가 있다면 활용하자. 퇴직금을 연금으로 전환하여 노후 자금을 마련하기 위한 계좌인 IRP(개인형 퇴직 연금)가 있다. 일정 금액 세액 공제를 받을 수 있으며 연금으로 수령할 경우 소득세가 경감된다. 또 해외 ETF(상장 지수 펀드)와 같은 상품에 투자할 수 있어 장기적인 투자 전략을 세우는 데도 효과적이다. 퇴직 연금과 IRP 모두 일하는 사람이라면 누구나 어떤 식으로든 활용할 수 있는 훌륭한 계좌다.

다른 선택지도 많다. 이제까지 간단히 설명한 내용은 저축을 투자로 전환해서 소득을 얻고 싶을 때 선택할 수 있는 일반적 방법이다.

이상하게 들릴지도 모르겠지만, 지금 당장은 꾸준히 저축하기만 한다면 어디에 저축하든, 어떻게 저축하든 월 투자 수입에 영향을 주지 않는다. 나중에 파이어족이 되어서 투자로 불로소득을 얻는다면 이런 방식이 더는 필요하지 않다. 앞서 언급했듯이, 지금은 FI 포트폴리오에서 생길 수익을 예측할 뿐이다. 당좌 예금 계좌, 양도성 예금 증서, 은퇴 계좌 어디에 투자하든 4% 공식을 적용해서 수익률을 예측할 수 있다.

교차점

어느 날, 벽에 붙인 그래프를 보다가 미래의 월 투자 수입을 예측할 수 있다는 사실을 깨달을 것이다. 월 지출액이 상당히 안정적으로 유지될 테니, 앞으로도 비슷하게 지출하리라고 합리적으로 예측할 수 있다. 현재 월 지출액이 안정적이라고 할지라도 경제적 독립 이후

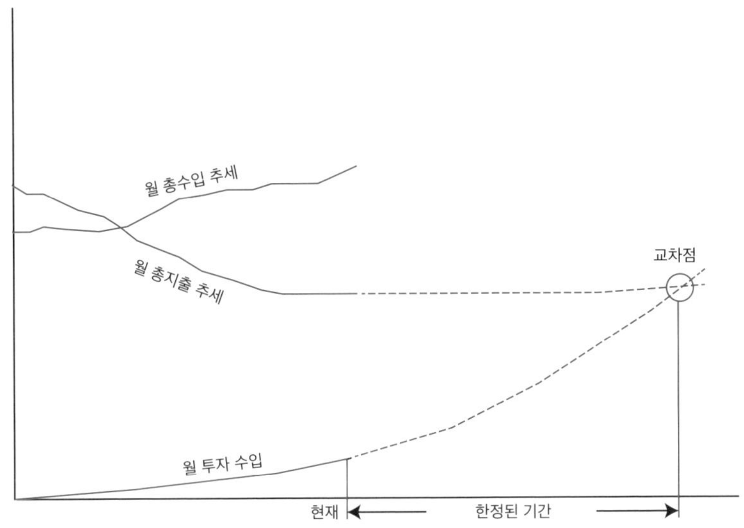

지출을 예상할 때는 더 높은 금액을 기준으로 잡는 편이 좋다. 그래야 예상치 못한 지출에 대한 불안감을 덜 수 있다.

머지않아 월 총지출과 월 투자 수입 선이 교차하는 날이 올 것이다. 두 선이 만나는 지점을 교차점이라고 한다. 교차점을 지나면, 투자 수입이 월 지출보다 많아진다. 그리고 이때부터는 직장 생활이 공식적으로 선택 사항이 된다.

교차점은 경제적 독립을 최종 판단하는 지점이다. 월 투자 수입이 월 지출을 넘어서면, 전통적 의미에서 경제적 독립을 이뤘다는 뜻이다. 다시 말해 직업이 아닌 다른 곳에서 불로소득을 얻게 되는 것이다.

가시적 전망의 힘

미래의 월 투자 수입을 예측할 수 있다는 깨달음은 강력한 영향을 미친다. 한번 생각해 보라. 직업보다 삶을 더 중요하게 여긴다면 훨씬 더 의욕적이고 성실하게 일할 가능성이 크다. 정해진 기간만 돈을 벌기 위해 일하면 된다는 것을 알아차리면, 삶의 에너지를 소중하게 여기는 법을 배우면서 얻은 자신감, 의욕, 헌신, 성실, 업무에 대한 즐거운 자부심, 책임감이 배로 늘어난다.

대기업 인사 팀에서 일하는 래리는 수년 동안 수입과 지출을 기록하고 평가하고 그래프를 작성하다가(도표 8-6 참고) 한정된 시간 내에 교차점에 도달할 수 있다는 사실을 깨달은 후 업무 태도가 스스로 놀랄 만큼 달라졌다.

"마침내 경제적 독립이 실현되리라는 걸 깨달았죠. 우리 부부는 계획대로 순조롭게 나아가고 있었어요. 해고당할까 봐, 다른 사람 감정을 상하게 할까 봐 걱정하지 않아도 됐고, 그 덕분에 엄청난 힘을 얻었어요." (남편이 퇴근 후 집에 와서 "난 이제 무적이야! 무적이라고!"라며 외쳤죠.)

래리는 직장에서 갱스터처럼 일하기 시작했다. 다른 사람들이 무서워했을 정도로 에너지와 자신감이 엄청났다. 래리는 6~8개월 동안 가장 까다로운 합의안을 두고 협상했는데, 한 번도 지지 않았다. 오히려 매번 크게 이겼다. "관리자가 크게 사고를 치면 저는 '좋아요, 저한테 보내줘요. 제가 처리할게요'라고 했어요. 회사에도 저한테도 정말로 잘된 일이었죠."

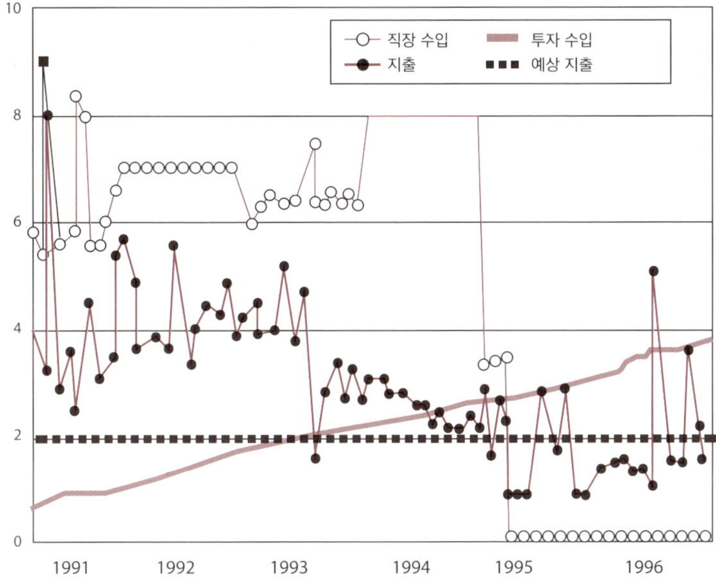

참고 : 도러시와 래리는 경제적 독립 이후 월 2000달러를 소득 기준('충분함'이라고도 한다)으로 정했다. 보다시피 꾸준히 증가하던 '투자 수입'이 1993년에 '경제적 독립 이후 예상 지출'과 교차했고, 1994년 말에는 '지출'과 교차했다. 1995년 1월에 도러시가 직장을 그만두고 4월에는 래리가 직장을 나오면서 근로 소득이 크게 줄었다. 하지만 경제적 독립 이후 실제 지출액이 예상치였던 월 2000달러보다 상당히 낮았다. 검소한 사고방식을 배우고 '돈이냐 인생이냐' 원칙을 꾸준히 실천한 결과였다.

출처 : 재클린 블릭스Jacqueline Blix, 데이비드 하이트밀러David Heitmiller, 《인생 제대로 살기Getting a Life》, 2007년, p.172.

관습대로 정년까지 끝을 알 수 없는 림보에 빠져 일하는 대신, 예측할 수 있고 한정적인 기간에만 돈을 벌기 위해 일해야 한다는 사실을 깨닫는다면 어떨지 잠시 생각해 보라. 겉으로는 여전히 회사를 위해 일하는 것처럼 보이지만, 사실은 나 자신의 자유를 위해 일한다는 사실을 알 것이다. 40대라면 앞으로 남은 인생의 절반을 해야 하는 일이 아니라 하고 싶은 일로 채워나갈 수 있다고 상상해 보자.

경제적 독립을 꿈꾸는 이들을 위한 FI 프로그램의 핵심은 지금 돈을 버는 데 집중해서 나중에 돈을 벌 필요를 없애는 것이다. 그러면 제한된 기간에 (가치관을 저버리거나 건강을 해치지 않으면서) 집중해서 열심히 돈을 버는 데 전념할 수 있다.

오늘날 전 세계에서는 자기 삶을 스스로 자유롭게 설계하려는 이들이 전 세계에서 FI 프로그램을 실천한다. 자신의 재정 상황과 삶의 에너지 사용 방식을 명확히 파악하면 운명을 개척하는 데 도움이 된다. 누구나 투자로 '여생을 보장'할 만한 돈을 벌지는 않는다. 물론, 저축한 돈으로 남은 인생을 살아가는 사람도 있다. 이들은 단 한 번 경제적 독립을 얻어 그 뒤로 영원히 자유를 즐긴다.

하지만 모두가 그렇지는 않다. 경제적 독립을 여러 차례 찾아오는 안식 기간으로 여기는 사람들도 있다. 일하고, 저축하고, 투자하고, 직장을 그만두고 여행이나 공부, 육아, 기술 연마에 전념했다가 몇 달이나 몇 년 후 다시 직장으로 복귀한다. 9개월 동안 파이어족으로 지내다가 여름철에만 일자리를 구하는 과정을 반복하기도 한다. 파이어족 생활을 기본으로 삼고 부업을 하는 사람도 있다. 투자, 퇴직 연금, 사회 보장 제도 등을 통해 재정 기반을 마련한 뒤 새로운 일을 시도하거나 자기 사업을 시작하는 사람도 있다.

설령 자유를 얻은 덕분에 새로운 직업, 매력적인 사업 아이디어, 돈이 더 많이 드는 생활 방식을 택하여 결국 돈을 벌기 위해 일하는 생활로 돌아가더라도, 한정된 기간 내에 경제적 독립을 이룬 경험은 당신을 영원히 바꿔놓을 것이다. 당신은 다시 할 수 있다는 사실을 안다. 이제는 요령이 있고, 힘이 넘치고, 회복력과 지식을 갖췄다.

샘은 자급자족 생활자로, 아내 도나와 함께 경제 활동을 지구 생태계에 맞추기로 결심하고 캔자스의 고향 마을로 돌아왔다. 친구에게서 땅을 산 뒤 낡은 헛간을 허물어 나온 목재로 태양열 난방 패시브 하우스(내부 열이 밖으로 새지 않게 막아서 에너지 사용량을 절감하는 집-옮긴이)를 지었다. 친구 60명과 샘의 아버지(목수이자 석공)가 주택 건설을 거들었다. 샘은 아버지와 함께 쓰레기 수거 일을 했고, 도나는 언제든 수요가 있을 기술을 배우고자 간호 학교에 다녔다.

두 사람은 자급자족, 집안 살림, 에너지 효율, 자기 텃밭이나 지역에서 재배한 농산물 소비 등 모든 일에서 가치관을 따르려고 노력했다. 일반적인 지출(월세, 식비 대다수, 공과금 등)을 절반 넘게 줄이고 과세 수준 이하로 생활하는 것이 이상적인 목표였다. 쓰레기 수거는 하루에 5시간밖에 걸리지 않았다. 도나는 일주일에 이틀씩 간호사로 일했다.

삶은 달콤했고, 생계를 이어갈 수 있었다. 하지만 낙원으로 가는 길에 여러 가지 문제가 생겼다. 자녀가 둘 태어났고, 건강 보험을 들었고, 아버지에게서 쓰레기 수거 사업을 인수했고, 차가 고장 났고, 집은 끊임없이 소소하게 수리할 곳이 생겼다. 소박하게 생활한다는 겉치레 아래, 전형적인 '한 달에 돈을 너무 많이 쓴다'와 '돈이 다 어디로 새는 거지?' 증후군에 빠져 있었다. 낙원이 교외 같은 함정처럼 보였다.

그때 둘은 FI 프로그램을 발견했다. 샘이 한정된 기간의 의미를 깨닫자, 삶이 활짝 열렸다. 쓰레기 수거 사업은 괜찮았지만, 남은 평생 그 일을 하고 싶을 만큼 매력적이지는 않았다. 경제적 독립을 이루고, 1만 6000제곱미터 땅에서 지속 가능한 농장을 꾸리고 싶었다. 이웃들이 캔자스 서부의 반건조 초원에서 지속 가능한 방식으로 소를 키우고 밀과 사료용 곡물, 기타 작물을 윤작할 방법을 찾아주는 일에 헌신하는 상상을 했다.

샘은 자기 자신뿐만 아니라 더 큰 공동체를 위해 일하고 싶었다. 그가 사는 지역은 해마다 인구가 감소하고 평균 연령이 높아지면서 소규모 농장주가 사라지고 있었다. 샘은 직접 현실을 바꾸고 싶었다. 청년층이 도시로 가서 10년 동안 필요한 현금을 마련하고 경제적으로 독립해서 돌아오면 자급자족 농업과 소도시 생활을 재건할 수 있으리라고 생각했다. 샘이 조금만 노력하면 그의 가족은 물론, 다른 가족과 미국 시골 주민에게도 멋진 삶을 선물할 수 있을지도 몰랐다.

샘은 한정된 기간이라는 개념 덕분에 몇 년간 쓰레기 수거에만 매달리던 생활에서 벗어나 멋진 프로젝트로 가득한 미래로 나아갈 수 있었다. FI 프로그램을 실천한 지 4년 만에 교차점에 이르렀다. 투자 수입이 쓰레기 수거 사업에서 나오는 수입과 맞먹었다. 샘은 돈을 벌기 위한 일을 멈추고 꿈을 위한 일에 뛰어들 수 있었다.

캐시

당신은 이 교차점을 보면서 불로소득만으로도 평생 안정적으로 지낼 수 있을지 의문을 품을 것이다. 평생은 아주 긴 시간이다. '만약'과 '…하면 어떻게 될까?' 같은 생각이 마음속 뒷문을 긁어대며 안으로 들어오려고 아우성칠 것이다. 여기서 재정적 안정을 위한 세 번째 요소, 캐시cache가 등장한다.

캐시(현금을 가리키는 단어 'cash'와 발음이 같다)는 핵심 자본이나 쿠션 외에 추가로 모아두는 돈이다. 서부 개척 시대에 캐시는 여행자가 너무 무거워서 가지고 다닐 수 없는 식량을 훗날 사용하려고 땅에 묻어두던 구덩이를 가리켰다. FI 프로그램에서는 장래에 사용하고자 (투자 자본이나 쿠션 외에) 저축하는 여분의 돈을 의미한다('cache'의 가장 기본적인 뜻은 은닉처, 저장소, 그렇게 감춰둔 귀중품이다-옮긴이).

로즈메리는 교차점이 다가오자 점점 더 불안해졌다. 직장 생활에 익숙했고, 돈이 나오는 믿음직한 수도꼭지를 잠근 채 채권 수입에만 의지해야 한다는 생각에 두려웠다. 머리로는 채권 수입이 충분하다는 사실을 잘 알았지만, 경제적 독립 이후 생활에 문제가 생겼을 때 다시 일자리를 구하지 못할 수도 있다는 막연한 두려움이 사라지지 않았다. '곡예사가 공중그네 손잡이를 놓고 반대편 그네로 넘어갈 때 이런 기분 아닐까?' 안전망(쿠션)이 제자리에 잘 있었지만, 아주 멀게 느껴졌다. 로즈메리는 안전망을 더 가까이 끌어당기고, 캐시를 모아서 안전망을 보강하기로 했다. 은행에 수천 달러를 더 쌓아놓자, '같은 해에 차가 망가지고 중병에 걸리고 집이 불타면 어쩌지?'라고 물으며 끊임없이 괴롭히던 내면의 걱정을 쉽게 떨칠 수 있었다.

여기서 고려해야 할 것이 있다. 우리가 더는 돈을 벌기 위해 일하지 않는다면, 캐시는 어디에서 나올까?

대체로 하던 일을 그만두면 지출이 크게 줄어든다는 사실을 알아차린다. 통근하며 쓰던 비용도, 성공을 위해 옷을 사는 데 들이는 비용도, 점심에 외식하는 비용도, 그 외 많은 지출까지 사라진다. 교차점은 직장에 다니며 돈을 버는 동안 지출하는 비용 총액을 기준으로 삼으므로, 경제적 독립 이후 투자 수익이 계속 쌓인다. 경제적 독립의 정의에서 '충분히, 그러고도 조금 더' 누린다는 말이 바로 이것이다.

게다가 FI 습관은 끝나지 않는다. 돈과 맺은 관계를 바꾸는 과정에서 배운 것은 평생 남는다. 이제 당신은 신중하고 의식적이고 창의적으로 지출하며 소비를 줄일 수 있다. 아울러 저축하는 기간에 구매한 것 대다수(튼튼한 자동차, 최고급 캠핑 장비, 오프그리드 주택 등)는 다시 살 필요가 없을 것이다. 이런 지출은 경제적 독립을 이루기 전의 일이다. 그러므로 저축, 즉 캐시가 더 생긴다. 경제적 독립 이후의 소득에 붙는 세금도 고소득 시절보다 훨씬 낮으며, 앞으로도 그럴 것이다. 따라서 여기에서도 캐시가 더 생긴다. 예상하지 못한 지출을 대비해서 캐시를 쌓을 수 있고, 부업, 아르바이트, 양도, 상속, 심지어 급여를 받는 새로운 직업을 통해 자본을 늘릴 수 있다.

캐시가 처음에 맡는 역할은 심리 안정일지도 모른다. 캐시는 우리가 그동안 충분히, 그러고도 조금 더 저축했다는 사실을 증명하며 혹시 모를 걱정을 잠재운다.

자동차, 자전거, 어금니에 씌운 크라운처럼 생활필수품이 끝내 닳거나 고장 나면, 캐시로 해결할 수 있다. 캐시는 살아 있는 자원이지, 한 번 쓰고 버리는 일회용품이 아니다.

자본, 쿠션, 캐시. 이 셋은 경제적 독립을 지탱하는 기둥이다. 그런데 우리가 의지하는 부의 기둥이 세 개 더 있다. 어쩌면 돈보다 더 중요할 것이다.

자연 재산과 경제적 상호 의존

현명한 루이 삼촌이나 영리한 로살리타 이모에게 가족 내 연결 고리 역할을 하는 배우자가 있다고 상상해 보자. 레이철 숙모와 마놀로 이모부는 사랑이 넘친다. 음식을 만들고, 노래를 부르고, 농담을 건네고, 모두가 편안히 지내도록 배려한다. 이들은 당신을 꼭 껴안으며 이렇게 말할 것이다. "돈이 전부는 아니야. 자존감과 사랑, 가족, 다른 사람을 돕는 일, 이런 게 진정한 재산이지."

FI 프로그램은 둘 중 하나만 고르는 문제가 아니다. 루이 삼촌의 말도, 레이철 숙모의 말도 모두 일리 있다. 이 프로그램이 효과적인 것은 두 기둥이 지탱하기 때문이다. 바로 돈으로 살아가는 삶과 (가장 넓은 의미에서) 사랑하며 살아가는 삶이다. 하나는 국가 통화, 우리 모두 거래하고 투자하는 데 쓰는 돈이다. 다른 하나는 자연 통화, 서로 친족으로 여기는 사람들(과 모든 생명체) 사이에서 끊임없이 주고받는 돈이다.

국가 통화는 인간이 비교적 최근에 발명했으며, 은행 같은 금융 기관이 관리하고, 우리가 통제할 수 없는 인물과 기관이 분배한다. 자연 통화는 최초의 생명체와 함께 생겨났으며, 다른 생명체와 서로 이익이 되는 거래를 맺는 바탕이 되었다. 어떤 생명체든 목숨을 이어가려면 주변 생명체에게 이득을 줘야 한다. 우리가 다른 사람들과 이익을 더 많이 나누며 삶을 엮어갈수록, 원하는 바를 몽땅 얻는 데 필요한 돈이 줄어든다.

당신도 1단계부터 7단계까지 거치며 공유 경제나 DIY 경제에 들어서면 지출을 줄이는 일이 실제로 가능하고 즐겁다는 사실을 깨달았을 것이다. 단순히 인색해서 돈을 덜 쓰는 것이 아니다. 솜씨 좋고, 사랑이 넘치고, 나누고, 돌보고, 베풀고, 받아들일 줄 아는 사람이 되었기 때문에, 이제는 살아가는 데 소유물이 많이 필요하지 않기 때문에 돈을 덜 쓰게 된다. 지출을 줄이고 돈을 모으는 일 자체는 목적이 아니다. FI 프로그램 단계를 밟아나가는 과정에서 찾아오는 부산물일 뿐이다.

이것이 바로 자연 통화다. 이것은 거래 경제가 아니라 관계 경제다. 이것은 경제적 상호 의존이며, 사실 우리 대다수가 의지하는 재산이다. 우리가 다 함께 공존할 때 서로 나누는 부다.

레이철 숙모와 마놀로 이모부는 진정한 재산이란 내가 알고 깨우친 것, 삶에서 함께 걸어주는 사람, 최선을 다하고 그에 걸맞은 대가를 받는 사회라고 말하곤 했다. 이 진정한 재산은 ABC만큼 간단하다.

자연 재산의 ABC

능력Abilities에는 기술과 지식, 즉 무언가 하는 방법을 아는 것을 포함한다.

소속감Belonging은 내 삶에서 함께 걷는 사람이다.

공동체Community는 우리가 실제 삶에서든 온라인에서든 살아가는 사회, 다시 말해 이웃과 도시, 환경, 자연이다.

능력, 소속감, 공동체는 우리가 돈을 벌고 쓰고 저축하는 방식을 삶의 목적과 충족감에 맞춰서 조정하는 과정에서 직관적으로 쌓이는 자연 재산이다. 거짓된 보상(더 많고, 더 좋고, 이전과는 다른 물건)에서 눈을 떼면 진정한 보상인 친구, 가족, 나눔, 배려, 배움, 도전, 극복, 친밀감, 휴식, 현재에 충실하고 소통하고 존중받는 삶을 볼 수 있다. 이 진정한 보상은 삶에서 공짜로 누릴 수 있는 최고의 가치다. 자연스러운 존재가 다 그렇듯, 자연 재산을 쌓는 데에는 시간과 관심, 인내, 호혜(주고받으며 관계를 쌓는 일)가 필요하다.

돈을 저축하는 단계에서 자연 재산을 쌓으면 경제적 독립이 더 빨리 찾아오고, 더 오래 이어지며, 훨씬 더 행복해질 수 있다.

능력

능력은 돈을 많이 아끼게 돕고, 필요할 때 돈을 벌게 돕는 DIY 기술이다. 앞서 지적했듯이, 자립을 결심하고 나면 배관공에게 수리비를 내는 데 삶의 에너지를 얼마나 많이 쏟아야 하는지 깨닫게 된다. 15분짜리 무료 온라인 동영상을 보기만 해도 수도꼭지를 손수 고칠 수 있다는 사실도 알게 된다. 몇 차례 DIY에 성공하면, 더 배울 만한 기술이 없는지 찾아 나선다. DIY 테라스 시공이나 리모델링 사업을 시작해서 다른 사람들에게 끝없이 도움을 주고 (원한다면) 수입을 거둘 수 있다. 이런 과정을 거치면서 돈을 저축하고, 자율성을 얻고, 실제로 수익을 낼 기술들을 익힌다.

수리왕이 되는 일이 취향에 안 맞다면, 요리는 어떨까? 레스토랑에서 식사하는 데 삶의 에너지가 얼마나 들어가는지 알고는 스스로 요리하겠다고 마음먹을지도 모른다. 배우자와 함께 전통 요리 수업을 듣고 났더니 요리가 가장 좋아하는 놀이가 될지도 모른다. 적은 비용으로 영양가 있는 식사를 마련할 수 있을 뿐만 아니라, 케이터링 업체를 차리거나 레스토랑에서 일하거나 수많은 고객을 상대하는 개인 요리사가 되어 수익을 낼 수도 있다.

사진은 취미를 넘어서 예술 활동이나 직업이 될 수 있다. 당신이 사진을 무척 좋아한다면, 취미이자 예술이자 직업이 하나로 어우러져 즐거움을 선물할 것이다. 자전거 수리, 집 페인트칠, 웹 사이트 제작, 소셜 미디어 마케팅, 회계 같은 일을 통해서도 돈을 절약하고 다른 사람들에게 유용한 존재가 될 수 있다. 금융 상품에 투자하기보다 기술 관련 교육을 받거나 자격증을 따서 자기 자신에게 투자하는 편이 더 합리적일 때도 있다. 응급 의료 기술자 자격증을 따면 위급한 사람들에게 도움을 주고, 새로운 직장을 얻을 수 있다. 자녀에게 멋진 부모의 모습을 보여주는 건 덤이다.

경제적 독립을 이룬 후에도 당신은 여전히 경제의 일원일 것이다. 계속 기술을 쌓으면 경제적 독립을 유지할 수 있고, 필요할 때 다시 돈을 벌 수 있다. 다양한 기술과 재주는 회복력의 핵심으로 금융 시장에서 어떤 일이 일어나든 번창할 수 있는 능력이다. 기술을 갈고닦으면 영향력이 강해지고, 자유가 늘어나고, 선택의 폭이 넓어진다. 다채로운 능력은 자기 한계에 도전하고, 다른 사람을 위해 일하고, 지역 사회에 이바지하고, 필요할 때 돈을 벌고, 용감하게 살아나가고자 평생에 걸쳐 쌓을 수 있는 재산이다.

데이먼은 대학 교육을 받고 한 회사를 평생 다니다가 '노년'에 은퇴하는 전통적인 길을 걷고 있었다. 수입을 소중히 여겼지만, 임금 노예 같은 생활은 아무 매력이 없었고 불안정한 데다 벗어나기도 어려워 보였다. 그런데 어느 순간, 돈 없이는 기본적 욕구를 채울 수 없다는 통찰이 번득였다. 데이먼은 사명감에 불타서 지출을 줄이고 돈을 모아 자기 사업을 시작했다. 남는 시간과 돈을 투자해서 야생 학교에 등록했고, 자급자족하는 법, 야생에서 맨손으로 생존하는 법, 직접 식량을 채집하고 재배하는 법을 배웠다. 그는 국가 통화를 투자해서 자연 재산을 쌓았으며, 돈이 필요한 만큼 충분하고 사랑과 행복이 넘치는 풍요로운 공동체 속 삶을 눈앞에 두고 있다.

사랑과 돈을 위해 우리는 무엇을 배울 수 있을까? 당신은 항상 배우고 싶었거나, 결코 마스터할 수 없을 거라 여겼던 분야가 있는가? 어렸을 때 좋아하던 일 중에서 다시 갈고닦아 부업이나 생존 기술로 할 만한 것이 있는가?

평생 학습은 행복의 문을 여는 열쇠다. 생존하고 번성하며 다른 사람들을 돕는 능력에 투자하면 결코 인생이 지루해지지 않을 것이다. 오랜 직장 생활이 끝난 후에도 정신을 바짝 차리고 사회에서 안정적인 위치를 유지하는 데도 도움이 된다.

소속감

당신은 도움이 필요할 때 누구에게 의지할 수 있는가? 누가 당신의 말을 따뜻한 마음으로 들어주는가? 당신이 아플 때 누가 끼니를 챙겨주는가? 누가 당신의 기쁨을 축하하는가? 우리는 사랑과 충성이라는 인간적 유대감 덕분에 삶을 견딜 수 있다. 손쉬운 이동, 도시화, 출세 제일주의는, 수상 경력이 빛나는 작가 리안 아이슬러Riane Eisler가 '돌봄 경제'라고 부르는 삶의 시간을 빼앗아 갔다.

하지만 파이어족이 이런 추세를 뒤집고 있다. 돌봄 경제는 생활비를 줄일 뿐만 아니라 삶의 진정한 목적인 주고받기 속에서 삶을 더욱 풍요롭게 만든다. 수도꼭지가 고장 나면 해리 삼촌이 고치러 올 것이다. 그러면 당신은 나중에 친구 릴리의 집에 가서 해리 삼촌에게 배운 것으로 호의를 베푼다. 당신이 아프면, 릴리가 쾌유를 바라며 수프를 가져다준다. 이런 식으로 소속감이라는 통화가 돌고 돈다.

나이가 들고 있는 베이비붐 세대는 상부상조의 범위가 좁아지고, 굳건한 관계가 부족하고, 사회 안전망이 약화하는 현실을 절감한다. 이런 현실은 냉혹하고 두렵지만, 수많은 사람이 오히려 의지를 불태운다. 사망 지원 모임, 살던 곳에서 노후 보내기 모임, 독서 모임은 현실의 틈에 집중하며 지역 돌봄 네트워크를 만든다. 소원해진 가족은 노부모를 돌보는 일에 관해 '토론'을 시작한다. 이런 상황에서 돌봄은 아주 복잡하고 힘겹다. 모든 FI 프로그램에서 소속감이라는 재산을 평생 쌓는 과정이 무척 중요한 것도 이 때문이다.

외로움은 전염병이며, 그 대가가 비싸다. 소속감이라는 화폐는 자연적, 경제적 이점을 모두 제공한다. 집안일이나 잡일을 할 일손을 나누고 서로 필요를 채워줄 수 있다면 모두의 시간과 돈을 아끼는 데 도움이 된다. 돈독한 관계를 맺은 사람들은 함께 저녁을 요리할 사람, 공항까지 데려다줄 사람, 이사를 도와줄 사람, 장래의 취업 기회를 줄 사람이 언제나 있다. 이를 '사회적 자본'이라고도 하는데, 서로에게 도움이 되는 인맥을 통해 창출하는 재산을 가리킨다.

데이트와 결혼도 '소속감이라는 자산'을 쌓는 방법이지만, 지역 사회에서 꾸준히 우정과 인간관계를 쌓는 일도 중요하다. 춤이 기술이듯이 소속감 역시 경청과 친절한 행동, 더 나아가 매주 하는 통화나 월간 모임, 독서 모임이나 공예 모임 같은 간단한 의식을 통해 키울 수 있는 기술이다.

공동체

인간관계의 범위를 넓히면 자연 재산의 세 번째 기둥인 공동체에 이른다. 공동체는 사람이 쓰는 자연 통화다. 공유하고 배려하는 공동체에서 화폐 경제를 넘어 거래를 촉진하기 때문에 통화라고 볼 수 있다. 공동체 구성원의 신뢰가 높을수록 더 많은 자원이 자유롭게 공유된다. 가까이 있는 이들과 명확하게 소통하면, 잘 쓰지 않았던 자원을 풀어서 많은 사람이 혜택을 누릴 수 있다. 고립은 값비싼 대가를 치러야 한다. 그러나 공유는 재산이다. 차나 집, 캠핑카를 빌려주는 서비스를 통해 말 그대로 재산이 공유되기도 하고, 금융 거래와는 아무런 관련 없는 숱한 일상적 교류를 통해 재산이 공유되기도 한다.

공동체를 고려할 때는 여러 가지를 꼼꼼하게 따져야 한다. 동네 상점, 이용할 수 있는 사회 복지 서비스, 도심으로 나가기만 하면 즐길 수 있는 문화, 생산성 좋은 농장, 고요한 숲까지 따져봐야 한다. 어디에 정착할지 고민 중이라면, 특정 기능을 갖춘 주택뿐만 아니라 주변 환경도 고려해 보라. 식량과 물, 전기는 어디서 오는가? 차가 없어도 필요한 물건을 구할 수 있는가? 문화생활은 어떤가? 밤 문화는? 기후 지도도 확인해 보라(기후 위기를 어떻게 생각하든). 20년 후는 어떨까? 50년 후는?

이미 지구에서 나만의 자리를 찾았다면, 그곳이 어디든 직접 공동체라는 재산을 쌓을 수 있다. 동네 카페에서 친구들을 만나고, 비영리단체 이사회에서 활동하고, 시나 자치 정부 선거에 출마하고, 신문에 기고하고, 합창단에서 노래하고, 교회에 다니는 등등 방법은 다양하다. 당신을 안전하게 지켜주고, 영혼에 자양분을 주고, 봉사 활동을 자극하고, 오랜 세월에 걸쳐 필요한 것을 제공하는 주역은 사회와 자연 시스템의 총체다.

불어나는 ABCs

조 도밍게스는 "의식은 인플레이션보다 더 빨리 성장한다"라고 즐겨 말했다. 다시 말해, 돈보다 더 빠르게 기술과 역량, 지식, 가까운 동료, 지역 사회 관계를 '불릴inflate' 수 있다. 사교댄스를 배우는 것도, 합창단에서 노래하는 일도, 웹 사이트를 만드는 일도 일종의 안전장치가 될 수 있다. 파이어족이 되고 나면 배우는 데 쏟을 시간이 더 많이 생긴다. 다른 사람과 교류할 시간, 아주 적은 비용으로 필요한 것을 찾을 시간, 지역 사회에서 봉사하거나 교회에 다닐 시간도 그렇다. 비싼 값을 치르고 허둥지둥 여행하는 대신 저렴하고 여유롭게 여행할 수 있다. 직장에 다니던 시절과는 달리, 무언가 결정할 때 편리함을 그다지 중요하게 여기지 않는다.

ABC 뒤에 붙은 저 's'는 무엇을 가리킬까? 바로 '물건stuff', 즉 재정적이고 물질적인 재산이다. ABC와는 달리 대문자로 쓰지 않았다는 사실에 유의하자. 돌봄 경제에서 물질은 사소한 고려 사항이다. 경제적 독립은 안정과 자유라는 토대에서 한 부분을 차지할 뿐이다. 경제적 상호 의존은 능력과 소속감, 공동체, 힘들게 얻은 물질 재산 네 가지를 모두 아우른다. 이 네 가지가 당신의 총자산을 구성한다. 국가 통화와 자연 통화는 당신을 헤아릴 수 없을 만큼 부유하게 만들어줄 것이다.

능력과 소속감, 공동체, 물질이라는 네 요소를 이해하면 교차점에 한 차원 더 깊은 의미가 생긴다. 교차점은 보수를 받는 노동의 필요성이 사라지는 시점만 가리키지 않는다. 레이철 숙모와 루이 삼촌과 함께 저녁을 먹든, 로살리타 이모와 마놀로 이모부와 자원봉사를 하든, 공직에 출마하든, 동굴에서 40일 동안 명상하든 교차점은 사랑이 넘치고, 더 충만하고, 더 흥미로운 삶으로 가는 문턱을 넘었다는 뜻이다.

교차점에 이르는 일은 위대한 성취다. 당신은 다른 사람한테 내쫓기지 않았다. 당신 자신에게 가장 만족스럽고 가치 있는 것을 중심으로 삶을 재구성했다. 경제적 허구를 경제적 사실로 바꾸려고 있는 힘을 다했고, 자기 자신과 돈, 삶을 둘러싼 허다한 오랜 믿음에 도전했다. 더 많을수록 더 좋다는 꿈에서 깨어나서 나 자신에게 충분함이 어떤 의미인지 밝혔다. 삶의 에너지에 책임감을 품었고, 삶에 드나드는 돈의 흐름을 추적하고 평가했다. 광고와 동료 집단의 사회적 압력에서 벗어나 충족감을 판단할 내면의 기준을 세웠다. 가치관과 삶의 목적을 탐구했고, 삶의 방향을 진정으로 중요한 것에 맞췄다. 당신의 삶은 당신이 스스로 만들어갈 것이다.

교차점 이후 찾아오는 불안감

이런 말을 들으면 도리어 불안할 수 있다.

어느 날, 열정적이고 창의적인 남성이 전화를 걸었다. 그는 몇 년 동안 꾸준히 연락하며 파이어족이 되기 위한 여정을 나에게 자세히 말해줬다.

"끝났어요. 이제 저는 파이어족이에요."

"축하해요!"

나는 그의 성취를 열광적으로 축하했다.

"축하라니요! 저는 너무 무서워요. 이 모든 자유를 어떻게 해야 하죠?"

그처럼 창의적인 사람도 두려움에 떨었는데, 다른 사람들은 어떨까? 우리는 교차점을 '넘어가기' 직전에 기묘한 불안의 벽에 부딪히는 사람이 많다는 사실을 발견했다. 물론, 그런다고 죽지는 않지만, 자유로 넘어가기가 죽을 만큼 두려운 사람도 있다.

조 도밍게스는 경제적 독립 이후의 불안감을 달래고자 자유로워지면 본격적으로 하고 싶었던 일에 주말마다 매달렸다. 은퇴하면 캠핑카를 타고 전국을 여행하고 싶었던 터라, 돈을 모으던 시기에 캠핑카를 설계하고 주말에는 뉴저지 주립 공원에 놀러 다녔다. 교차점을 지날 무렵에는 이미 자유 시간을 알차게 보낼 준비가 되어 있었다.

요즘은 파이어 운동이 열광적인 인기를 끌고 있어서 다들 나이에 상관없이 이 모든 자유에 적응하는 방법을 더 잘 알고 있다. 블로그와 토론 게시판, 우리가 직접 주고받은 편지에서 발췌한 조언을 몇 가지 소개한다.

처음에는 안절부절못할 수도 있다. 지루할 수도 있다. 사탕 가게에서 잔뜩 흥분한 아이처럼 온갖 경험에 푹 빠지고 싶을지도 모른다. 하지만 곧 극복할 것이다. 시계가 아니라 내면의 리듬에 따라 움직이는 일상에 적응할 것이다. 계속 앞으로 나아가기 위해 눈앞에 매달아 놓았던 당근을 먹기 시작할 것이다. 여행, 잠, 해변에서 보내는 일주일, 정치 활동 등.

대다수가 뒷전으로 미뤄뒀던 개인적 문제나 건강 문제가 불쑥불쑥 떠오른다고 말한다. 이런 문제는 당신의 관심을 끌고자 오랫동안 기다리고 있었다. 그렇다고 당신이 실수를 저질렀다는 말은 아니다. 이제 몸과 마음이 건강해지고 있다는 뜻이다. 30대든, 40대나 50대, 혹은 그 이상이든, 당신의 몸에 관심을 기울여야 할 가능성이 크며, 건강 관리 자체가 모험이 될 수도 있다.

악기 연주, 그림 그리기, 합창, 탭댄스, 낚시 등을 배워도 좋고, 최고의 프리스비 팀에 가입하거나, 지역 극단의 팬이 되거나, 다양한 콘퍼런스에 참여하거나, 온라인 판타지 게임에 푹 빠지거나, 그 어느 때보다 멋진 몸매로 가꾸거나, 명상하거나, 노인이나 환자의 집으로 식사 배달 봉사 활동을 시작해도 좋다. 가게에서, 아니면 컴퓨터로 이런저런 일을 손보다가 까다로운 문제에 대한 놀라운 해결책을 떠올릴 수 있다. 그 해결 방법을 널리 알려서 상상도 못할 만큼 커다란 영향력을 얻을지도 모른다. 비영리단체가 이사회 자리를 제안할 것이다. '이사회나 위원회에 몇 군데나 들어가야 충분할까?'라고 자문할 기회다.

파이어족은 이 전부를, 그러고도 조금 더 많이 해냈다.

만약 당신도 파이어족이 된다면, 어떻게 직장 생활을 할 시간을 냈는지 이해가 가지 않을 것이다. 일과 돈의 연결 고리를 끊으면 진정한 일을 발견하고, 흩어진 삶의 조각을 다시 이어 붙이고, 진실로 온전한 존재가 될 가능성이 정말 대폭 커질 것이다. 그저 빈둥거리고, 정리하고, 요리하고, 어슬렁어슬렁 산책하는 날조차 충만해질 것이다. 한 가지 활동이 아무런 압박도 없이 자연스럽게 다른 활동으로 이어진다. 명상부터 빨래 개기, 청중으로 꽉 찬 강당에서 하는 중요한 연설까지, 그 어떤 일도 사소하지 않다. 온 정신을 쏟기 때문이다. 이를 두고 경제학자 줄리엣 쇼어Juliet Schor는 '풍요plenitude'라고 일컫는다.

당신은 즐거움을 위해, 보답하기 위해, 영감이나 열망, 자기 변화 등 스스로 선택한 것을 위해 일할 자유를 얻을 것이다. 선택은 경제적 독립의 진짜 핵심이다. 돈은 중요하지 않다. 가장 소중한 자원인 시간과 관심, 삶을 쏟을 곳에 관한 선택이야말로 경제적 독립의 중심이다.

교차점을 지난 이후의 삶에 정해진 공식은 없다. 이것이 요점이다. 당신은 삶을 자유롭게 창조할 수 있다. "우리는 미래의 희생자가 아니라 설계자가 되라는 부름을 받았다"라는 버크민스터 풀러의 말이 무슨 의미인지 탐구할 수 있다.

머니 토크를 위한 질문

다른 사람들의 생각과 사연을 들으면서 영감을 얻어보자. 자유로워지는 일은 혼자 힘으로 해내는 일과 다르다. 다른 사람들은 우리가 경제 지능, 재정 건전성, 경제적 독립, 경제적 상호 의존이라는 FI 네 가지를 빠르게 달성하도록 도와줄 것이다.

- ♦ 빚을 전부 갚는 방법에 관해 현실적이든 무모하든 아이디어가 있는가?
- ♦ 어떤 유산을 남기고 싶은가?
- ♦ 돈을 벌기 위해 일할 필요가 없다면, 시간을 어떻게 보내고 싶은가?
- ♦ 1년 동안 일을 쉴 수 있다면, 어떻게 지내고 싶은가?
- ♦ 돈에 덜 의지하고도 필요를 충족할 수 있도록, 지금 어떤 기술을 배우거나 인맥을 쌓아야 할까?

지속적인 경제적 자유를 위한 현금 투자처를 찾아라

Your Money *or* Your Life

좋은 투자는 지루한 법이다.

Good investing is boring.

_조지 소로스 George Soros

9단계: 경제적 독립을 위해 투자하기

이 단계는 장기적으로 안정적인 수입을 가져다줄 투자에 관한 지식과 전문성을 기르는 데 도움이 된다.

이번에는 FI 3(경제적 독립)의 교차점에 다다른 시기, 그리고 그 이후에도 꾸준히 현금을 투자할 곳을 설명한다. 앞 내용을 읽기도 전에 이 부분부터 펼친 채 새롭고 흥미로운 투자 전략을 기대한다면, 첫 페이지로 돌아가라. 여기서 소개할 내용은 직장, 기업 운영, 상속, 성공적인 투자 등을 통해 돈을 충분한 만큼 모아서 이제는 돈을 버는 것보다 더 중요한 일에 시간을 쏟을 수 있고, 또 그렇게 하기를 간절히 바라는 사람을 위한 것이기 때문이다.

자율성 찾기

이 책의 주요 목표는 당신에게 자율성을 찾아주는 것이다. 다시 말해, 당신이 무심코 돈에 넘겼던 권한을 되찾도록 돕는 일이다. 앞에서 자본이 매달 투자 수입을 벌어오며, 이를 통해 당신은 죽어가며 일하는 삶에서 벗어날 수 있다고 분명히 밝혔다. 돈이 나를 위해 일할 수 있다는 사실을 확인했으니, 이제부터는 전 세계 파이어족이 재산을 유지하고, '그러고도 조금 더' 벌고, 자기가 속한 지역 사회를 풍요롭게 가꾸는 데 사용하는 공통된 투자 옵션에 초점을 맞추겠다.

간단히 말해 투자란 더 많은 수익을 기대하며 돈을 대는 일이다. 미국의 경우 파이어족은 대체로 다음 중 한 가지 이상을 선택해서 투자한다.

첫 번째, 채권(본질상 기관에 돈을 빌려주는 것으로 상환과 이자가 보장된다) 또는 거주 지역이나 개발도상국의 프로젝트에 자금을 지원하는 순환 융자 기금Revolving Loan Fund(대출금을 상환해서 기금을 보충하고, 이 자금을 다시 다른 대출에 활용하는 자금 운영 방식-옮긴이)에 보수적으로 투자한다.

두 번째, IRA나 401(k), 증권 계좌를 통해 뮤추얼 펀드 또는 ETF에 투자한다. 이런 펀드는 펀드 매니저나 알고리즘이 선정한 주식이나 채권으로 구성된다.

세 번째, 부동산에 투자해서 실제로 거주하거나 임대한다.

네 번째, 동업자가 되거나 자금을 빌려주는 방식으로 기업에 투자

한다.

이 밖에도 투자 방법은 많지만, 위험성이 높거나 매일 관심을 많이 기울여야 하거나 윤리적으로 의심스럽다. 단타 매매를 일삼는 단기 투자자day trader는 돈을 많이 벌 수(도 있고 잃을 수도) 있지만, 이름을 보면 알 수 있듯 온종일 주식 매매에 매여 있다. 파생 상품 같은 금융 상품, 예를 들어 서브프라임 모기지 묶음은 높은 수익을 약속했지만, 미국 경제를 무너뜨릴 뻔했다. 투자에 정답은 없다. 당신이 원하는 방식대로 자유롭게 투자하라.

투자는 '더 많을수록 더 좋다' 사고방식을 다시 받아들여서 자본으로 떼돈을 버는 법을 배운다는 의미가 아니다. FI 프로그램의 각 단계를 따랐다면, 자기에게 충분한 금액이 얼마인지 잘 알 테다. 투자 목적은 평생 그 충분한 금액을 갖고 유지할 수 있도록 보장하는 것이다.

투자한다는 말은 투자 상품에 관한 지식과 전문성을 갖추고, 시간이 지나며 충분한 투자 수익을 내서 기본적인 필요를 충족한다는 뜻이다. 지식과 전문성을 갖춘다는 말은 개인 투자 분야에 만연한 두려움과 혼란에서 휴대 전화와 인터넷에서 쏟아지는 잘못된 조언까지 벗어날 만큼 배운다는 의미다.

이 책의 어떤 내용도 구체적인 투자 조언으로 받아들여서는 안 된다. 장기적으로 재산을 쌓는 일반적인 방법을 강조할 뿐이다.

간단한 용어 설명

여기서는 시장 거래에 관한 내용을 다루지 않으며, 파이어족이 정보를 기반으로 신중하게 결정을 내리도록 돕는 원칙만 몇 가지 제시한다. 당신이 궁금해할 일반적 용어를 간단히 설명하겠다.

투자 위험 감수 수준Risk Tolerance

당신은 투자로 잠을 못 이루고 손실 때문에 다시 직장에 나가야 할지 걱정하며 밤잠을 설치기 전까지 (돈을 잃을) 위험을 얼마나 감수할 수 있는가? 자본을 한 푼이라도 잃을 위험은 아예 피하고 싶은 보수적 투자자부터 상당한 수익을 위해 모든 자본을 기꺼이 투자처에 밀어 넣는 공격적 투자자까지, 투자 성향의 스펙트럼은 매우 넓다.

대체로 파이어족은 공격적 투자 선택을 피한다. 교차점 이전에는 더 큰 수익을 위해 커다란 위험을 감수하는 사람도 있지만, 교차점 이후에는 위험을 최소한으로 낮추면서 불로소득을 최대한으로 늘리려고 한다. 투자 위험 감수 수준은 나이, 성격, 삶의 경험, 돈과 신용에 대한 전반적 태도와 관련 있다. 훌륭한 온라인 도구가 여럿 있으니, 당신의 위험 감수 수준을 판단해 보라.

자산 분류와 분산 투자

일반적인 자산 유형은 주식, 고정 수입(채권), 부동산, 원자재(광물, 화석연료, 곡물 등), 외화다. 한 자산군의 가격이 오를 때 다른 자산군은

떨어지는 경우가 많으므로 분산 투자로 위험을 관리할 수 있다. 파이어족은 대체로 채권, 주식, 금과 같은 다양한 상품에 투자해서 자산을 다각화한다. 최근 몇 년 사이에는 P2P 대출(온라인에서 투자금을 모아서 개인이나 기업에 빌려주는 방식으로 대출을 중개하는 금융 서비스-옮긴이), 대출형 펀드loan fund, 지분 투자형 크라우드 펀딩equity crowdfunding, 친환경 에너지 관련 투자 상품 등 새로운 자산 유형이 등장했다.

수입

투자 수입을 얻는 방법은 크게 다섯 가지 정도로 나눌 수 있다.

1. 이자: 채권이나 어음, 양도성 예금, 저축 예금 등 고정 수입 투자에서 생겨나는 정기 지급액을 의미한다.
2. 배당금: 주식이나 뮤추얼 펀드, ETF, 사기업 소유주에게 주는 이익 분배금이다.
3. 자본 이득: 투자 상품이나 부동산을 샀을 때의 가격보다 더 높은 가격에 팔아서 생기는 이득을 말한다. (자본 손실은 자산을 구매한 가격보다 더 낮은 가격에 팔아서 불로소득이 감소할 때 발생한다.)
4. 임대료: 소유한 부동산에서 얻는 수입이다(세금, 보험, 주택 담보 대출, 수리비 등 비용은 제외).
5. 로열티: 즉 지적 재산이나 천연자원, 영업권 등을 사용한 사람이 그 권리를 소유한 사람에게 주는 돈을 의미한다.

시간

당신의 투자 기간은 얼마나 되는가? 실수하더라도 회복할 시간이 20년 넘게 있는가? 아니면 이미 은퇴한 뒤라 자산을 죽을 때까지 유지해야 하는가?

통념에 따르면, 젊을 때는 자산을 많이 축적하기 위해 위험을 더 많이 감수해야 한다. 반대로 나이가 들면 안정적인 수입을 위해 자산을 지키는 데 집중해야 한다. 아울러 은퇴까지 수십 년이 남은 젊은 투자자는 자본의 90%는 주식에, 10%는 채권에 투자해야 한다. 그래야 언제 닥칠지 모를 불황을 견뎌내고도 이익을 낼 수 있기 때문이다. 보수적인 투자자나 곧 은퇴할 사람처럼 자산을 안정적으로 유지하고 싶은 사람이라면 주식 20%, 채권 80%로 선택할 수 있다. 하지만 늘 그렇듯 파이어족은 통념보다 더 보수적인 편이다. 남들보다 일찍 은퇴하려고 목표를 세운 데다, 시장이 하락하는 상황에서도 교차점 위에 확실하게 머물기를 바라기 때문이다.

수수료

투자 상품 매매에 관여하는 중개인이 많을수록, 또 매매 횟수가 많을수록 거래 비용과 관리 비용이 늘어나서 예상 수익이 줄어들 수 있다. 액티브 뮤추얼 펀드(뮤추얼 펀드 중 펀드 매니저가 시장을 분석하고 투자 포트폴리오를 만들어서 적극적으로 투자하는 방식-옮긴이)라면 매니저에게 보수를 줘야 한다. 펀드 매니저는 아마도 다트를 던지는 것보다는 투자 종목을 선정하는 데 더 능숙할 것이다(하지만 수익률로 보자면 그렇지 못하다). 수수료만 받는 투자 자문이라면 전체 포트폴리오에서 일정 비율을 서비스 수수료로 떼어가거나, 시간당 자문료를 청구할 것이다. 인덱스 펀드는 수수료가 낮고 좋은 성과를 내고 있어서 (최근에는 그렇지만 항상은 아니다) 파이어족에게 인기가 많다.

투자 자문

반드시 투자를 스스로 해내야 할 필요는 없다. 투자 전문가를 고용해도 좋고, 온라인 서비스나 증권사를 통해 목표, 위험 감수 수준, 가치관 등을 확인하고 포트폴리오 구성을 맡겨도 좋다. 다만 양심 없는 중개인에게 속아서 고액 수수료를 받는 상품을 사지 않도록 주의하자. 반드시 여러 증권사나 자문 서비스를 비교해 보고 선택하자!

사회 책임 투자 Socially Responsible Investing

당신은 투자 포트폴리오에 혐오하는 정책을 펼치거나 상품을 파는 기업이 포함되면 잠을 설칠 만큼 가치관이 중요한가? 다행히도 환경 오염, 무기 제조, 성차별 등 (누군가에게) 불쾌한 부분이 있는 기업을 걸러내는 투자 상품 분야가 점점 늘어나고 있다. 시간이 지나며 SRI는 특정 기준에 따라 투자처를 걸러내지 않는 투자와 성과가 비슷하거나 더 나아졌다.[1] 하지만 이처럼 사회와 환경 측면을 더 연구해서 투자하려면 대체로 수수료가 약간 더 많이 든다. 파이어족에게 좋은 대응책을 알려주자면, 수수료 차이를 조사한 후 사회와 환경, 지배 구조 분야 심사를 모두 통과한 투자처에 지원하는 게 그 차액을 넬 가치가 있는 일인지 스스로 고민해 보라.

내가 조언을 구하는 투자 자문 회사 내추럴 인베스트먼츠Natural Investments의 전문가는 SRI를 다음과 같이 간략하게 설명했다.

FI 프로그램의 핵심은 가치관에 따라 돈을 사용하는 것이므로, SRI는 파이어족이 진지하게 고려할 가치가 있다. 우리 중 누구도 수입, 지출, 저축, 투자 등 재정 선택의 윤리적 함의에서 자유로울 수 없다. 금융계에서 흠잡을 데 없이 깨끗하고 완벽하게 세탁된 것은 없지만, 투자가 세상에 최소한으로 해를 끼치며 최대한으로 이로울 수 있도록 최선을 다해야 한다.

투자자가 군수 산업에 투자하는 데 거부감을 느끼던 베트남 전쟁 시기에 미미하게 시작한 SRI는 거의 50년 만에 23조 달러 규모의 세계적 산업으로 성장했다. 미국에서는 전문 운용 자산의 22%가 SRI에 들어 있다.

간단히 말해 SRI는 다음 목표를 추구한다.

- ♦ 부정적 영향을 피한다.
- ♦ 긍정적 영향을 추구한다.
- ♦ 내가 투자한 기업의 정책에 영향을 미친다.

즉 SRI는 사회적, 환경적 영향에 관한 연구를 활용해서 부당하거나 무책임한 정책과 관행을 보이는 기업에 투자하는 일을 피하고, 공동체와 사회, 환경에 긍정적인 변화를 불러오는 투자를 추구한다. 더

불어 기업에 책임을 묻고 기업 행동을 개선하는 것을 목표로 삼은 주주 행동주의shareholder activism를 실천하며, 지역 경제를 키우고 개발도상국의 경제적 기회를 늘리고자 지역 사회 투자를 포함한다.

오늘날, SRI 자산 운용사는 환경, 사회, 지배 구조Environmental, Social and Corporate Governance, ESG 요소를 다양하게 평가한다. 금융계는 환경과 자원 관련 문제가 기업 수익을 위협할 수 있다는 사실을 점점 더 분명하게 알아차리고 있다. 더 나은 장기적 수익을 좇는 일부 투자자는 미덕이 아니라 실용주의 때문에 친환경 사업에 투자한다. 예를 들어, 일부 기업의 석탄 및 석유 투자는 미래 수익으로 돌아오지 못할 가능성이 있으며, 투자자는 향후 수십 년 내 화석 연료 기업의 생존 가능성을 진지하게 의심한다. 사회는 기후 논쟁에 소극적 태도를 보이지만 보험 회사와 군대는 기후 변화를 이미 예측에 반영했다.

SRI가 곧 수익률 희생을 의미하지는 않지만, 이런 평판은 초창기부터 이어지고 있다. 1990년대 초부터 SRI와 ESG 투자의 수익률은 기존의 비선별 투자와 비슷하거나 그 이상을 기록했다. 더욱이 SRI 투자자는 사회적, 환경적, 양심적 수익이라고 할 수 있는 이익도 거둔다. 기후와 정치 안정이 크게 불확실한 현대사회에서 수많은 사람이 무력감을 느낀다. 그런 이들은 SRI를 통해 미래의 운전대를 직접 잡을 수 있다.

당신에게 유익한 정보를 알려주고자 이 책에 용어 설명을 포함했지만, 투자와 관련된 모든 내용을 철두철미하게 다루거나 확정적 정보를 제공하려는 목적은 아니다. 초판에서는 조가 파이어족을 위해 개발한 기준 몇 가지와 투자 유형 한 가지만 다뤘기에 이런 용어 설명이 필요하지 않았다.

국채: 조의 계획

조 도밍게스가 31번째 생일을 갓 넘긴 1969년에 은퇴했을 당시에는 '설정 후 방치set it and forget it' 방식으로 불로소득을 꽤 확실하게 얻을 기회가 있었다. 이 방식은 연금과 미국 국채 및 기관 채권 투자를 통해 자본 안전성과 월 투자 수입 안전성을 최대로 보장했다. 당시 채권 이자율은 6.5%가 넘었고 인플레이션은 3% 미만이었다. 즉, 누가 투자하든 연간 수익이 안정적이었다는 뜻이다. 이후 30년은 고금리가 이어지던 평온한 시대였다. 1981년 경기 침체기에 금리가 거의 15%까지 치솟았다가 조가 세상을 뜬 1997년에 6.5%로 다시 떨어졌다. 조는 1960년대에 직접 설계하고 마지막까지 지켰던 전략을 통해 이 귀한 기회를 훌륭하게 활용했다.

웹 사이트 머니 해빗Money Habit을 만든 J. P. 리빙스턴J. P. Livingston이 개발한 그래프(도표 9-1)[2]는 조가 국채를 선택하고 추천한 이유를 잘 보여준다.

조는 1980년에 강연을 시작하면서 현금을 투자할 곳으로 당연히 미국 국채를 추천했다. 수만 명이 조의 조언을 따랐고, 그 후 꾸준히 파이어족으로 지냈다. '돈의 가르침 5'에서 만났던 마이크 레니치도

도표 9-1 10년 만기 국채 수익률

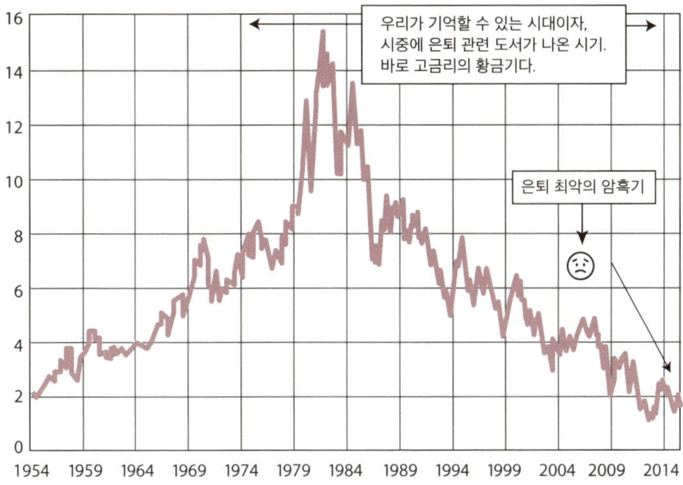

마찬가지다. 마이크는 1992년부터 FI 프로그램을 충실하고 꼼꼼하게 실천했다.

2000년대로 접어들자, 독자들이 조의 투자 전략을 부러움과 경멸이 뒤섞인 시선으로 바라보았다. 수익률에 대한 부러움. 주식 시장이 너무나도 군침 도는 대안인데도 채권에 투자하는 게으른 자를 향한 경멸. "아, 국채 투자에 관한 책이군요." 사람들은 무시하듯 말했다. 하지만 우리 책은 결코 국채 투자에 관한 책이 아니었다. 현재 상황을 바탕으로 평생 안전하고 꾸준히 수입을 얻는 여러 방법을 고려하는 일에 관한 책이었다. 시간을 쓰는 방법에 관한 책이라는 사실은 말할 것도 없다. 조가 보기에 국채는 그런 조건에 딱 들어맞았다.

조는 1969년에 현금을 투자하기로 마음먹으면서 손수 기준을 정했다. 그때까지 7만 5000달러를 모았는데, 오늘날 가치로 환산하면 약 66만 달러다. 이 돈에서 평균 8% 수익이 났는데, 조의 생활 방식을 고려할 때 그 정도면 충분했다. 오늘날 이자율로 따지자면, 자본이 네 배나 있어야 이 약소한 FI 수입을 냈을 것이다.

조의 전략을 더는 적용할 수 없더라도, 여전히 훌륭한 FI 투자 원칙에 관해 배울 점이 있다. 조의 기준을 알아보자.

- 자본 안전성: '미국 정부의 전적인 신뢰와 신용'이 원금과 이자 보호를 보장한다.
- 세금 혜택: 주세와 지방세 면제
- 중도 상환 가능성 제외: 국채 대다수는 발행자가 조기 상환할 수 없다.
- 가장 높은 양도성, 절대적 유동성, 글로벌 시장성: 채권은 거의 즉시 사고팔 수 있고, 취급 수수료가 최소이며, 편리한 액면가(예를 들어 1000달러, 5000달러, 1만 달러)로 거래할 수 있다.
- 가장 손쉬운 접근성: 연방 정부(재무부)에서 직접, 또 전 세계 증권사와 은행 대다수를 통해 사고팔 수 있다.
- 가장 저렴한 비용: 중개인도, 수수료도, 추가 비용도 없다.
- 다양한 만기 선택: 만기 상품이 다양하다. 만기가 몇 개월 후에 도래하는 채권이든, 30년 후에 오는 채권이든 살 수 있다.
- 장기적인 안정적 수입 보장: 머니 마켓 펀드나 부동산 임대 등에서 발생하는 수입 변동을 피할 수 있다.

국채 투자의 기초

채권은 간단히 말해서 차용 증서다. 채권 발행자는 특정 날짜(만기일)까지 채권에 표시된 금액(액면가)을 채권 보유자에게 상환하겠다고 약속한다. 채권은 대부분 특정한 이자율(표면 금리)에 따라 이자를 준다. 이 금액은 연이율로 표시되지만, 대개 반기별로 나눠서 두 번 지급된다.

국채(여기에서 말하는 미국 국채는 재무부가 발행하는 만기 10년 이상의 장기 채권 'treasury bond'를 가리킨다-옮긴이)는 정부가 자금을 빌리는 방식이다. 정부가 몇 달마다 새로운 국채를 발행하며, 만기는 10년 후, 20년 후, 30년 후로 나뉜다.

새 국채를 발행할 때 가장 먼저 할 일은 기존 채권 보유자에게 원금과 이자를 갚는 일이다. 상환하고 남은 자금은 연방 예산의 적자를 메우는 데 쓰인다. 국가 부채는 정부가 진 부채 가운데 상환 우선순위가 가장 높다. 국채 만기가 돌아오면 채권 원금과 이자를 그 무엇보다 먼저 상환해야 한다. 그렇지 않으면 세계 시장에서 미국 정부의 '신용 등급'이 떨어질 것이다.

조와 내가 투자했을 당시에는 전 세계가 미국의 상환 능력을 상당히 불안하게 바라봤다. 다시 말해, 미국 정부는 높은 이자율로 재정 자금을 빌려야 했다. 파이어족에게는 멋진 투자 기회였다. 30년 만기 국채는 '설정 후 방치' 방식 금융 투자 전략을 펼칠 절호의 투자처였다.

채권 가격은 시중 금리에 따라 달라진다. 따라서 만기일 이전에 채권을 팔면, 살 때보다 더 높거나 낮은 금액을 받을 수도 있다(즉, 시장 상태의 변화에 따라 투자 수익이 달라지는 위험이 있다). 만기까지 채권을 계속 보유한다면, 그 시기의 금리와 관계없이 정확히 액면가를 받는다.

2026년 기준 미국 재무부의 단기 채권treasury bill과 국채, 어음의 이자율은 4% 정도다. 이런 흐름이 언제 바뀔지, 바뀌기는 할지, 그래서 당신이 다시 채권에 관심을 보일지는 알 수 없다. 위험도가 낮은 채권을 선호하지만, 단 한 가지에만 투자하고 싶지 않다면 나중에 설명할 채권 펀드를 사도 좋다.

조는 회사채를 추천하지 않았지만, 이자를 조금 더 받고 싶은 파이어족이라면 회사채가 매력적일 수 있다. 미국 재무부나 연방 기관에서 발행하는 채권처럼 회사채 역시 채무 증서로, 분기나 반기별로 이자를 받고 만기에 원금을 돌려받는다. 국채와 마찬가지로 스탠더드앤푸어스Standard & Poor's나 무디스Moody's 같은 신용 평가 기관에서 신용 등급을 받는다. 신용도가 최소 BBB 이상인 등급으로 찾아보자.

미국 정부의 '전적인 신뢰와 신용'에서 안전하게 이익을 얻고 싶은 SRI 투자자라면, 재무부가 발행하는 장기 채권 대신 미국 기관 채권을 고려해 보자. 재무부 채권은 군사 부문과 부채 상환 의무가 큰 연방 예산의 우선순위를 지원하지만, 기관 채권은 당신이 관심 있는 특정 부문(농부, 학생, 주택 소유자, 중소기업 등)을 지원한다.

경고

조는 초보 투자자에게 확신을 품고 투자하는 데 필요한 정보를 최소한으로만 제공하려고 늘 애썼다. 하지만 경고 한 가지는 절대 잊지 않았다. '아무것도 확실하지 않다.' 아무것도. 인생이란 그런 것이다. 이 사실을 받아들이지 못한다면 실패할 것이다. 누군가에게서 손쉽게 돈 버는 확실한 방법을 듣고 그대로 따른다면, 조는 멍청하다고 말했을 테다. 당신에게 교훈이 될 만한 이야기를 들려주겠다.

예전에 조는 관심을 보이는 친구에게만 자신의 FI 프로그램을 알려줬고, 친구들이 FI 3에 이르면 선물을 주곤 했다. 그 선물은 채권이었다. 누렇게 바랜 제정 러시아 시절 국채. 온라인 증권 계좌나 기명채권registered bond이 생기기 전에는 채권에 이자표coupon가 있었다. 이 이자표를 잘라서 은행에 가져가면 반기 이자를 내줬다. 조가 선물하던 채권의 이자표도 계속 잘려나갔다. 1917년 러시아 혁명으로 쓸모가 없어지기 전까지는 그랬다. 그리고 50년 후, 조가 이 채권 한 상자를 대략 1페니에 샀다. 벽지처럼 벽에 바르면 재미있겠다고 생각했기 때문이다. 갓 파이어족이 된 친구들에게 이 채권을 선물한 것은 조 나름의 경고였다. 제정 러시아 채권은 어디에 투자하든 지정학적, 경제적 상황이 바뀌지 않으리라는 보장은 없으며, 평생 안정적 수입을 가져다주리라고 생각했던 밑천이 사라지지 않으리라는 보장도 없다고 일깨워 줬다. 투자하는 이들이여, 조심하라.

저비용 인덱스 펀드: 파이어족이 되기 위한 계획

국채가 마음에 들지 않는다면, 다른 선택지로는 뭐가 있을까? 파이어 블로거들은 인덱스 펀드 투자를 선호하고 추천한다. 1975년에 투자 운용사 뱅가드Vanguard를 설립한 존 보글John Bogle은 쉽고 간단한 투자를 위한 혁신적 원칙을 떠올렸다. 순이익을 주주에게 더 낮은 비용으로 돌려준다는 원칙이었다. 뱅가드는 판매 수수료를 없애고 운영 비용을 최소로 낮춰서 '소규모 투자자'는 물론이고 피델리티Fidelity와 슈와브Schwab 같은 다른 자산 운용사에도 문을 열었다. 특히 돈이라는 측면에서 충분함이 무엇인지 깨달은 파이어족 투자자에게 인덱스 펀드는 채권을 제외하면 '설정 후 방치' 투자에 가장 가깝다.

전설적인 투자자 워런 버핏Warren Buffett은 "저비용 펀드는 투자자 대다수에게 가장 현명한 주식 투자equity investment(주식이나 주식형 펀드에 대한 직접 투자-옮긴이)"라고 말했다. 아울러 "예를 들어, 인덱스 펀드에 주기적으로 투자하면, 아무것도 모르는 투자자조차 투자 전문가 대다수보다 더 나은 성과를 낼 수 있다"라고 설명했다.[3]

인덱스 펀드는 다우 지수와 나스닥 종합 주가 지수NASDAQ Composite, 스탠더드앤푸어스 500종 평균 주가 지수(S&P 500) 같은 주식 시장 지수 또는 채권 시장 지수의 성과를 추종하도록 설계한 뮤추얼 펀드나 ETF다. 인덱스 펀드에 자본을 투자한다고 해서 시장 수익률을 뛰어넘지는 못한다. 전통적인 '적극적active' 자산 운용 방식(시장 수익률을 초과하는 성과를 목표로 삼아 적극적으로 자산을 운용하는 방식-옮긴이)을 사용하지도 않고, 개별 주식에 '베팅'하지도 않는다. 지수 추종은 광범위한 분산 투자와 적은 거래 활동을 강조하는 수동적passive 투자 방식(장기적으로 꾸준한 성장을 목표로 삼아, 시장 지수를 추종하거나 회복력이 강한 자산군에 투자하는 방식-옮긴이)이다. 단기, 장기 목표를 달성할 만큼 충분한 수익을 추구하면서도 최소한의 위험만 무릅쓴다. 따라서 수수료가 낮고 다각화 가능성이 있는 인덱스 펀드는 파이어족의 투자 프로그램에 적합하다.

하지만 채권과 달리, 주가 지수를 따르는 인덱스 펀드는 시장 상황에 따라 변동하는 주식에 투자한다. 파이어족을 꿈꾸는 밀레니엄 세대는 베이비붐 세대가 은행 상품을 이용하듯이 인덱스 펀드를 이용한다. 즉, 유동성 현금을 약간 보유하고 나머지를 인덱스 펀드에 넣는 것이다. 호황과 불황의 순환을 겪은 사람들은 (본질상 위험한) 주식 상품을 (본질상 안전한) 은행 상품처럼 여기는 생각에 놀라서 움찔할지도 모른다. 하지만 다우 지수가 자꾸만 오르는 상황만 지켜본 청년이 보기에 인덱스 펀드에 투자하지 않는다면 어리석은 일이다. 하지만 조의 경고를 기억하라. 지난 90년 동안 주식 시장은 폭락(32~86% 하락)을 다섯 차례 겪었고, 이후 회복하는 데 걸린 시간은 4년에서 27년까지 다양했다. 당신이 고개를 저을지도 모르지만, 확인된 데이터를 몇 가지 알려주겠다.

- 대공황Great Depression: 86% 하락, 회복까지 27년
- 1970년대 중반: 46% 하락, 회복까지 거의 10년
- 1987년 후반: 단 3개월 만에 32% 하락, 회복까지 4년
- 2007~2009년 대침체Great Recession: 50% 하락, 회복까지 6년(1999년 닷컴 버블이 정점을 찍은 시점을 기준으로 계산하면 회복하기까지 14년이 걸렸다. 닷컴 버블 시기의 주가 대호황은 붕괴 후 2007년에야 회복했다.)

젊은 투자자들이 겪은 두 사건, 닷컴 버블 붕괴와 2007~2009년 금융 위기는 회복하는 데 10년도 채 걸리지 않은 예외 사례였다. 그렇다고 해서 호황과 불황이 순환하는 시장 특성이 완전히 사라지지는 않았다. 반대로 채권 투자는 변동성이 훨씬 적어서 하락장에서도 손실률이 몇 퍼센트에 지나지 않는다.

인덱스 펀드 철학

보글헤드Bogleheads(존 보글을 추종하는 이들이 스스로 부르는 이름)는 대개 시장 타이밍을 맞추거나 차세대 유망 기술주에 투자해서 큰돈을 벌고자 하는 일반 투자자보다 위험을 성공적으로 관리하고 더 높은 이익을 낼 수 있다고 믿는다. 보글헤드의 투자 철학을 요약하자면 이렇다. 수수료가 낮으며 자산군 몇 가지로 분산된 인덱스 펀드에 투자하고 수년간 보유하라.

그렇다면 인덱스 펀드는 어떻게 낮은 수수료를 보장할 수 있을까? 더 비싼 액티브 투자와 달리, 인덱스 펀드는 본질상 수동적으로 운용된다. 인덱스 펀드는 까다롭게 선별하는 작업이 필요 없다. 뮤추얼 펀드처럼 전문가가 운용하는 펀드라면, 펀드 매니저가 투자 상품을 선정해서 시장 지수보다 더 높은 수익률을 달성하려고 노력한다. 하지만 인덱스 펀드는 관리 부담이 적기 때문에 수수료가 낮고 투자자에게 더 매력적이다. 수수료나 비용 지급 비율expense ratio은 자산에 일정 비율로 부과된다. (인덱스 펀드에도 SRI 옵션이 있다. 수수료는 뮤추얼 펀드보다 훨씬 낮지만, SRI가 아닌 인덱스 펀드보다는 높다.)

마지막으로 고려할 요소는 인덱스 펀드를 자산군에 따라 분산 투자하는 일이다. 많은 인덱스 펀드가 비용이 저렴하고 간단하지만, 그래도 투자자에게는 선택지가 몇 가지 있다. 예를 들어 국내외 주식과 채권, 대형, 중형, 소형 캐피털 펀드 등과 이를 조합한 펀드가 있다. 미국 채권 인덱스 펀드나 해외 주식 인덱스 펀드도 존재한다. 이런 조합을 통해 세계 시장의 다양한 부문에 투자하고 전반적 위험을 줄일 수 있다.

회사의 퇴직 연금 적립 제도를 알뜰히 활용하자

수많은 기업 퇴직 연금 적립 제도나 개인 IRP가 저비용 인덱스 펀드를 제공한다. 회사에 퇴직금 적립 제도가 있다면, 수동적으로 관리하는 저비용 인덱스 펀드를 검토해 보자. 가능하다면 고용주가 내는 납부금을 최대한으로 받아서 투자에 활용하자. 근로 기간에 퇴직 연금 계좌에 적립하면 미래를 위해 저축하는 동시에 세금을 줄일 수 있다는 사실도 기억해야 한다.

회사에 관련 제도가 없더라도 증권사를 통해 IRP에 투자할 수 있다. 당좌 예금이나 저축 예금 계좌를 개설하는 일과 비슷하지만, 장기적 성장 가능성까지 있다. 곧 알게 되겠지만, 앞서 언급한 조언을 따르면 펀드 선택지가 몇 가지로 좁혀진다. 책 내용이 지루하게 느껴지기 시작했다면, 제대로 읽었다는 뜻이다. 장기 투자는 일확천금을 노리는 전략도, 소소한 것까지 일일이 관리하는 전략도 아니다.

뱅가드 같은 자산 운용사는 간단하고 조건 없는 투자 방식을 선구

적으로 개척했다. 예전에는 투자가 비싸고 복잡했지만, 이제는 누구나 쉽게 시작할 수 있다. 더불어 선택할 만한 자산 운용사도 많아졌다. 아무도 시장의 타이밍을 맞추거나 미래를 예측할 수 없다는 사실을 이해하는 것이 가장 중요하다. 자신의 위험 감수 수준을 파악하고 주식과 채권, 국내외 인덱스 펀드에 분산 투자하여 전반적 위험을 줄여보라. 완벽한 자산군 조합을 구성하기란 불가능하므로 단 하나의 정부나 기업에만 투자하는 일을 피하자. 아울러 각 펀드의 수수료도 검토해야 한다. 다른 장기 투자와 마찬가지로, 힘들더라도 끝까지 버티고 24시간 내내 이어지는 금융 뉴스에 정신을 빼앗기지 말자. 투자의 가치에 신경 써야 하는 날은 상품을 사고파는 날뿐이다.

사람들이 정말로 이렇게 한다고?

유명한 FI 전문가들이 야단스러운 헤드라인을 내걸고 주류 언론의 전면에 등장했다. "조기에 은퇴하고 싶은가? 30대 초반은 어떤가? 소득의 50%를 저축하면 조기 은퇴가 가능하다." 당연히 너도나도 이런 기사를 클릭한다. 그런데 자세히 살펴보면 대중에게 FI 운동을 널리 퍼뜨리는 이들 다수는 우리가 설명한 전략을 어떤 형태로든 따르고 있다.

《부에 이르는 가장 단순한 길》의 저자 J. L. 콜린스는 딸과 편지를 주고받으면서 FI 접근 방식을 이야기한다. 콜린스는 대화를 통해 사람들이 돈을 좋아하지만, 단순한 것도 좋아한다는 현실을 알고 커다란 충격을 받는다. 그래서 '경제적으로 무책임한 사람을 피하라'와

'버는 돈의 일부를 저축하라' 같은 현명한 조언을 포함해 간결한 지침을 전한다. 더 정확히는 버는 것보다 훨씬 적게 쓰고 나머지는 뱅가드의 종합 주가 지수 펀드Vanguard's Total Stock Market Index Fund, VTSAX에 투자하라고 (계좌 하나에 펀드 하나) 충고한다. 투자가 정말 그렇게 쉽다고?

FI 블로거의 낙원에서 가장 큰 스타는 아마 미스터 머니 머스태치일 것이다. 미스터 머니 머스태치는 인덱스 펀드의 중요성을 몇 년 동안 누누이 강조했고, 개별 주식을 '바보의 도박'이라고 부르기까지 했다. 블로그에서도 10~15년 동안 일하며 소득의 50% 미만으로 풍족하게 생활하고, 아울러 인덱스 펀드와 장기 저비용 투자 상품에 돈을 넣으라고 조언한다. 대다수의 견해와 달리 그는 시장 폭락을 주식 폭탄 세일이라고 생각한다. 그는 부동산과 다른 수입원을 인정하면서도 인덱스 펀드를 통해 돈이 스스로 일하게 하라고 권한다.

보글헤드가 알려주는 간단한 규칙 몇 가지만 기억하자.

- ◆ 빚을 전부 갚고, 앞으로는 빚지지 말라.
- ◆ 수입보다 적은 돈으로 생활하라.
- ◆ 나머지 돈은 저비용 인덱스 펀드에 투자하라.
- ◆ 펀드를 오랫동안 보유하라.

FI 프로그램을 성실하게 수행해 온 태미는 각 선택지를 고민하고 다양한 투자 경로에 따르는 위험과 보상을 고려한 끝에 교차점을 통과하며 쌓인 저축액을 분산해서 투자 포트폴리오를 짜기로 했다. 저축금 대부분은 미국 국채에 투자해서 세상이 어떻게 되든 기본적 생활을 유지할 만큼 충분한 수입을 확보했다. '그러고도 조금 더' 남은 돈이 바로 캐시다.

태미는 우리가 앞서 설명한 전략에 따라 캐시를 뮤추얼 펀드와 인덱스 펀드에 투자했다. 위험이 더 크지만 잠재적 이익도 크기에 캐시가 더 생길 가능성도 크다. 혹시나 전부 잃더라고 여전히 경제적 독립을 이룬 상태이며, 캐시를 천천히 다시 모을 수 있다.

부동산

다음으로 살펴볼 전략은 부동산 투자다. 좋아하는 지역에 정착해서 두 세대용 아파트나 네 세대용 건물처럼 수익을 창출하는 부동산을 구매하는 일도 훌륭한 재정 관리 계획이 될 수 있다. 당신이 지역 주민을 위한 재산을 관리할 뿐만 아니라, 세입자가 당신의 주택 담보 대출을 갚고 수년간 안정적인 수입을 제공한다. 부동산에 투자할 때는 다음 몇 가지 항목을 꼼꼼하게 따져보는 게 좋다.

- ◆ 이 부동산은 앞으로 몇 년 동안, 또는 영원히 내 삶의 일부가 되어도 괜찮을 위치에 있는가?
- ◆ 이 부동산은 전망이 좋아 보이는 곳에 있는가? 부동산의 가치

가 오를 가능성이 있는가? 주변 지역이 매력적이고 안전한가?

- ◆ 총임대료는 얼마로 예상하는가?
- ◆ 부동산을 유지하는 비용은 얼마로 예상하는가? 일반적인 비용으로는 수리비, 공과금, 세금, 자본 지출, 세입자 모집 기간(공실 기간), 직접 관리하지 않을 시 발생하는 관리비 등이 있다. 이런 비용을 모두 고려할 때, 부동산 구매 시 수만 달러에 이르는 상당한 자금이 필요하다.

다른 투자와 달리, 부동산은 유동성이 낮은 단일 투자처에 많은 자산을 묶어둔다. 부동산을 서둘러 팔아야 하는데 주택 시장이 불황이라면 손해를 볼 가능성이 있다. 위험은 있지만, 직접 꼼꼼하게 따져보고 잘 고른다면 임대용 부동산은 평생 안전하고 꾸준한 수입원이 될 것이다.

한 가지 주의할 게 있다. 부동산 투자자 가운데는 부동산을 '플립flip'해서 이익을 내는 유형이 있다. 낡은 집을 사서 수리한 후 팔아 상당한 이익을 남기는 방식이다. 자산을 모으는 단계에 있는 일부에게는 적절한 전략이 되겠지만, 파이어족의 포트폴리오에는 적합하지 않다. 작업량이 너무 많고 위험 부담도 크다.

나만의 경제적 독립 비전에 발맞추어 집과 토지에 투자하는 것 역시 부동산 투자 유형이다. 주택용 재생 에너지와 농장 기반 시설(정원, 헛간, 닭장, 우리)에 투자하면 수십 년 동안 큰 이익을 가져다줄 것이다. 예를 들어서 켄트와 베스는 인덱스 펀드에 돈을 투자하는 한편 시골 농가도 짓고 있다.

켄트와 베스가 만났을 때 두 사람 모두 고액 연봉을 받는 전문직이었다. 하지만 함께 사치스러운 삶을 살 수 있다는 이유로 서로에게 끌린 것은 아니었다. 박사 학위 소지자로서 기후 변화를 알리는 심각한 전조를 알아차린 켄트는 남부 도시에서 친환경 에너지 컨설턴트로 일했다. 자기가 사는 도시를 지속 가능성의 모델로 만들겠다고 다짐했지만, 자신의 아이디어가 관료주의 벽 앞에서 번번이 고배를 마시자 갈수록 힘들어했다. 베스는 자신의 직장이 이런 문제에 얽혀 있다는 사실을 잘 알았기에 괴로워했다. 결국 두 사람은 돈을 모아 직장을 그만두고 도시 외곽에 작은 농장을 꾸렸다. 그런데 가뭄이 닥쳤다. 깊은 우물은 말라버렸고, 작물은 시들었다. 켄트가 대학원에서 공부했던 기후 모델이 느닷없이 현실로 닥쳐온 것이다.

두 사람은 기후 변화에 안전한 정착지를 찾고자 캠핑카를 끌고 서쪽으로 향했다. 여러 달이 지나고 마침내 태평양 북서부에서 '딱 좋은 곳'을 발견했다. 3만 2000제곱미터에 이르는 울창한 숲속, 모두가 거들떠보지 않던 낡은 집이 블랙베리 덤불에 파묻혀 있었다. 마침 부지 일부가 주요 고속도로와 접해 있어서 땅 전체가 상업 지역으로 지정되었다. 두 사람은 자영 농업과 가족 부양을 본업으로 삼되, 변화를 조금 주기로 했다. 먼저 캠핑카에서 지내며 블랙베리 덤불에 파묻힌 집을 손봤다. 그런 다음, 베스의 어머니가 사는 1층 아파트를 리모델링해서 세를 놓았고, 월세로 대출금을 갚았다.

블랙베리 덤불 속 집이 살 만해지자, 캠핑카를 세놓았다. 별채도 수리해서 새로운 임대 주택으로 활용했다. 그 수익은 고속도로에 가까운 상업용 건물에 투자할 예정이다. 20년이나 30년이 아니라 6년 안에 주택 담보 대출을 갚을 것이고, 비옥한 땅과 넉넉한 물, 임대 수익을 안정적인 자연 재산으로 여길 것이다. 서부에서 땅을 살 때 아이가 하나 있었고, 정착 후 둘째가 태어났다. 켄트와 베스는 숲을 사랑하며 자식을 키우고, 주택을 저렴하게 세놓고, 육아와 봉사에 모든 시간을 쏟고, 공동체와 지역 사회에 네트워크를 쌓는 일이 자기 자신과 지구의 미래를 위한 최선이라고 진심으로 믿는다.

다른 맥락에서 보자면, 부동산은 단순히 거주 공간만 의미하지 않는다. 코미디언 조지 칼린George Carlin의 말처럼 부동산은 "당신의 물건을 보관하는 공간"이 될 수 있다.

토드는 개인 창고 시설을 사들이고 날마다 시설을 운영할 현장 및 외부 관리자를 고용하는 방식으로 부동산 투자를 시작했다. 물론, 이 방식은 물건을 집에 보관할 수 없을 만큼 많이 두는 과잉 소비 문화 덕분에 수익을 낼 수 있다. 아이러니는 접어두자. 토드는 매달 가족 생활비를 충분히 벌고도 저축해서 두 번째 창고 시설을 샀다. 그는 지역 사회에서 봉사하는 삶을 선택했고, 책임이 막중한 역할(예를 들어 학교 운영 위원)을 맡았다. 토드는 생활을 확실히 지탱하는 불로소득 덕분에 봉사 활동을 꾸준히 하고 있다.

부동산은 더 커다란 투자 전략의 일부가 될 수 있다.

도러시와 래리의 이야기는 FI 프로그램의 모든 가치를 아우른다. 두 사람은 1995년에 40만 달러 자산을 모으며 '교차점'을 넘었다. 부부는 주택을 담보로 자금을 빌려서 임대용 부동산을 세 채까지 사고 팔았다. 거주하는 집 일부를 래리의 어머니에게 임대하기도 했다. 안정적인 부동산 투자 수입이 있지만, '그러고도 조금 더' 벌고자 취미 삼아 개별 기업과 뮤추얼 펀드에 투자했다.

주식 투자에 관한 전문 지식을 쌓고자 도러시와 래리는 전미 투자자 협회National Association of Investors Corporation를 통해 독학했고, 수년 동안 여러 투자 클럽을 세우는 데에도 이바지했다. 이 부부가 따르는 원칙은 다음과 같다. 첫째, 일정 금액을 정기적으로 투자한다. 둘째, 소득, 배당금, 수익을 재투자한다. 셋째, 우량 성장주와 주식형 뮤추얼 펀드에 투자한다. 넷째, 투자를 다각화한다.

래리는 "투자 클럽에 가입했더니 안전하고 즐겁게 개별 주식 투자를 배울 수 있었죠. 투자 클럽의 목적은 부자가 되는 것이 아니라 투자에 관해 배우는 것입니다. 클럽 모임에서 얻은 통찰력과 지식을 우리 투자에 적용했어요"라고 밝혔다.

그다음으로는 저축액에서 세금이 빠져나가는 구멍을 메워서 이익을 냈다. 세법을 속속들이 배운 래리의 말을 들어보자. "우리가 투자한 돈의 절반 이상은 과세 유예 상품에 들어가 있어요. 지금 버는 돈, 예전에 벌어둔 돈을 더 많이 지키는 방법이죠. 그래서 향후 10년의 현금 흐름을 예측하고 스프레드시트에 적어뒀어요. 그때는 과세가 유예된 계좌에 아무런 불이익 없이 손을 댈 수 있거든요. 혹시 그 전에 재정이 어려워지더라도, 세금을 감수한다면 그 돈을 쓸 수도 있고요."

도러시와 래리의 마지막 캐시 수입원은 바로 '돈이냐 인생이냐' 사고방식이다. 두 사람은 언제나 소득보다 적은 돈으로 생활한다. 그 결과는 무엇일까? 이 부부는 저축액을 세 배로 불렸다. 래리는 보수를 받는 자원봉사 프로젝트에 때때로 참여하고, 도러시는 좋아하는 일을 파트타임으로 한다.

나의 선택: 사회적 책임을 다하는 수입원 다각화

운 좋게도 나는 보유한 채권 대다수를 1981년에서 1997년 사이에 사들였다. 표면 금리가 15%인 채권도 있다. 보유 채권 중 가장 금리가 낮은 것은 8%다. 가장 마지막으로 산 채권을 제외하고는 모두 만기가 지났다(만기가 끝나서 채권이 사라지는 게 정말 싫었다). 30년 만기가 돌아왔고, 미국 정부에서 돌려준 돈을 다시 투자하는 데 쓸 수 있었다. 다만 그때는 채권 금리가 5% 이하였다. 2000년대가 시작할 때까지는 채권에만 투자했다. 하지만 그 이후로는 내 가치관을 지키면서도 분산 투자를 시작했다. 당신의 가치관이 나와 정확히 같지 않더라도, 내 사례를 보고 당신의 가치를 반영해서 투자하기를 바란다.

투자가 가치관과 맞아떨어져야 내가 행복하고 자유로워질 수 있다. 나는 산업 성장 경제의 유독성과 오염, 기후 비용에 관한 지식을 바탕으로 북아메리카의 과소비를 종식하고자 30년 동안 노력했다. 내 돈으로 돈을 더 버는 일을 꺼릴 만큼 고집스러운 순수주의자는 아니지만, 가치관에 따라서 투자하려고 애쓴다. 나는 전기차를 몰고, 태양 에너지 산업에 투자한다. 지역 농산물 직판장에서 물건을 사고 지역 농장에 투자한다. 더 다채로운 지역 경제를 만들고자 노력하고 지역 사업체에 투자한다. 내가 사는 지역의 고령화를 잘 알고 있으며, 이 추세를 뒤집고 싶다. 그래서 소유한 아파트에서 나온 임대 수익 일부를 청년층에게 투자할 생각이다. 내가 돈을 어디에 쓰는지는 내가 어떤 사람인지 반영한다.

부동산

1986년, 조와 나는 친구 몇 명과 함께 시애틀에서 13만 7000달러에 무척 넓은 집 한 채를 샀다. 20년 동안 그 집은 우리가 꾸린 비영리단체 뉴 로드맵 재단의 본부로 쓰였고, 여섯 명이 넘는 사람이 지냈다. 나는 집 일부를 소유하면서 20년 동안 월세 없이 살았고, 집을 팔아서 세 배로 돈을 벌었다. 이런 투자 방식은 우연이었지만(우리는 그저 시애틀에서 안정적으로 지낼 거처가 필요했다), 깊은 인상을 남겼다. 시애틀 집을 팔고 나서 지금 사는 워싱턴주 위드비섬으로 왔는데, 이곳에서 집을 산 이야기는 들어볼 가치가 있다.

시애틀 집을 팔고 받은 돈을 (기껏해야) 1% 이자를 주는 은행 계좌에 넣어둔 상황이었고, 당시 표면 금리가 3%던 국채를 더 사야 할지 고민하고 있었다. 그러면서 시애틀 집을 생각하며 비슷한 매물이 있는지 찾아봤다. 한쪽은 내가 생활하고 다른 쪽은 세놓을 수 있는 두 세대용 주택이면 괜찮을 듯했다. 그런데 눈이 내려서 온 마을

이 마비된 어느 겨울날, 적당한 가격에 나온 매물을 온라인으로 발견했다. 세 들어 살던 아파트에서 언덕을 따라 800미터쯤 올라가면 나오는 집이었다. 방한 부츠를 신고 터벅터벅 걸어서 올라갔더니 진부한 '상자' 같은 주택이 눈에 들어왔다. 지하실과 지상층 사이 중간에 현관문이 있고, 연한 초록색으로 칠한 방 세 개짜리 집이었다. 꽤 컸지만, 솔직히 보기 흉했다. 건물을 빙 돌아서 뒤로 갔더니 목제 테라스가 보였고, 계단을 올랐더니 미닫이 유리문 너머로 베이커산과 노스캐스케이드산맥, 퓨젓만 바닷물이 보였다. 최고의 해변 마을 사이에서도 손꼽히는 동네의 전망 좋은 집. 머리가 윙윙 돌아가기 시작했다! 평생 현금을 쓰며 살았고, 빚 없는 생활 기록을 깨고 싶지 않았지만 그래도 그 집을 사려면 빚을 져야 했다.

이 집은 소비가 아니라 생산의 장소가 되어야 했다. 돈이 빠져나가는 곳이 아니라 들어오는 곳이 되어야 했다. 내 금고를 비우는 곳이 아니라 채우는 곳이어야 했다. 나는 여러 가지 가능성을 생각했다. 차고를 목수, 아니면 보트나 캠핑카 소유주에게 빌려주면 될 것 같았다. 화장실이 딸린 널찍한 1층 거실에 세입자를 들이더라도 위층의 프라이버시를 침해받지 않을 듯했다. 내가 터덜터덜 집으로 향하는 동안 내 머리는 갖은 방법을 궁리했다. 나는 이미 마음속으로 흥정하면서 어떻게 부동산 중개인에게 집값을 5000달러 깎아달라고 설득할지 연습했다.

그러고는 순식간에 두 가지 일이 일어났다. 첫 번째, 위드비섬에서 막 취직한 지인에게 전화를 걸어 새집 거실을 빌릴 생각이 있는지 물었다. 그러자 지인이 대답했다. "아예 나랑 같이 그 집을 구매하는 게 어때?" 알고 보니, 우리 둘 다 각자가 전에 살던 집을 팔아서 모은 돈으로 집값의 절반씩 마련할 수 있었던 것이다. 두 번째, 은행에서 그 집이 너무 오랫동안 매물로 나와 있었다고 판단해 집값을 4만 달러나 낮춰서 팔았다. 검사 결과 유지 관리에 문제가 조금 있었지만, 감수할 만해서 지인과 함께 집을 샀다.

9년 후, 집을 공동으로 소유한 지인이 1층의 거실을 개인이 쓸 수 있는 주거 공간으로 개조했지만, 어머니를 돌보러 고향으로 돌아가야 하는 바람에 내가 나머지 지분을 사들였다. 나는 차고도 원룸으로 개조했다. 각 공간의 임대료는 세입자와 집주인 모두에게 알맞은 수준으로 정했다. 남향인 뒷마당에는 따스한 햇살이 가득 쏟아지는 넓은 정원도 있다. 여름에는 에어비앤비를 통해 손님용 침실을 빌려준다(관광도시에 사니 이런 점이 좋다). 계산해 보니, 투자 수익률이 연 8%에 달했다. 저금리 시대에 훌륭한 수치다. 여차하면 나이가 더 들어서 몸에 고장 난 부분을 고쳐야 할 때 집을 담보로 대출을 받을 수 있을 것이다. 간병인이 이 집에 공짜로 들어와 살면서 하루에 2시간씩 나를 씻기고, 입히고, 먹이는 건 어떨까도 생각해 봤다.

사회 보장 연금

세 번째 소득원은 사회 보장 연금이다. 나는 연금을 2년 더 일찍 받기 시작했다. 기다렸다가 조금 더 받을 수 있는 차액이 당장 2년 동안 받을 돈과 같아지려면 20년이나 걸리겠다고 계산했기 때문이다.

내가 그렇게 오래 버틸 수 있을까? 사회 보장 연금은 그렇게 오래 버틸 수 있을까? 그때는 지금 사는 집을 매입한 직후였고, 현금이 부족해서 곧바로 연금을 받기로 정했다. 많은 베이비붐 세대와 달리 나는 장기 고용으로 받는 추가 연금이나 복지 혜택이 없다. 다행히도 다른 베이비붐 세대와 달리 다양한 투자 상품을 보유하고 있어서 매달 들어오는 변변찮은 수표에 의존하지 않아도 된다.

친환경 에너지

지역 단체가 갖은 난관을 극복하고 우리 섬에 태양광 패널을 대거 설치했을 때, 나는 그 단체가 설립한 유한 책임 회사를 인수할 기회를 붙잡았다. 지금은 정부 지원금과 전기 판매를 통해 세 가지 방식으로 이익을 내고 있다. 첫 번째, 내가 사는 섬에 태양광 설비를 설치해서 에너지 자립이라는 미래에 투자하고 있다. 두 번째, 별다른 위험 부담 없이 투자금의 3%를 벌고 있다. 세 번째, 내 회사는 워싱턴주에서 생산한 패널을 설치하고자 지역 업체를 고용해서 지역 경제 발전에 이바지하고 있다.

내 능력으로는 다른 친환경 에너지 기업과 사회적 책임을 다하는 기업을 찾아서 투자하기에 여의찮았다. 그래서 이 분야에 정통하며 '수수료만 받는' 투자 자문을 고용했다. 나는 내 돈을 적극적으로 관리하는 데 큰 관심이 없으므로 해마다 전문가에게 주는 소액 수수료는 제값 이상의 가치를 냈다. 사회적 책임을 다하는(적어도 사회에 해롭지 않은) 투자 기회를 조사하는 데 들이는 시간과 스트레스(나는 위험 회피 성향이 강하다) 때문에 나갈 건강 문제 비용을 모두 합치면 수수료를 훌쩍 넘길지도 모른다.

내가 선택한 전문가는 내 투자 철학에 딱 맞는 사람이다. 그는 이웃 마을의 지역 투자 전략을 우리 동네에 적용하는 데 중요한 역할을 맡았다. 더욱이 그가 운영하는 회사의 투자 지침과 계획이 내 투자 방식과 일치했다. 그는 소액 투자자에게 주식을 팔 회사를 찾았고, 나는 평소보다 더 큰 위험을 감수하고 자본 일부, 수익이 짭짤했던 고금리 쿠폰채coupon bond(액면가로 채권을 발행하고 일정 기간마다 이자를 지급하며 만기에 원금을 상환하는 채권-옮긴이)에서 얻은 돈을 투자했다. 지금은 태양광 회사 두 곳과 커피 협동조합 지분을 갖고 있다. 나머지 자금은 사회적 책임을 다하는 기업의 주식과 채권 펀드에 투자했다. 투자 자문을 고용하기로 마음먹었다면, 그 사람이 청렴할 뿐만 아니라 당신과 가치관이 같은지도 확인해야 한다.

부업

오늘날의 숱한 파이어족과 마찬가지로 나 역시 '부업'으로 돈을 조금 더 벌고 있다. 부업은 그저 수입을 올리는 방법일 뿐이다. 마이크로잡micro job(일시적인 소규모 유급 프리랜서 업무-옮긴이)의 창의성에는 끝이 없다. 온라인 매장 운영부터 이베이 상품 판매, 경제적 독립 이후에도 컨설팅 및 코칭 고객 소규모로 유지하기, 반려견 산책, 집 꾸미기, 블로그 글쓰기, 아이들 과외, 여름철 투어 가이드까지 다양하다. 가끔 하는 부업으로 콘퍼런스 기조연설자로 나선다. 책을 쓰는 일은 시간과 노력이 어마어마하게 들어가는 일이지만, 이는 일회성인 데다 나의 다양한 활동과 잘 어울리며 경제적 독립을 해치지 않고 끝낼 수 있으므로 나에게 알맞은 부업이다.

투자는 단순히 돈을 버는(혹은 잃는) 일이 아니다. 우리 삶 전체의 방향성을 결정하기도 한다. 따라서 투자할 때는 다음과 같은 질문을 스스로에게 던지며 신중하게 선택해야 한다.

- 이 투자는 내 가치관에 부합하는가?
- 이 투자는 내 위험 감수 수준에 부합하는가?
- 이 투자를 통해 전반적인 분산 투자가 가능해지는가?
- 이 투자가 현재와 미래에 필요한 수입을 제공하는가?
- 이 투자 상품의 전체 또는 일부를 얼마나 쉽게 현금화(매각)할 수 있는가?
- 이 투자를 시작하거나 끝낼 때 어떤 판매 수수료나 위약금을 내야 하는가?
- 이 투자는 내가 현재 내고 있는 세금에 어떤 영향을 미치는가? 나의 소득 구간이나 상황을 고려했을 때 세금 측면에서 유리한가?

돈이 아니라 의식을 적용해서 당신의 사고방식과 생활 방식, 위험 감수 수준, 창의성에 부합하며 필요를 충족하는 FI 투자 포트폴리오를 구성해 보자. 전부 당신에게 달렸다.

결론을 말하면

당신은 돈에게 넘겨준 권한을 되찾는 길에 들어섰다. 당신은 양심적이고, 사랑을 베풀고, 지식을 갖춘 삶의 에너지 관리자가 될 준비를 마쳤다. 당신이 FI 프로그램 각 단계를 재정 생활에 적용하고, 우리 인류와 지구가 직면한 난관에 삶의 에너지를 쏟기를 진심으로 바란다. 커다란 성공을 기원한다.

머니 토크를 위한 질문

다른 사람의 조언을 받아들인답시고 자신의 힘을 포기하지 않도록 주의하자. 무엇이든 당신의 가치관에 따라 조사하고 걸러내야 한다. 아울러 다른 사람들이 어떻게 다양한 투자를 통해 여러 수입원을 만드는지 들으며 배워보라.

- 나이가 들어 안정적인 생활을 유지하고자 지금 어떻게 노력하고 있는가?
- 만약의 경우, 추가 수입을 위해 무엇을 할 수 있는가?
- 투자 관련 도움을 구할 때 누구를, 혹은 무엇을 신뢰하겠는가?
- 지금까지 투자와 관련해 어떤 경험이 있는가? 무엇을 희망하는가?
- 투자에 관한 가치관과 신념은 어떤가?

♦ 돈과 삶에서 위험 감수 수준은 어느 정도인가?

♦ 당신에게 경제적 독립이란 무슨 의미인가?

FI 프로그램 아홉 단계 빠르게 확인하기

더 짧은 지름길이란 없다. 아홉 단계로 구성된 이 책 전체가 지름길이다. 각 단계를 검토하고 참고하고 상기할 수 있도록 여기에 전체 내용을 요약해 놓았다. 우리가 소개하는 FI 프로그램은 전체를 하나로 보는 시스템이다. 각 단계를 모두 성실하게 실천하면 개인 재정이 저절로 통합된 전체가 된다.

FI 프로그램은 어떤 일에든 적용할 수 있는 기본적이고 근본적인 실천 방법이다. 당신에게도 마찬가지다. 당신이 하는 일은 매시간 삶의 에너지를 소비하고 행복이라는 형태로 돌려받는 수익을 최대로 늘리는 것이다.

1단계: 과거와 화해하기

A. 이제까지 살면서 돈을 얼마나 벌었을까? 태어나서 처음 번 푼

돈부터 가장 최근 급여까지 총소득 합계를 내 본다.

B. 벌어들인 돈에서 얼마나 남았을까? 자산과 부채, 즉 내가 소유한 전부와 빚진 전부를 정리한 나만의 대차 대조표를 만들어서 순자산이 얼마인지 확인한다.

2단계: 현재에 집중하기

A. 삶의 에너지를 얼마나 되는 돈과 맞바꾸고 있을까? 일자리를 유지하는 데 필요한 시간과 드는 비용을 파악하고, 실제 시급을 계산한다.

B. 인생에서 들어오고 나가는 돈은 한 푼도 빠짐없이 추적해 기록한다.

3단계: 나만의 가계부 만들기

◆ 나만의 고유한 지출 패턴에 따라 지출 항목을 설정하고, 해당 항목의 총지출을 합산한다. 총수입도 계산한다.

◆ 2단계에서 계산한 실제 시급을 적용해서 각 지출 항목에 들어간 돈을 삶의 에너지 시간으로 환산한다.

4단계: 삶을 바꿀 질문 세 가지

월별 가계부의 각 지출 항목에 소비한 삶의 에너지 시간을 보며 다음과 같은 세 가지 질문을 던지고 답변을 기록한다.

1. 소비한 삶의 에너지만큼 충족감과 만족감, 가치를 느꼈는가?

2. 이 삶의 에너지 소비는 내 가치관과 삶의 목적에 부합하는가?

3. 돈을 벌기 위해 일할 필요가 없다면, 나의 소비는 어떻게 달라질까?

항목마다 질문을 던지고 답하면서 최고의 충족감을 느끼려면 지출을 늘려야 할지, 줄여야 할지, 그대로 유지해야 할지 평가해 보라. 이 단계가 FI 프로그램의 핵심이다.

5단계: 삶의 에너지 가시화하기

월별 가계부를 보고 월별 총수입과 총지출을 기록한 그래프를 만든다. 이 그래프를 벽에 붙여놓고 날마다 확인한다.

6단계: 지출 최소로 줄이기

삶의 에너지(돈)를 현명하게 사용하는 법을 배우고 실천한다. 그러면 지출은 줄이고 저축은 늘릴 수 있다. 이를 통해 더 커다란 충족감과 가치관에 맞는 생활이 찾아올 것이다.

7단계: 소득 최대로 늘리기

직업에 투자한 삶의 에너지를 소중히 여긴다. 돈은 삶의 에너지와 맞바꾼 대상일 뿐이다. 삶의 목적과 가치관에 따라 삶의 에너지를 높은 보수와 교환한다.

8단계: 교차점 통과하기

매달 다음 공식을 총 누적 자본에 적용하고, 월 투자 수익을 나타내는 선을 월별 그래프에 추가한다.

$$\frac{\text{자본} \times \text{현재 장기 금리}}{\text{12개월}} = \text{월 투자 수입}$$

9단계: 경제적 독립을 위해 투자하기

장기적으로 안정적인 수익을 창출하는 투자에 관한 지식과 전문성을 갖춘다. 또 부를 지탱하는 기둥 세 가지를 활용해서 재정 계획을 세운다.

- 자본: 경제적 독립을 위한 소득 창출의 핵심
- 쿠션: 6개월 치 지출을 충당할 만한 현금과 은행 이자
- 캐시: FI 프로그램 아홉 단계를 꾸준히 실천해서 얻은 여유 자금

추가 정보가 궁금하다면 '돈이냐 인생이냐' 웹사이트(yourmoneyoryourlife.com)를 방문하라.

“돈이 결정한다!Money talks!” 이 말은 에우리피데스가 살던 고대 그리스부터 사업, 정치, 상업, 심지어 연애까지 어떤 분야에서든 돈이 휘두르는 힘을 뚜렷하게 표현한다. 안타깝게도 돈이 입을 열어 결정을 내리면, 대개 대화가 끝난다. 흔히들 말하듯이 돈이 ‘거래를 마무리close the deal’하면, 우리는 입을 다문다. 우리는 돈에 찌든 문화에 살면서도 개인 재정에 관한 이야기를 터부로 여긴다. 하지만 이제는 달라져야 한다. 돈에 대해 자유롭게 이야기Money Talks 할수록 우리는 진정한 해방감을 느낄 수 있을 것이다.

머니 토크의 목적은 우리가 돈과 맺은 관계를 둘러싼 침묵을 깨고 새로운 대화를 시작하는 것이다. 당신은 언제 마지막으로 빚에 관해 터놓고 이야기했는가? 당신의 수입에 관해서는? 당신도 다른 사람들과 비슷하게 혼자서 게임판을 헤쳐 나가고 있다면, 책과 뉴스 기사,

신문의 고민 상담 칼럼을 뒤적이고 저축, 지출, 투자 등 여러 방법을 차례대로 시도하며 행복으로 가는 길을 찾고 있을 것이다.

머니 토크에서는 '부끄러워하지도 말고, 비난하지도 말자'는 마음으로 대화를 통해 근거 없는 믿음, 두려움, 엉뚱한 전략, 후회, 거짓말을 낱낱이 드러내야 한다. 다른 사람들이 돈을 어떻게 생각하는지 궁금하지 않은가? 사람들한테서 가장 어리석은 실수와 가장 현명한 전략에 관해 들어보고, 틀에 박힌 사고방식에서 벗어나 돈에 관한 올바른 생각을 얻을 수 있지 않을까? 돈, 일, 직업, 소득, 저축, 투자, 기부, 축적에 대한 수수께끼로 이야기를 나누며 깊이 생각해 볼 안전한 방법을 알고 싶지 않은가?

도니타의 이야기를 들어보자.

"많은 (젊은) 사람처럼 저도 매일 직장에 갇혀 있었어요. 세상을 바꾸고 싶었지만, 8시간 동안 컴퓨터 앞에 앉아 있는 일로는 불가능했죠. 그 무렵 친구가 단순한 삶 공동체 모임을 소개했어요. 사람들이 소망과 두려움, 가치관, 삶의 목표를 마음 편하게 공유하는 곳이더라고요. 우리는 금융과 기술, 지속 가능성, 마음챙김 같은 시사 문제도 이야기했어요. 저는 의미와 목적, 모험이 가득한 삶을 살아야겠다는 생각이 점점 더 커졌죠. 마침내 어느 날 문득 깨달았어요. 행동하지 않으면 삶이 달라지지 않는다고요. 늘 여행을 꿈꿨지만, 갖가지 핑계를 대곤 했거든요. 곧 직장을 그만뒀고 지구 반대편으로 가는 비행기표를 예약했어요. 배낭 하나만 들고 혼자 떠났죠."

머니 토크는 믿기지 않을 만큼 간단하지만, 당신의 삶을 바꿀 수 있다. 지침 몇 가지, 강력한 주제나 질문, 모두가 참여할 수 있는 과정만 있으면 된다. 돈과 관련된 까다로운 문제를 다른 사람에게 털어놓는 일은 무섭기도 하지만 신나기도 한다. 수년간 이렇게 간단한 방식으로 머니 토크를 경험한 결과, 당신은 곧 다음과 같은 감정을 느끼리라고 자신 있게 말할 수 있다.

- ◆ 안도감
- ◆ 자신감
- ◆ 자기 선택에 대한 편안한 마음
- ◆ 돈과 맺은 관계를 계속 바꾸고 싶은 의욕

머니 토크에는 전문가가 없다. 머니 토크의 목적은 우리 자신을 고치는 것이 아니라 탐욕을 부추기면서도 연결과 존중, 보호라는 진정한 욕구를 채워주지 못하는 소비주의 돈 문화에 갇힌 우리 자신을 이해하는 것이기 때문이다. 돈과 맺은 관계를 이런 방식으로 이야기하는 일은 투자나 부채 상환 계획을 놓고 재정 고문과 상담하는 일과 다르다. 우리가 돈과 맺은 관계는 생각과 감정, 태도, 신념, 아울러 저마다 고유한 삶을 엮어내는 경험과 관련 있다. 머니 토크를 통해 돈 문제 일부를 해결할 수도 있지만, 단순히 그것이 목적은 아니다. 머니 토크는 열린 마음으로 호기심을 품고 대화하는 과정에서 저절로 떠오르는 놀라운 발견을 드러내도록 설계되었다.

머니 토크 규칙

실험을 하나 해보자. 다른 사람에게 지난 반년 사이에 필요도 없는데 산 물건에 관해서 하나씩 이야기하자고 말해보라. 분명히 누구에게나 그런 경험이 있을 것이다. 돈에 관련된 질문이지만, 지나치게 개인적인 질문은 아니므로 시도해도 좋다.

워크숍에서 처음 이 주제를 꺼내고는 정말 깜짝 놀랐다. 짝을 이룬 상대의 말을 멈추고 다시 내 말을 들으려는 사람이 아무도 없었다. 내가 아예 자리를 비웠더라도 모두 워크숍을 극찬하는 후기를 남겼을 것이다.

배우자나 룸메이트와 이 주제로 이야기해도 좋다. 소셜 미디어에 질문을 올리고 친구들이 어떻게 반응하는지 확인해도 좋다. 직장 동료와 점심을 먹으면서 이야기를 나눠볼 수 있다. 친구와 함께 집이나 카페에서 머니 토크를 진행하는 건 어떨까? 친구와 함께한다면 더 쉽고 재미있을 뿐만 아니라, 적어도 이 주제에 관해 이야기할 사람이 한 명이라도 더 생길 것이다. 일이 잘 풀린다면 새로운 사람을 만나고 인맥을 넓히는 계기가 될 수도 있다.

돈은 아주 민감한 주제이므로, 더 깊은 대화를 꾸준하게 나누려면 다음에서 설명할 지침과 팁을 활용하는 편이 좋다. 당신이 FI 프로그램 단계를 따른다면, 반드시 머니 토크에 참여하지 않아도 괜찮다. 하지만 머니 토크는 당신이 변화하는 여정, 빚을 줄이고 저축하고 가치관과 꿈에 맞게 삶을 재설계하는 과정의 속도를 틀림없이 높여줄 것이다. 돈과 맺은 관계를 바꾸기에 가장 좋은 방법은 혼자만의 생각

을 멈추고 '부끄러워하지도 말고, 비난하지도 말자' 대화에 참여하는
일이다.

누구와 어디에서 대화할까?

솔직하고 호기심이 많으며 '부끄러워하지도 말고, 비난하지도 말
자' 정신으로 소통할 마음이 있는 사람이라면 누구나 완벽한 머니 토
크 파트너다. 혼자서 일기장을 펼쳐놓고서, 배우자와 침대에 편안히
누워서, 가족과 함께 저녁을 먹으면서, 친구들과 카페나 거실에서, 워
크숍 참가자나 학생과 함께 교실에서 이야기할 수 있다. 누구든 신뢰
하는 사람과 함께, 모두가 충분히 말했다고 느낄 때까지 방해받지 않
고 자유롭게 이야기할 수 있는 곳에서 머니 토크를 시작해 보자. 모
르는 사람과 대화할 경우, 다음 지침을 따른다면 안전하게 마음을 터
놓을 수 있다.

일단 머니 토크 방식을 익혀두면, 다양한 상황에 적용할 수 있다.
우선은 당신이 마주할 법한 상황 세 가지만 놓고 이야기하겠다.

일기 쓰기(1명)

일기를 쓰는 사람이라면 글쓰기가 발견 과정이 될 수 있다는 사
실을 잘 알 것이다. 일기장 맨 위에 생각해 보고 싶은 돈 관련 질문을
적고, 숨을 깊게 들이마시고 내뱉고, 더 현명한 자기 자신에게 답을
써보라고 권하면 글쓰기의 질을 높일 수 있다. 당신이 아무런 방해
없이 자유롭게 글을 쓰도록 최소 5분은 주자. 자신이 쓴 답에 놀랄 것

이다. 이 과정을 다른 질문으로 (같은 질문도 괜찮다) 오래, 원하는 만큼 자주 반복하자.

대화(2명)

더 개인적이고 친밀한 상황에서 배우자, 가장 친한 친구, 10대 자녀와 머니 토크를 나눌 수 있다. 이럴 때는 이야기 주제를 바꿨다는 사실, 즉 일상적 수다에서 의도가 분명한 대화로 넘어갔다는 사실을 분명히 밝히는 편이 좋다. 30초간의 침묵은 놀라운 효과를 발휘한다. 침묵을 지킨 후 다음 단계로 넘어가도록 하자.

소규모 모임(3~8명)

참가자가 여덟 명 이하면 누구나 자기 의견을 드러낼 시간을 충분히 확보할 수 있다. 모이는 사람이 더 많다면 두 그룹으로 나눠도 좋다. 전부 함께해야 한다고 고집하는 사람도 있겠지만, 인원이 적어야 확실히 더 나은 대화를 나눌 수 있다.

모두 목소리를 낼 수 있게 돕고, 활기찬 분위기에서 내면의 이야기를 꺼내고 탐구하고 안전하게 대화할 수 있도록 최선을 다하라. 본격적으로 대화하기에 앞서, 그날의 주제에 관해 각자 1~2분 정도 말할 시간을 주자. 이때 중간에 끼어들거나, 다른 사람 의견에 반박하지 않아야 한다. 대화를 마무리할 때도 각자 그날 모임에서 무엇을 얻었는지 1~2분 정도 이야기하는 편이 좋다.

누군가가 '진행자' 역할을 맡는다면 허물없는 수다를 멈추고 그날의 주제로 들어가는 데 도움이 된다. 진행자는 분위기를 이끌며 첫 번째 토론을 열고, 정해놓은 종료 시각을 10~15분 정도 남겨두고 마지막 토론을 시작한다. 아울러 진행자도 대화에 참여한다. 이때 사람들 반응을 보려고 논란이 될 만한 질문을 던지거나 조언해서는 안 된다. 호기심과 탐구심 어린 마음과 열린 자세로 모두와 소통해야 한다. 아무 준비 없이 급하게 머니 토크를 시도하지 말자. 두 명이 대화한다면 최소 30분이 필요하고, 사람이 많을수록 대화 시간도 늘어나야 한다.

규칙

부끄러워하지도 말고, 비난하지도 말자: 자기 자신과 다른 사람을 함부로 판단하고 비난하지 않는 태도를 최대한 유지해야 한다. 모두가 격식을 지켜야 한다거나 다른 사람 말에 무조건 동의해야 한다는 뜻은 아니다. 그저 다른 관점을 너그럽게 받아들이자.

비밀 유지: 모임에서 나온 이야기를 바깥에 퍼뜨려서는 안 된다.

성실한 참석: 약속 시간에 도착하고, 끝까지 남아 있으며, 누가 발언하든 온전히 집중해서 들어야 한다.

간결함: 정직함과 깊이를 추구하되, 모두 충분히 이야기할 수 있도록 할 말은 간결하게 전달해야 한다.

광고 금지: 마케팅, 조언, 장황한 강의는 다른 곳, 다른 시간에서 하자. 우리는 고정 관념을 받아들이려고 모이는 것이 아니다. 우리 자신, 상대방, 세상을 배우기 위해 모여 있음을 잊지 말자.

주제

누구나 자기 경험을 바탕으로 답할 수 있는 개방형 질문이나 제안이 가장 효과적이다. 각 단계의 마지막에 실어놓은 '머니 토크를 위한 질문'을 활용하고, 자기만의 질문도 만들어보라. 여러 질문과 주제는 "… 그리고 그 이유는?"이라는 질문을 품고 있다는 사실을 기억하자. 이면에 숨어 있는 질문까지 던지기를 두려워하지 말자. "더 자세히 말해주세요"나 "어떻게 그런 생각에 이르렀죠?" 같은 말은 질문을 더욱 깊이 있게 만든다. 다만 조심해야 한다. 말투가 중요하다. "왜 그렇게 생각하세요?"라는 말은 진심으로 궁금한 것처럼 들릴 수도 있고, 비아냥거리는 것처럼 들릴 수도 있기 때문이다.

우리가 살아가고 있는 사회는 돈에 관한 우리 생각, 감정, 행동에 큰 영향을 미친다. 그렇기에 "사회가 그 답에 어떤 영향을 미쳤나요?"라고 질문하면 머니 토크를 더 확장할 수 있다.

책에 실린 질문들은 머니 토크에서 할 수 있는 질문의 예시일 뿐이다. 사실, 머니 토크 주제는 돈, 일, 의미, 목적, 우선순위, 단순한 삶, 물질, 빚, 대출, 십일조, 세금, 보험 등등 단어 하나가 될 수도 있다. 이 단어 뒤에 다음 질문 세 가지를 추가하면 된다.

- ◆ 그걸 어떻게 생각하세요?
- ◆ 그걸 어떻게 느끼세요?
- ◆ 그것과 관련해서 뭘 하고 있나요?

이런 질문은 다 함께 대화할 출발점이 된다. 생각이 많은 사람도 있고, 감정이 풍부한 사람도 있고, 행동이 앞서는 사람도 있다. 다른 사람의 반응이나 말다툼 없이 대화로 들어갈 문이 저마다 필요하다. 그 문을 열고 들어가면, 마지막까지 자유롭게 이야기를 나누자.

문화culture라는 단어에는 열광적 숭배cult라는 말이 들어 있다. 돈과 맺은 관계에 관해 입을 다물면, 수치심과 비난, 더 많을수록 더 좋으며 아무리 많아도 절대 충분하지 않다는 신화, 탐욕은 좋으며 죽을 때까지 장난감을 가장 많이 모은 자가 승리한다는 이야기에 사로잡히고 만다. 잡담(한담, 험담, 불평)을 돈과 삶에 관한 중요한 대화로 바꾸면, 빠르게 우리 자신을 바꿀 수 있을 뿐만 아니라 대화 상대에게도 커다란 선물을 줄 것이다. 그 선물은 두려움과 혼란, 무지함이라는 감옥에서 벗어나는 해방이다.

앞서 확인한 질문과 주제를 활용하거나 직접 만들어 대화를 시작하자.

○○○

주

개정판을 펴내며

1. 2014년에 65세 이상 '고령자 가구'에서 17%였다. 한편, 65세 이상 고령자 가구에서 사회 보장 연금이 총소득의 최소 절반을 차지하는 사람의 비율은 52%였다. 출처: Social Security Administration (US), *Income of the Population 55 or Older, 2014* (Washington, DC: Office of Retirement and Disability Policy, 2016), https://www.ssa.gov/policy/docs/statcomps/income_pop55/

2. Bureau of Labor Statistics (US), "Number of Jobs Held, Labor Market Activity, and Earnings Growth Among the Youngest Baby Boomers: Results from a Longitudinal Survey" (March 31, 2015), https://www.bls.gov/news.release/pdf/nlsoy.pdf

돈의 가르침 1
돈에 관한 구식 전략을 간파하라

1. Douglas LaBier, Modern Madness (Reading, MA: Addison-Wesley,1986), as discussed in Cindy Skrzycki, "Healing the Wounds of Success," *Washington Post*, July 23, 1989.

2. Organisation for Economic Co-operation and Development, *How's Life? 2015:*

Measuring Well-being (Paris: OECD Publishing, 2015), http://dx.doi.org/10.1787/how_life-2015-en

3. B. Cheng, M. Kan, G. Levanon, and R. L. Ray, *Job Satisfaction: 2015 Edition: A Lot More Jobs—A Little More Satisfaction* (The Conference Board, 2015), https://www.conference-board.org/ publications/ publicationdetail.cfm?publication id= 3022¢erId=4; https://www.conference-board.org/press/pressdetail.cfm?pressid=6800

4. David Walker, *A Look at Our Future: Retirement Income Security and the PBGC*, National Academy of Social Insurance Policy Research Conference, January 20, 2006, http://www.gao.gov/cghome/2006/nasrevised12006/nasrevised12006.txt.

5. 부채 3조 7000억 달러를 미국 인구 약 3억 2500만 명으로 나누면 1인당 1만 1000 달러 이상이다. Board of Governors of the Federal Reserve System, "Consumer Credit—G19," December 11, 2017, http://www.federalreserve.gov/releases/G19/Current/

6. Benjamin Kline Hunnicutt, *Work Without End: Abandoning Shorter Hours for the Right to Work* (Philadelphia: Temple University Press, 1988), p.44.

7. Ibid., pp.45~46.

8. Victor Lebow, in *Journal of Retailing*, quoted in Vance Packard, *The Waste Makers* (New York: David McKay, 1960), as excerpted in Alan Durning, "Asking How Much Is Enough," in Lester Brown, *State of the World 1991* (New York: W. W. Norton & Company, 1991), p.153.

9. D. J. Holt, P. M. Ippolito, D. M. Desrochers, and C. R. Kelley, *Children's Exposure to TV Advertising in 1977 and 2004* (Washington, DC: Federal Trade Commission Bureau of Economics, 2007), 9.

10. Michael Sebastien, "Marketers to Boost Global Ad Spending This Year to $540 Billion," *Advertising Age*, March 24, 2015, http://adage.com/article/media/marketers-boost-global-ad-spending-540-billion/297737/

돈의 가르침 2

돈은 언제나 예전과 달랐음을 기억하라

1. Elizabeth Arias, Melonie Heron, and Jiaquan Xu, "United States Life Tables,

2013," *National Vital Statistics Reports 66,* no. 3 (2017): pp.1~64.

2. Kira M. Newman, "Six Ways Happiness Is Good for Your Health," *Greater Good Magazine,* July 28, 2015, http://greater-good.berkeley.edu/article/item/six_ways_happiness_is_good_for_your_health

돈의 가르침 3

그 돈이 다 어디로 갔는지 파악하라

1. Bob Schwartz, Diets Don't Work! (Galveston, TX: Breakthru Publishing, 1982), p.173.

돈의 가르침 4

얼마가 있으면 행복한지 생각하라

1. George Bernard Shaw, "Epistle Dedicatory," *Man and Superman* (New York: Penguin Classics, 2004).

2. Joanna Macy, Presentation at Seva Foundation's "Spirit of Service" conference, Vancouver, BC, May 1985.

3. Viktor E. Frankl, "The Feeling of Meaninglessness: A Challenge to Psychotherapy," *American Journal of Psychoanalysis* 32, no. 1 (1972): pp.85~89.

4. Purpose-in-Life Test. Copyright held by Psychometric Affiliates, Box 807, Murfreesboro, TN 37133. Permission must be granted to use this test.

5. Medard Gabel, "Buckminster Fuller and the Game of the World." In Thomas T. K. Zung (ed.), *Buckminster Fuller: Anthology for the New Millennium* (pp.122~128). New York: St.Martin's Griffin, 2002.

돈의 가르침 5

재정 상황을 공개하라

1. 미국 보험 감독관 협의회National Association of Insurance Commissioners에 따르면, 2013년 미국 자동차 보험료 평균 지출액은 841.23달러였다. *Auto Insurance Database Report 2012/2013* (2015), http:/www.naic.org/documents/prod_serv_statistical_aut_pb.pdf

2. Drazen Prelec and Duncan Simester, "Always Leave Home Without It: A Further

Investigation of the Credit-Card Effect on Willingness to Pay," *Marketing Letters* 12, no. 1 (2001): pp.5~12. 이 주제에 관한 획기적 연구다.

3. Neil Gabler, "The Secret Shame of Middle-Class Americans," *Atlantic*, May 2016.

돈의 가르침 6
가장 단순하게 지출을 줄여라

1. *The American Heritage Dictionary of the English Language*, Fifth Edition (New York: Houghton Mifflin, 2016).

2. Thorstein Veblen, *The Theory of the Leisure Class* (New York: Modern Library, 1934), xiv.

3. Martin Merzer, "Survey: 3 in 4 Americans Make Impulse Purchases," Creditcards. com, November 23, 2014, http://www.creditcards.com/credit-card-news/ impulse-purchase-survey.php

4. Donella H. Meadows, Dennis L. Meadows, and Jorgan Randers, *Beyond the Limits: Confronting Global Collapse, Envisioning a Sustainable Future* (White River Junction, VT: Chelsea Green Publishing Company, 1993), p.216.

5. US Department of Commerce, *2015 Characteristics of New Housing*, https:// www.census.gov/construction/chars/pdf/c25ann2015.pdf

6. Michael Phillips and Catherine Campbell, *Simple Living Investments for Old Age* (San Francisco: Clear Glass Publishing, 1984, 1988).

7. Bill McKibben, *Hundred Dollar Holiday: The Case for a More Joyful Christmas*, reprint ed. (New York: Simon & Schuster, 2013).

돈의 가르침 7
일의 목적이 무엇인지 알아차려라

1. E. F. Schumacher, *Good Work* (New York: Harper & Row, 1979), pp.3~4.

2. Robert Theobald, *The Rapids of Change* (Indianapolis: Knowledge Systems, 1987), p.66.

3. Studs Terkel, *Working* (New York: Ballantine Books, 1985), xiii.

4. Kahlil Gibran, *The Prophet* (New York: Alfred A. Knopf, 1969), p.28.

5. Marshall Sahlins, *Stone Age Economics* (Chicago: Aldine-Atherton, 1972), p.23.

6. Benjamin Kline Hunnicutt, *Work Without End: Abandoning Shorter Hours for the Right to Work* (Philadelphia: Temple University Press, 1988), p.311.

7. Ibid., p.309.

8. Ibid., pp.313~314.

9. Arlie Russell Hochschild, *The Time Bind: When Work Becomes Home and Home Becomes Work*, 2nd ed. (New York: Holt, 2001).

10. Jonnelle Marte, "Nearly a Quarter of Fortune 500 Companies Still Offer Pensions to New Hires," *Washington Post*, September 5, 2014.

11. B. Cheng, M. Kan, G. Levanon, and R. L. Ray, *Job Satisfaction: 2014 Edition*, Conference Board, June 2014 [September 2015], https://www.conference-board. org/publications/publicationdetail.cfm?publicationid=3022¢erId=4; https:// www.conference-board.org/press/pressdetail.cfm?pressid=6800

12. R. Ray, M. Sanes, and J. Schmitt, "No-Vacation Nation Revisited," Center for Economic and Policy Research, http://cepr.net/publications/reports/no-vacation-nation-2013.

13. Catherine Clifford, "Less Than a Third of Crowdfunding Campaigns Reach Their Goals," *Entrepreneur*, January 18, 2016, https://www.entrepreneur.com/article/269663

14. Desmond Morris, *The Biology of Art* (New York: Alfred A. Knopf, 1962), p.p.158~159.

돈의 가르침 9

지속적인 경제적 자유를 위한 현금 투자처를 찾아라

1. A. Desclé, L. Dynkin, J. Hyman, and S. Polbennikov, "The Positive Impact of ESG Investing on Bond Performance," Barclays, https://www.investmentbank. barclays.com/our-insights/esg-sustainable-investing-and-bond-returns. html#tab3

2. "10-Year Treasury Yield," The Money Habit, https://i1.wp.com/themoneyhabit. org/wp-content/uploads/2016/09/10-Yr-Treasury-Yield-Augmented.

jpg?resize=1024%2C717; Source: Board of Governors of the Federal Reserve System (US), "10-Year Treasury Constant Maturity Rate," Federal Reserve Bank of St. Louis, https://fred.stlouisfed.org/series/GS10

3. John C. Bogle, *The Little Book of Common Sense Investing: The Only Way to Guarantee Your Fair Share of Stock Market Returns,* 2nd edition (Hoboken, NJ: Wiley, 2017).

Your Money
or
Your Life

옮긴이 성소희

서울대학교에서 미학과 서어서문학을 공부했다. 글밥아카데미 수료 후 바른 번역 소속 번역가로 활동 중이다. 옮긴 책으로는《얼음과 불의 탄생, 인류는 어떻게 극악한 환경에서 살아남았는가》,《땅의 역사》,《사라져가는 장소들의 지도》,《지도로 보는 인류의 흑역사》 등이 있으며, 철학 잡지《뉴필로소퍼》 번역진에 참여하고 있다.

돈에 끌려다니지 말고
따라오게 하라

초판 1쇄 발행 2026년 2월 12일
초판 2쇄 발행 2026년 2월 26일

지은이 비키 로빈, 조 도밍게스
옮긴이 성소희
펴낸이 권미경
기획편집 김효단
마케팅 심지훈, 강소연, 김재이
디자인 this-cover
펴낸곳 (주)웨일북
출판등록 2015년 10월 12일 제2015-000316호
주소 서울특별시 마포구 양화로1길 29, 2층
전화 02-322-7187 팩스 02-337-8187
메일 sea@whalebook.co.kr **인스타그램** instagram.com/whalebooks
ISBN 979-11-94627-21-0 (03320)

소중한 원고를 보내주세요.
좋은 저자에게서 좋은 책이 나온다는 믿음으로, 항상 진심을 다해 구하겠습니다.